浙江省教育科学规划课题

让经历伴随成长：
城市小学育人新探索

娄屹兰◎主编

中国出版集团
现代出版社

图书在版编目（ＣＩＰ）数据

让经历伴随成长：城市小学育人新探索 / 娄屹兰主
编. -- 北京：现代出版社, 2022.2
ISBN 978-7-5143-9698-0

Ⅰ.①让… Ⅱ.①娄… Ⅲ.①小学教育－教学研究
Ⅳ.①G622.0

中国版本图书馆CIP数据核字(2022)第028494号

作　　者:娄屹兰
责任编辑:袁　涛
出版发行:现代出版社
通讯地址:北京市安定门外安华里504号
邮政编码:100011
电　　话:010-64267325　64245264(传真)
网　　址:www.xdcbs.com
电子邮箱:xiandai@cnpitc.com.cn
印　　刷:杭州万星印务有限公司
开　　本:710mm×1000mm　1/16
字　　数:282千字
印　　张:19
版　　次:2022年3月第1版　2022年3月第1次印刷
书　　号:978-7-5143-9698-0
定　　价:50.00元

序

党的十八大以来，习近平总书记围绕"培养社会主义建设者和接班人"做出了一系列重要论述，深刻回答了"培养什么人、怎样培养人、为谁培养人"这一根本性问题。为了进一步明确立德树人的目标，中共中央、国务院办公厅又相继颁发了加强学校劳动教育、美育、体育以及《关于进一步减轻义务教育阶段学生作业负担和校外培训负担的意见》等一系列文件。在这样的背景下，杭州市青蓝小学和全国广大中小学一样，积极探索育人模式的转换。摆在我们面前的这本《让经历伴随成长：城市小学育人新探索》，就是青蓝小学的老师们在娄屹兰校长的带领下，继2018年出版了《让经历伴随学习：小学生学习变革新视角》一书后的又一成果。如果说让经历伴随学习在学习层面推动了学教方式的变革，那么，让经历伴随成长则是从活动育人的层面践行了转变育人模式的新探索，读来多有启迪。

一是对儿童成长的哲学思考。每一个教育工作者都会不由自主地思考诸如此类的问题：儿童是怎样成长的？怎样才能让儿童更好地成长？青蓝小学的老师们也同样在思考这些问题，以更好地改进自己的教育教学工作。值得关注的是，她们没有停留在工作的层面上，而是在基于哲学思考的基础上，抓住了"经历"这个关键词，提出了让经历伴随儿童成长。

经历，《辞海》解释：即"历时，经过，亲身见过、做过或遭遇过的事"。让经历伴随成长，就是强调让儿童通过实践，不断接触和认识客观世界，正如毛泽东同志在《实践论》中所说："你要知道梨子的滋味，你就得变革梨子，亲口吃一吃。"正是在实践的过程中，儿童形成对世界万事万物的认识，获得各种经历。与此同时，他们又带着自己的经历，对世界的万事万物进行探索，从而获得更多的经历，认识也不断深化。正是从这个意义上说，经历伴随儿童成长符合了认识论的基本规律。

我们从本书中可以看到，青蓝小学基于这种哲学思考，设计了各种符合小学生能力特点和认知规律的活动，既有在社区、博物馆、少年宫等各类社会场馆中的考察，也有与家庭中每个成员的交流，还有在校园中与教师、同学的亲密交往。用实践的方式经历真实生活，为未来的真实学习做好准备，为生活的历练积淀能量。也正是通过这些亲力亲为的实践行动，青蓝小学的学生不断成长，从而实现育人模式的转型。

二是对育人内涵的价值定位。联合国教科文组织前总干事费德里科·马约尔曾经说过一句意味深长的话："我们给后代留下一个什么样的世界，在很大程度上取决于我们给世界留下什么样的后代。"今天，我们同样需要思考的是：我们该留下什么样的后代，才能保证红色江山永不变色。这也正是立德树人的根本所在。换言之，我们需要思考儿童成长的价值定位。

"立德"是学校育人的根本任务。习近平总书记提到，青少年阶段处于人生的"拔节孕穗期"，学校要旗帜鲜明地加强思想政治教育，在坚定理想信念上下功夫，在厚植爱国主义情怀上下功夫，在加强品德修养上下功夫，在增长知识见识上下功夫，在培养奋斗精神上下功夫，在增强综合素质上下功夫，培养德智体美劳全面发展的社会主义建设者和接班人。

青蓝小学正是秉承习总书记的讲话精神，从政治启蒙、审美养性、健康生活、慧脑行动四个维度，结构化地设计一系列经历活动，让学生在经历中留下红色烙印；在经历中养成高雅情操，在经历中学会健康生活，在经历中点燃求索精神和创新意识。一句话，让经历助推学生成长为全面发展的一代新人。

三是育人路径的独特视角。立德树人是学校教育的根本任务，而活动无疑是学校育人的重要途径，2021年教育部《中小学德育工作指南》中就把活动育人作为学校育人的六大路径之一。众所周知，儿童具有好奇、好动的天性，这种充满儿童旨趣的天性体现了人类生命的活力，是人类生存精神的显示，一旦被点燃，就会迸发出强烈的主动性。因此，我们必须十分关注让儿童在成长过程中通过主动、积极的活动，去观察、发现、认识世界，在观察、提问、设想、动手实验、表达、交流等活动中，获取经历，形成良好的品质，最终积淀成时代所需要的素养。

青蓝小学在转变育人模式的实践中，正是以活动为突破口，通过丰富多样的活动，实现育人的目标。从本书中可以看出，青蓝小学的每个学生在六年的小学生活中，都会经历十二类活动，例如围绕政治启蒙，学生经历了红色之旅，经历了致敬改革，经历了时代榜样，在丰富的活动中真正产生强烈的情感冲击，从而初步拥有正确的政治意识和价值观基础。

四是育人实践的丰富案例。中小学的育人决不能仅仅停留在认识层面上，更需要的是实践。在实践中，把正确的育人理念转化为育人的行动，实现育人的目标。青蓝小学正是基于这种认识，设计了一系列经历活动。这些经历活动都源于真实的生活，并在真实生活中历练。

在这本书中，我们可以看到许许多多具有创新意义的实践案例。我们不仅可以看到带有"红色元素"的活动，如红色对话坊，让红色故事通过对话活生生地展现在学生面前；又如红领巾微党课，融红色经典入课堂；再如寻访变迁史，见证飞速发展的崭新时代等等，从而让每个学生在经历中留下红色烙印。还可以看到学校以假日小队为单位，展开"清明溯源""清明习俗""清明文化""清明采风"系列合作探究活动，在系列节日探究活动中，了解清明节的由来，发现清明节的文化意蕴，更感恩于革命先烈为人民带来的幸福生活。同时，通过"网络祭扫＋实地祭扫"相结合的模式，纪念革命先烈，缅怀逝去的亲人，在庄严肃穆的追思过程中赓续精神血脉。诸如此类的活动案例无疑可以为广大中小学开展育人活动提供借鉴和启迪。

我在杭州市工作多年，对百年名校青蓝小学的发展多有了解，也曾数次应邀参加过青蓝小学转变育人方式的活动。今天，很高兴看到了青蓝小学的老师们在转变育人方式的探索中迈出了可贵的一步，看到了学校在转变育人方式的研究中已初显成果，着实令人欣慰。一所学校，有一项科研成果并不难，难的是一直秉持着科研态度，把一项研究做深、做透、做活。青蓝小学有一位执着于教育科研的校长，有一群充满科研热情的老师，因此，能够十数年如一日，从《让经历伴随学习：小学生学习变革新视角》到《让经历伴随成长：城市小学育人新探索》，坚持科学育人。承蒙青蓝小学的盛情相邀为本书作序，使我有机会先睹本书。深知一所学校唯有推进扎实而有心的教育，才能孕育出丰硕且创新的成果。衷心希望青蓝小学在教育改革与实践的道路上不断探索，取得更大的成绩，为杭州市、浙江省乃至全国基础教育的育人模式转型提供更多的有益经验。

原中国教育学会副会长、原浙江省教育厅副厅长、巡视员

张绪培

2021年12月于杭州

目录
CONTENTS

第一章
绪 论

　　中小学生核心素养是中国基础教育界目前讨论的一大热点。核心素养是事关学生发展、生存和社会、国家良好运行的关键素养。它包括知识、能力、技能、态度、价值观五个维度。本章通过全面的"类型化"梳理，以及系统地比较、分析外国非政府组织、政府和国际组织的核心素养体系，分析素养在世界各国的兴起以及我国核心素养的由来与发展。结合新时代育人新诉求，梳理学校二十年的发展轨迹。

第一节　素养：一个全球关注的育人命题

　　"核心素养"是现阶段中国基础教育的一个重要概念，由于其是舶来品，因此要准确理解它的定义和价值，特别是要进一步制定和建构中国学生的"核心素养"体系，亟须我们全面了解外国非政府组织、政府和国际组织的"核心素养"体系是什么，即需要认真审视国际视野中的学生"核心素养"，进而得出对中国的重要启示。

一、素养在世界各国的兴起

　　我国"核心素养"所对应的英文标准术语是"Key Competencies"和"Core Compe-tencies"，以此为关键词在全球搜索引擎"谷歌"和美国联邦教育部的教育资源信息中心中搜索可知，截至目前，全球范围内主要有英国的"继续教育联盟"、澳大利亚的《菲恩审议》和梅耶委员会、联合国教科文组织、经济合作与发展组织（OECD）、欧盟委员会、美国、韩国、新加坡、新西兰、加拿大不列颠哥伦比亚省11个外国非政府组织、政府和国际组织制定了它们的学生"核心素养"内容体系及结构框架。在我国基础教育改革越来越符合国际主流趋势的今天，基于国际视野讨论我国的学生"核心素养"，其研制和实施才能更高效。为了更全面地了解素养在国外的时代表达，学校在世界各国中选取了典型的素养表达进行研究。

（一）美国对素养的阐述

　　2002年，美国一个名为"为了21世纪技能的合作伙伴"（简称P21）的全国性非营利组织制定出了其"面向21世纪学习的框架"。该组织致力于让每一位学生都为21世纪做好准备。2007年，它又发布了该框架的更新版本，全面、清晰地展示了各种"核心素养"及其相互关系。P21的这一框架以21世纪的核心学科为载体,确立了三大项"核心素养"领域——"学习与创新技能""信息、媒体与技术技能""生活与职业技能",每一项又包含若干具体素养(见图1-1)。

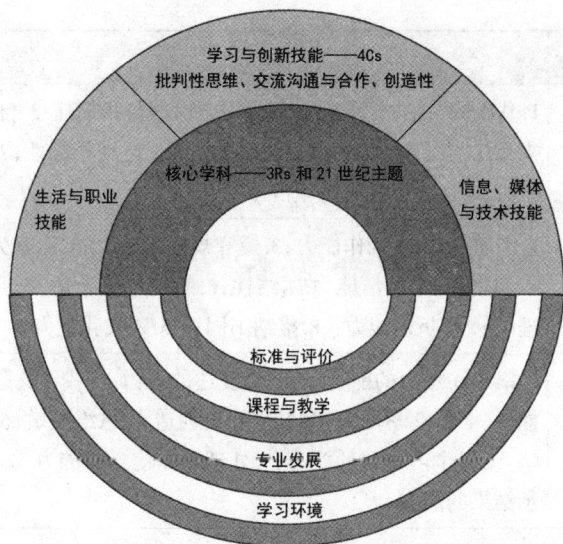

图1-1　美国"为了21世纪技能的合作伙伴"核心素养体系

"学习与创新技能"包括创造性与创新、批判性思维与问题解决、交流沟通与合作。"信息、媒体与技术技能"包括信息素养、媒体素养、ICT(信息、通信和技术)素养。"生活与职业技能"包括灵活性与适应性、主动性与自我指导、社会与跨文化技能、工作力与负责、领导能力与责任能力。

(二)德国对素养的阐述

基于德国著名心理学家韦纳特(Weinert)对能力的定义以及德国教育学家莱茨(Reetz)建立的关键能力模型,德国将"核心素养"划分为自我能力、社会能力、方法能力(见表1-1)。自我能力是指个人能够对自我的生活及发展做出思考和判断,并根据发展目标的推进管理监督自我。社会能力指的是个人能够理性且负责任地参与和构建社会交往,完成社会合作。方法能力指个人能够采用恰当的方法和手段,有计划地解决问题和完成任务。专业能力是个人运用专业知识与技能处理问题和做出思考判断的能力。前三种被称为跨专业能力。它们是习得任一专业能力的前提条件,是"核心素养"中的核心。

表1-1　德国能力领域与能力元素

跨专业能力	能力元素
自我能力	1.基本的自信;2.涉及学校/学习方面的自我信任;3.自我反思;4.独立性/自主意识;5.好奇心/兴趣;6.自主行动积极性;7.坚持不懈的毅力;8.达成目标的奋斗精神
社会能力	1.沟通能力;2.合作能力;3.遵守规则的能力;4.能够为自己和他人承担责任;5.移情能力/团结性;6.解决冲突矛盾的能力;7.情绪管理/接受挫折的能力;8.接纳不同意见/跨文化能力
方法能力	1.集中注意力的能力;2.记忆复述的能力;3.找寻关联得出结论的能力;4.独立学习工作的能力;5.创造力/思维灵敏;6.制定学习策略、反思学习过程的能力;7.处理媒体信息的能力;8.整合信息、展示结果的能力

(三)日本对素养的阐述

2013年,日本国立教育政策研究所向社会公布了以《培养适应社会变化的素质与能力的教育课程编制的基本原理》为题的研究报告,该报告提出了立足本国、面向国际的核心素养框架:21世纪型能力。"21世纪型能力"框架由基础力、思考力和实践力"三力"构成。"三力"关联程度很高,若用三个圆来分别表示这三种力的话,则是大圆套小圆,层层重叠。

从图1-2可以看出,"思考力"居于核心地位。它是指每个人自主学习、自我判断、形成自己的想法,与他人商讨,比较并整合自己的想法,形成更好的见解,创造新的知识,进而发现下一个问题的能力;支撑"思考力"的是"基础力",它对促进思考力起到强大的支撑作用;最外侧是"实践力",它是指在日常生活、社会和环境中发现问题,并运用自己掌握的知识,寻求对自己、社区和社会有价值的解决办法,并将解决办法通报社会,与他人共同协商讨论这种解决问题的方法,通过这种方式认识到他人和社会的重要性的能力,引导着"思考力"。

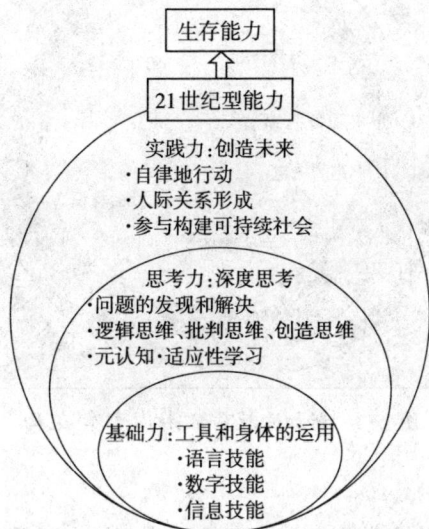

图1-2 日本"21世纪型能力"框架

(四)新加坡对素养的阐述

2010年3月,新加坡教育部公布了"21世纪素养与学生学习结果的框架"(见图1-3)。该框架聚焦培养学生的"21世纪素养"(21CC)。除了着重于全人教育外,特别加强体育、艺术与音乐教育,以提高学生的创作力与表达力,以及塑造个人的文化与情感特色。这个架构以人为中心,而非以知识灌输为中心,强调学校教育要"以人为本"。

该架构的四个直角显示的是新加坡期望学生成为具有下述四项特质的人:一个自信的人——他们能适应环境,具有弹性。他们不但了解自己,也能独立思考,做出有效的沟通和明智的判断。一个自主学习者——他们能提出问题、反思学习过程、对自己的学习负责,并有毅力坚持到底。一个积极的贡献者——他们能在团队中有效地发挥作用,有主动性、勇于创新,愿意承担适度的风险,并追求卓越。一个关心国家的好公民——他们有强烈的公民责任感,不仅关心新加坡和世界,也积极主动改善周围人的生活。

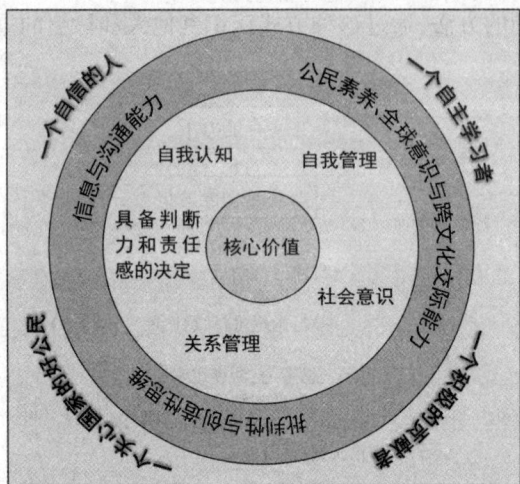

图1-3　新加坡教育部"核心素养"架构

架构中的外环代表学生在21世纪全球化环境中所需要的技能。它们是公民素养、全球意识与跨文化交际能力，批判性与创造性思维，信息与沟通能力。这个架构的中心是核心价值。核心价值决定一个人的品格，会塑造一个人的信念、态度和对他人的行为素养，因此是21世纪素养架构的核心。新加坡教育部认为学生应具备的核心价值有六个，即尊重、负责、正直、关怀、和谐、弹性。

"核心素养"的理念和内容是不断进步的。由于时代的不断发展、国家和国际面临的实际情况不同，这就必然要求"核心素养"的理念和内容与时俱进。最近几年制定出台的新加坡"核心素养"与早期美国的"核心素养"相比，无论是在理念上还是在内容上，更趋于对现代公民所应具备的素养的科学评定。据此展望，今后再有外国非政府组织、政府和国际组织制定出台"核心素养"，其理念和内容肯定比新加坡等国家现有"核心素养"的理念和内容更先进、更现代。这意味着中国的"核心素养"值得期待。

二、我国核心素养的由来与发展

核心素养是我国实现学校教育价值和确立人才质量标准的基础与核

心,是在国家教育方针指导下应建立起来的学生发展必须达到的目标体系。我国在国际比较中学习借鉴,分析核心素养的内涵、特征与价值取向,尝试提出学生核心素养体系建构的思路:横向整合,融会贯通学科素养;纵向衔接,构建垂直教育体系。制定出台兼具国际化和本土化的学生"核心素养"体系,更好地助力中国基础教育质量的进一步夯实与提高。

(一)"核心素养"的提出

中国教育部于2014年3月30日印发《关于全面深化课程改革　落实立德树人根本任务的意见》,首次提出将学生"核心素养"体系研制与构建作为着力推进课程改革深化发展的关键环节,推动国家教育发展,从而引燃中国"'核心素养'热"。受教育部基础教育二司委托,中国教育学会于2016年2月22日印发文件,以《中国学生发展核心素养(征求意见稿)》向全国各省(区、市)学会和相关分支机构征求意见。2016年9月13日,北京师范大学林崇德教授受教育部委托领衔的学生素养课题组发布研究成果《中国学生发展核心素养》,中国基础教育学界全面展开热烈讨论。

"核心素养"现已成为包括幼儿园和中等职业技术学校在内的中国基础教育界最关注的一个热词。尤其是2015年,张绪培、钟启泉、袁振国、崔允漷等著名教育专家与学者纷纷在媒体和期刊撰文,以及中国教育学会第二十八次学术年会聚焦于"核心素养",让"'核心素养'热"在中国进一步流行。现如今,幼儿园和中小学的校长、教师如果还不知道"核心素养",还仅停留在素质教育层面上,就颇显得落后于今天的教育发展潮流了。

在学术文献方面,目前国内学者对学生核心素养的主要研究大部分都是宏大的理论研究,呈现出了一种密集涌现和热烈探讨的态势。比如,21世纪核心素养的驱动力、框架及要素、支持体系、课程教学与评价,核心素养的内涵与追问,以及基于学生核心素养的课程体系建构、教育改革实践途径与策略。再如,我国学生的核心素养及其培育、我国义务教育阶段学生核心素养模型的构建,以及对学生发展核心素养研究的国际分析。不过,客观来看,这些研究不仅尚未详述世界主要国家(包括非政府组织与政府)和国际组织的学生核心素养内容体系与结构框架,而且得出的启示事实上对我国来说也不是全面、完善、到位的。

（二）"核心素养"的定义

要清楚地给"核心素养"下定义，从逻辑上来看，就必须先搞清楚什么是"素养"。"核心素养"一词中的"素养"并不是我们通常所理解的"素质和修养"，而是指个体为了更好地生存和发展，特别是成为一个良好的现代公民，所必须具备的五个方面：知识、能力、技能、态度、价值观。因此，"素养"是一个强调整体的概念，是知识、能力、技能、态度、价值观的综合体，合乎认知、情感与意志统一的教育目标价值导向。

进一步来说，这样的界定还可以更为翔实地阐释为一个人为适应现代生活及未来挑战所应具备的知识、能力与态度。它是融合认知、技能和情意，经内化后的综合表现，涵盖更宽广和丰富的教育内涵，强调学习不宜仅以学科知识为限，而应关注学习与生活的结合，并能整合运用于生活情境。它不仅能帮助学生积极回应个人的及社会的生活需求，同时能迎接现在与未来的挑战。

需要注意的是，"核心素养"不是指学生的一项特殊能力，而是综合能力。常年负责开发韩国中小学教育课程方案的"韩国教育课程评价院"认为，"核心素养"是指"为有效、合理地解决复杂多样的现象或问题，要求学习者形成的知识、技能、态度之总和。该素养不是特指学习者具有的特殊能力，而是指所有人通过初、中等教育应形成的基本、普遍、共同的能力"。可见，"核心素养"是通过初、中等教育培养的，所有国人必须具备的能力和品质。

显而易见，"核心素养"是指那些非常重要的关键素养。此外，从语义的角度来看，"核心素养"不等于什么都包括的"全面素养"。这些"核心素养"不仅事关个体生存和发展（包括终身学习），还事关社会与国家的发展并影响国家国际竞争力的提升。所以我们必须高度重视"核心素养"，将其视为国家基础教育改革与发展的重中之重。

（三）"核心素养"的价值

从教育学原理的理论观照角度来看，"核心素养"可以作为各级各类学校课程纲要的课程目标来源，以供教育人员据此进行课程规划与设计，课程实施与评价，并且确定学习者的达成程度。理论能够指导实践，"核心素养"

能够通过课程影响学校教学和其他方方面面的学校教育育人实践,并会带来教育教学理念和方法的改变。这也是国内外现在热衷研究和讨论"核心素养"的一项主要原因。

进一步来说,"核心素养"高度重视如何以课程和教学的形式将中小学教育的核心要素从下(小学一年级)向上(高中三年级)连贯起来,以及从上(高中三年级)向下(小学一年级)扎根下去,并且衔接到中职教育,以兼顾整体国民素养及重视各教育阶段学生特性,建立幼儿园至高三教育特别是课程标准的连贯体系,让每位学生都经由学校教育成为新时代身心健全发展的个体,成为有利于社会良好运作的公民,还应该让其中的不少学生成为国家各方面建设和发展所需要的创造性人才。

对中国来说,"核心素养"具有特别重要的价值。众所周知,中国的传统学校教育长久以来一直高度重视"知识"的重要性,却有意无意地忽视其他方面。虽然现在进行的新一轮基础教育课程改革注重强调"能力"和"技能"的重要性,但还远远不够。如今我们引入了"核心素养",因而中国中小学课程改革和教育教学实践就应该高度重视更全面、更系统、更有价值的"核心素养"。由于"核心素养"在高度重视"知识""能力"和"技能"的同时,也强调"态度"和"价值观"的重要性,这样就成功超越了传统教育重知识的理念,有力纠正较忽略能力(技能)、态度(情感)和价值观的偏失。

三、新时代育人实践的新诉求

2018年全国教育大会上,习近平总书记首次对德智体美劳教育内容和新时代人才培养目标提出了明确的要求。这是对教育本质属性的回归,也是对育人方式提出的新要求。

(一)立德树人,培养完整的人

教育的根本任务是立德树人,要让教育回归培养人的本质,就要坚持用完整的教育培养完整的人。即除了知识外,学校还应该教会学生拥有政治意识,提高审美养性,具备健康生活和智慧创造的能力,获得个性化的发展,成长为"完整的人"。

2012年党的十八大报告首次提出"把立德树人作为教育的根本任务",

2017年党的十九大报告中再次明确提出"要贯彻党的教育方针，落实立德树人的根本任务"。这些任务的提出，一方面彰显了我国教育发展进入新阶段，取得了新认识和新突破；另一方面也对新形势下培养什么样的人、怎样培养人的教育问题做出了针对性的重要指示。"立德树人"的表述不仅反映了新形势下我国教育改革发展的基本特征，同时也是教育回归其本真的要求。赫尔巴特在《论对世界之审美描述是教育的首要工作》一文开篇中说道："我们可以将教育唯一的任务和全部的任务概括为这样一个概念：道德。"这一判断基于以下两项要求：道德应当被认为是个体成人的最高目标；零散的教育工作必须通过一个主导性目标整合为一项整体工作。这两项要求从教育的本质属性出发，将"立德"和"树人"结合了起来。

"立德树人"的中心问题仍是价值问题，其关键在于当前我国学校教育目标的确立和自觉，进而引领学生发展、提振学校精神、凝聚各种教育力量，开阔教育视野，提升教育格局。当前学校教育培养了学生多方面的素质，但各方面素质的发展还需要得到总体的整合，通过一个根本性的价值目标赋予其统一的灵魂，由此整体提升青少年的成长境界。而要确立"立德树人"根本性的价值目标，必须切实理解当前国家发展和时代精神的深层需要，着力放宽眼界，以大视野、大气魄、大格局来深刻认识新时代我国学校教育的根本目的，这是推进我国学校教育改革走向深化的基础性也是关键性任务。

（二）立足素养，培养全面发展的人

21世纪以来，教育界不断探讨一个问题：应该培养学生哪些方面的最核心知识、能力与情感态度，才能帮助他们成功地融入未来社会，满足个人自我实现的同时推动社会发展？基于此问题，经济合作与发展组织率先提出了"核心素养"结构模型。我国也在此基础上发布了更加符合当下中国学生发展需求的核心素养，具体指向学生最关键、最必要、居于核心地位的六大素养。

构建核心素养体系试图从顶层设计突破，把对学生德智体美全面发展总体要求和社会主义核心价值观的有关内容具体化、细化，并转化为具体的品格和能力要求。核心素养体系也是为衡量学生全面发展状况提供评判依据，引导教育教学评价从单纯考查学生的基本知识和基本技能转向考查学生的综合素质。因此,立足核心素养,能够深入回答"培养什么人、怎样培养人"的问题。

核心素养主要从以下六大方面促进学生的全面发展。

1.人文底蕴

主要是学生在学习、理解、运用人文领域知识和技能等方面所形成的基本能力、情感态度和价值取向。具体包括人文积淀、人文情怀和审美情趣等基本要点。

2.科学精神

主要是学生在学习、理解、运用科学知识和技能等方面所形成的价值标准、思维方式与行为表现。具体包括理性思维、批判质疑、勇于探究等基本要点。

3.学会学习

主要是学生在学习意识形成、学习方式方法选择、学习进程评估调控等方面的综合表现。具体包括乐学善学、勤于反思、信息意识等基本要点。

4.健康生活

主要是学生在认识自我、发展身心、规划人生等方面的综合表现。具体包括珍爱生命、健全人格、自我管理等基本要点。

5.责任担当

主要是学生在处理与社会、国家、国际等关系方面所形成的情感态度、价值取向和行为方式。具体包括社会责任、国家认同、国际理解等基本要点。

6.实践创新

主要是学生在日常活动、问题解决、适应挑战等方面所形成的实践能力、创新意识和行为表现。具体包括劳动意识、问题解决、技术应用等基本要点。

为了实现核心素养与各学科课程的有机结合,教育研究专家基于学生发展的核心素养体系,积极研究和明确学生在各学科、各阶段应具备的适应终身发展与社会发展需要的必备品格和关键能力。研究小学、初中、高中和大学四个学段核心素养具体指标的主要表现及水平特点,实现核心素养指标体系总框架在各学段的垂直贯通。

在个体终身发展过程中，每个人都需要许多素养来应对生活中的各种问题和情况，这些素养都是由核心素养延伸而来。因此，学校立足于培养核心素养，促进学生将知识、能力、态度和价值观等方面进行融合；提高问题解决、探究能力，培养批判性思维；让学生在自我管理中提高组织能力、人际交往能力；以核心素养为立足点，促进学生的全面发展。

（三）五育并举，培养全面、个性发展的人

习近平总书记在2018年9月举行的全国教育大会上旗帜鲜明地指出：努力构建德智体美劳全面发展的教育体系。至此，立德树人，"五育"并举，培养德智体美劳全面发展的社会主义建设者和接班人为全体教育人的共同目标。2019年发布的《中国教育现代化2035》进一步提出，"更加注重学生全面发展，大力发展素质教育，促进德育、智育、体育、美育和劳动教育的有机融合"，明确提出"五育"融合的教育发展目标。实事求是地讲，当前无论是教育理论工作者还是一线校长教师，对何为"五育"融合，"五育"融合从何而来，"五育"融合基本价值追求是什么，"五育"融合如何落地等问题的认识还不够清晰，共识度还不够高，或见仁见智，自信心不强，亟待进行基本概念、本质要义的辨析和价值反思。

"五育"融合是在"五育"并举提法基础上归纳出来的，是对"五育"并举政策话语的理论提升。"五育"并举，融合育人，是新时代中国特色社会主义基础教育综合改革面临的重大课题。它经历了五个阶段，从"五育"失衡到"五育"并举再到"五育"融通、"五育"共生和"五育"共美，是"五育"融合五个重要阶段，其主旨就是要回归教育的本质规律，回答教育究竟"如何培养人"这个根本问题。为方便国际学术交流，"五育"融合的英文表达为：the Integration of Moral, Intellectual, Physical, Aesthetic and Labor Education, 意译holistic education（全人教育）。

"五育"融合是一项系统工程，是极具时代特征和创新意义的教育热点、难点和突破点。"五育"融合如何落地？一个基本指导原则是从"五育"融合视野深入反思区域或学校自身办学过程"五育"失衡的深层症结，找准切入点，积极创建教育品牌。"五育"融合在具体行动路径上要先行先试，聚焦"五全"和"七进",其中,"五全"指"全员育人、全面育人、全程育人、全科育人、全息育人";"七进"指五育要"进文化、进课程、进课堂、进生活、进评价、进治理、进生态"。

我们应达成这样的共识:步入教育的新时代,我们正共同走着一条培养德智体美劳全面而有个性发展的时代新人的教育实践之路,"五育"是一个整体,既内在统一又各有侧重,目标是促进学生全面而有个性地发展。有了"五育"融合的理念和思维方式之后,不仅各育之间的关联度、衔接度将有所提升,各育自身的推进方式、运行方式和发展方式也会随之发生革命性变化。此后,各育都将在"五育"融合的背景之下,重新建构自身的发展方向和发展机制。因此,我们需要树立新时代的"五育"融合观和基于"五育"融合的"新基本功",学会在多元教育价值冲突与矛盾中辩证处理"五育"之间的关系,促进"五育"并举相互融合,最终实现"五育"共美的整体育人功能。

总之,"五育"是一个彼此独立又相互融合的复杂系统,只有各育各司其职、协同共进共生,才能真正实现"1+1>2"的"融合"效应。正如施瓦布所言,"实践"是教育的真正语言。"五育"融合是一项"择宜"的实践艺术,"五育"融合是否能做好,关键在校长和教师。理论是行动的先导,行动反过来通过必要的反思和修正又会自觉推动理论不断丰富及向前发展。

第二节 历程:学校二十年的探索轨迹

教育是一种历史现象,是人类社会发展到一定历史阶段的产物。从有教育活动或教育现象起,就有了教师与学生这一教育关系存在。教育实践活动是指由教师组织策划、学生参与实践,两者共同作用,从而增进学生知识、技能或者改变思想意识的活动。

古往今来,师生关系一直是各国教育家、心理学家、哲学家最为关注的方面之一,而各种观点交织碰撞,层出不穷。师生关系的变化反映出人们对教育认识的发展,表明人们在认知和教育实践中更加重视人的发展。在这一过程中,师生关系从"以教师为中心"发展到"以学生为中心"。

二十年来,杭州市青蓝小学一直致力于从教书到育人、从传统师生关系到新型师生关系的探索。一路走来,学校经历了从理念建构到实践探索再到不断深化发展的过程演变,如今已小有成效。下面就围绕学校的发展历程,谈谈二十年的探索轨迹。

一、从关注知识到关注能力

什么是"知识中心论"呢?"知识中心论"这一课程观之下的学生往往被视为知识容器,被迫接受这种角色定位。学生被要求达到权威规定的教学目标,要服从权威制定的规则。除了权威要求的目标,学生自身的多元需求则被看成挑衅与破坏,往往遭到忽视。"知识中心论"的课堂往往是封闭的,课堂教学的目标和价值指向权威要求,无视甚至敌视其他的教育价值。

因此,学校建立了"生命成长论"的课程观,以此取代"知识中心论"。学校从学生生活与学习经历出发,致力于育人模式的改革创新,形成以"经历伴随成长"为核心理念的育人道路。

(一)转变教学理念,聚焦学什么

"知识中心论"的弊端越来越为人们所认识,人们也越来越重视学生学习的"主体性"地位,逐步形成了"以学生为中心"的教学设计理念和活动设计理念。追溯学校发展的历史,不难发现,学校一直朝着"培养什么人、怎样培养人、为谁培养人"这一目标努力前进。1906年建校初期,学校的办学初衷为"有点知识,有点文化";1980年,办学目标更改为"有点样子,有点气质";2016年,学校经历了校舍合并,育人理念转变为"有点内涵,有点经历"。

如今的"经历伴随成长",正是以"生命成长中心论"为指向,试图让学生在每一次经历中,都能激起思考、激活体验、引发讨论。它来源于实践,是动态的修补与完善,是自由与个性的产物。学生的个性需求、教师的个人创造都可以转化为具体的经历内容和经历形式。只有归还课程权利,才能使教育创新与实践生机勃发。

学校认为,加强中小学生政治启蒙教育,是促进学生成长的关键因素。为进一步实现人的全面成长,学校建构了一种以"经历伴随成长"为核心理念,以"活动育人"为主要方式,以"初步唤醒政治意识,提高审美素性,学会健康生活,具备智慧创新能力"为目标的育人模式,逐步实现指向学生基本素养综合发展的转型目标。

(二)变革学习方式,研究怎么学

随着社会的不断发展,学生的学习需求越来越多样化。被动接受的学习方式和单一的课程知识已不能满足学生的需要。因此,通过有效的实践活动来实现学习方式的变革正是学校的当务之急。变革学习方式可以改变学生固有的学习模式,提高学生的团队合作、主动探索、逻辑推理等能力,还可以开阔学生的视野,使学生拥有更加丰富的生活体验。

原江苏省教育科学研究所所长成尚荣指出:学习方式折射出育人的价值,有活力的学习方式就是让学生在教师引领下过一种幸福的生活。青蓝小学就是以学生为本,创新育人活动方式,打造促进学生成长的十二种经历,让学生在各具特色的活动中学习、思考并回归实践,从而初步唤醒政治意识,提高审美素性,学会健康生活,具备智慧创新能力,实现学校的育人目标。

学校根据学生行为能力的差异以及活动类型的难易，分学段、分类别地安排了四类十二种经历活动。四类经历基于培养目标，从多个维度选择活动内容，每类指向包含三种经历，并有明确的经历内容。十二种经历虽内容不同，但相互促进、彼此相融，促进学生主动学习，崇尚健康发展、生动活泼的发展，促进全面的、个性的、充分的自由发展。

（三）提升学习效能，实现学得好

从多年的教育实践中，我们发现，学生的生活经历和学科知识之间并没有形成紧密的联系，反而存在较大落差，而且缺少体系的经历难以成为学生学习的有效材料。学校设计的教育实践活动应以实现学生终身发展和社会发展所需的必备品质及关键能力为基础。为了使教育实践活动有效且高效，让学生在经历中亲身体验是至关重要的。学校设计、优化活动载体，充分挖掘学生的经历价值，唤醒向上、向善的生存力，使学生在小学阶段留下走向幸福人生的记忆，从而实现立德树人的根本任务。

首先，注重直接经历与间接经历的交互作用，在活动中突出经历的构建价值。将经历与活动二者有机结合，能更好地促进学生认知理解和掌握规律，让成长从被动走向主动，从浅层走向深层，从个体走向协同，极大地助推学生的成长。

其次，注重学生对经历内容的感受和理解。"经历伴随成长"立足学生的直接经历，关注合作探究，促进情感升华，提升素养品质。学生在学习活动中进行合作探究，经历了获得知识和技能的全过程，在过程中提升了自己的操作技能，获得了全面、真实、深刻的体验，同时不断深化对知识的理解。

最后，注重让经历激活内驱。小学生的年龄特点以兴趣与好奇为导向，同时好奇心是经历活动发生的根本动力，应贯穿于"经历伴随成长"的全过程。正如建构主义理论强调的那样，学习者应该在一定的学习情境中开展学习，在此过程中把已有的认知结构和新的知识建立起联系，从而拓展新知，完成知识的主动建构。

二、从关注教书到关注育人

和谐的师生关系不仅是强大的教育力量，也是宝贵的教育资源。从师生关系发展史上看,我们都能清晰地认识到优良的师生关系与不和谐的师生关系对我们教育的影响。而教育史上曾一度推崇以捷克教育家赫尔巴特为代表的"教师中心论",这种师生关系在相当长的时间内在我国教育界随处可见。

基于此,学校努力打破传统思维模式的制约,围绕"培养什么人、怎样培养人、为谁培养人"这一根本问题,积极展开探索实践,从学生生活与学习经历出发,致力于育人模式的改革创新,形成以"经历伴随成长"为核心理念的校本道路。学校结合学生特点和地域特色开发校本课程,同时将国家课程校本化实施,以此打破"教师中心论",让学生享受学习、享受课程,得到更好的发展。

(一)重构主干课程,凸显育人

一所好的学校,不仅要在当下帮助学生获得与其能力相匹配的成绩,更要为其未来的发展奠定基础,这个基础就是核心素养。在影响学生现在和未来发展的诸多因素中,"课程"是培养学生核心素养的关键因素和根本途径。学校始终把狠抓教学质量、落实全面育人作为课程改革实践的重心,注重教师为主导、学生为主体,兼顾知识传授与能力素养的落地,积极探索各学科核心素养的转化路径。

学校把课程改革作为学校教育与发展的核心载体纳入学校的中心工作,把课程的整体建设作为学校内涵发展的主要载体和关键手段,并利用课程体系助推合力育人。以"做最好的自己"为课程目标,以课程整合为原则,强调课程引领学生生命的生长,通过师生之间充满活力的互动,培育学生核心素养。

学校遵循教育规律及学生成长规律,积极探索"课程育人"的路径与方法,重构主干课程:从学生的生活与学习经历出发,基于"社会发展""社会参与""文化基础"三个维度,开发"人文、科学、社会、保健、艺术"五大课程群,构建道德规范、实践创新、人文涵养、科学精神、健康审美、国际视野六大核心素养。其中包括了10余门国家基础性课程和50余门拓展性课程,形成了独树一帜的主干课程群,真正实现了课程内容的多元化(见图1-4)。

让经历伴随成长：城市小学育人新探索

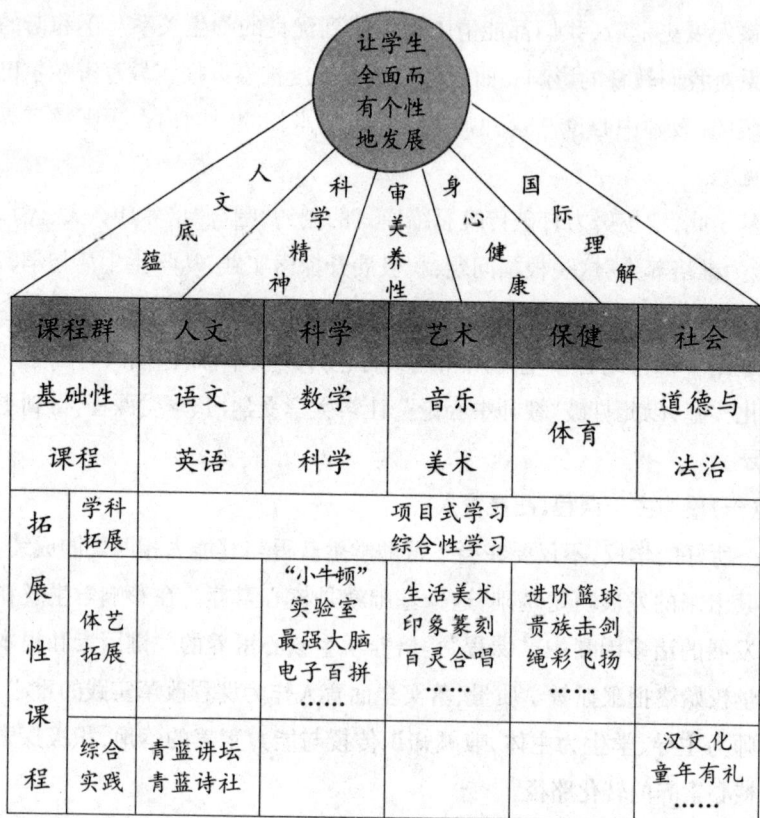

图1-4 杭州市青蓝小学"五大课程群"课程框架

课程群		人文	科学	艺术	保健	社会
基础性课程		语文 英语	数学 科学	音乐 美术	体育	道德与法治
拓展性课程	学科拓展	项目式学习 综合性学习				
	体艺拓展		"小牛顿"实验室 最强大脑 电子百拼……	生活美术 印象篆刻 百灵合唱……	进阶篮球 贵族击剑 绳彩飞扬……	
	综合实践	青蓝讲坛 青蓝诗社				汉文化 童年有礼……

学校的"五大主干课程"为培养学生的核心素养、促进学生全面发展提供了有力支撑，在潜移默化中落实全面育人的目标。

(二)实施特色课程，因材育人

在人工智能时代，教与学的方法在不断创新，学校教育正经历着重大变革。因此，学校要融入时代背景，立足学生的核心素养和核心能力，实施有学校特色的育人课程。学校加强特色课程的校本实施，各学科教师进行研究和探索，准确把握课程标准的内容和要求，明确课程标准在教学和评价中的地位，根据学生的认知水平和身心发展规律，结合教育教学规律，更科学地开展教学和评价工作。围绕学生的发展，学校将拓展性课程分为"童心起航"特色课程、"童心逐趣"社区课程和"童心浸润"活动课程。同时，在自主开发及丰富校本课程的基础上,将国家课程、地方课程、校本课程三级课程整合。申报时,每位学生都能自由选择,找到自己心仪的课程,享受到多元化、有层次的课程体系,在多样的课程学习中锻炼关键能力、体悟核心素养。

1."童心逐趣"明志课程

为了丰富学生的学习体验,学校对"童心逐趣"活动课程进行了梳理。一是开展多种政治主题教育活动,促进"童心成长";二是结合传统节日和校园节日开展各种活动体验课,以此不断健全德育网络,将学生的品德教育和公民教育渗透于教育教学的各个环节,让学生在明志课程中树立远大理想,在活动中怡情养性,身心得到和谐发展。

2."童心浸润"炼能课程

在炼能课程中,学校基于"五大主干课程"体系,在每一领域开设拓展性的社团课程,利用校内外资源,开设多类课程供学生自主选择。如"人文课程群"有青蓝讲坛、青蓝诗社、英语ABC等;"科学课程群"有"最强大脑"、"小牛顿"实验室、电子百拼等;"艺术课程"有生活美术、印象篆刻、百灵合唱等;"保健课程群"有绳彩飞扬、贵族击剑、进阶篮球等。在多类炼能课程的开展下,学生在动手实践中积极锻炼各方面能力,促进综合素养的全面发展。

3."童心起航"厚基课程

学校开展"童心起航"社会类课程,通过红十字、汉文化、小红帽志愿者、金话筒主持等课程,积极促进学生在社会中的与人交往和劳动实践,探寻社会生活中的真实问题,将学科知识与实际问题有效联结,灵活运用所学知识帮助他人解决生活中的难题,培养学生的社会担当意识和责任感,让学生在知识的综合运用中打下坚实的学习基础。

总之,特色课程重视核心素养的培养,注重提高学生在复杂情况下解决问题的能力,同时使学生的能力发展适应现代信息社会快速发展的特点,更好地应对未来的复杂性。

(三)构建评价体系,多维育人

课程评价是课程实现学生学习价值的指向标。课程评价的目的是改善课程设置,鼓励学生学习,提高教师的教学水平。从师生的发展出发,建立评价目标多元化、评价方法多样化的发展性课程评价体系是学校课程建设中的重要环节。

学校制定《青蓝小学学业评价标准》，通过这一评价标准，教师调整教学行为，提高教育教学质量，促进学生设立学习目标，更有效地学习。其中，拓展性课程的评价不同于一般学科的评价，不是评分制度，而是一个灵活的激励评价机制。学校采用学分银行、成长档案、青蓝成长箱、自选强项四种方式建立评价体系。

1. 学分银行

"学分银行"顾名思义，就是用银行运营的方式来进行评价，但与真实银行不同的是，这里储存、兑换的不是金钱而是"学分"。通过达成一系列要求或挑战，学生能够获得学分存入银行，定期可以将存储的学分取出进行兑换，可以兑换奖状证书、学校特色纪念品等。

2. 成长档案

对于"青青·蓝蓝"生本课程来说，档案袋评价的材料主要有从"青青·蓝蓝"生本课程开始时就放入档案袋中的学生日常的学习成果、作品、表现以及阶段性评价结果，学校以其作为学生学习过程的记录和最后评价的依据，直到课程结束。档案袋中的资料内容丰富，更多维度地呈现了学生的学习经历和成长过程，使评价标准更多元化，更体现过程性评价，同时促进学生的能力、情感和知识在原有水平上的持续发展。

3. 青蓝成长箱

学校设置了青蓝成长箱，并通过向全校师生征集的方式确立了"青蓝成长箱"评奖标准，从"尊师孝亲、诚信守礼、勤学创新、热心公益、自立自强"五个方面对学生进行考量。学校将在每月评价及特色活动中定期使用青蓝成长箱进行评奖。符合评奖标准的学生可以制作姓名卡，在卡上写清自己的班级、姓名、奖项名称，然后亲手投入成长箱中。学校将在元旦、六一、学期末等特定时间点举行"青蓝小牛人"的活动，并从成长箱中抽取姓名卡，对学生进行特色奖励。学校采用这种有趣的周期性评价方式，在学生之间传递榜样力量。

4. 自选强项

自选强项评价是一种相对平行的考核项目，主要通过引导学生选择自己感兴趣、有特长的、富有个性优势和个性特点的项目学习,凸显学生个性,挖掘学生潜能。它具有提高学生自我认知、培养学生自我反省能力的作用。学生在参加不同的"小班环境下主干课程群的构建与实践"课程后,可以根据自我感觉、教师评价、伙伴建议,来选择不同的"青青·蓝蓝"生本课程。学习过程中还可以变更,甚至根据自身特点提出与学校测试项目不同的但适合自己的考核项目。

学校聚焦核心素养培育,以建设具有多样化课程、多元化评价,彰显立足培养个性化、全面发展的人,致力为学生提供丰富多样的课程经历,引导教师科学精细地提高教育教学质效,以满足学生终身发展的需要。

三、从关注学习到关注成长

《国家中长期教育改革和发展规划纲要(2010—2020年)》中明确提出:教育要以学生为主体,以教师为主导,充分发挥学生的主动性。同时,通过不断的教育教学实践与研究,我们发现"教师中心论"存在较大弊端,基于此开展的传统教学中,教师常常具有绝对的权威,占据主导地位,而忽视了学生的主体作用。因此,学校首先建立"学生为主体"的理念,学习乔纳森(Jonassen)的建构主义强调"以学生为中心"的思想。该理念以学生为主体,倡导学生的自主学习和自我探索,尤其有利于培养学生的创新意识、创新思维和创新能力,与我国教育改革深化和发展的方向相适应。

学校基于课题"经历伴随学习",以促进小学生成长为出发点,从学生生活与学习经历出发,拓展研究外延,从关注"学习"转向关注"人的成长",形成以"经历伴随成长"为核心理念的校本道路,进行育人模式的改革创新。

(一)设计四类经历,丰富体验

学校从"政治启蒙、审美养性、健康生活、慧脑行动"四个维度出发,通过经历与成长的勾连,根据学生行为能力的差异以及活动类型的难易,整合学科与活动、课堂与课外、学校与家庭,分学段、分类别地安排十二种经历活动,构成了横向多维发散、纵向难度进阶的立体式活动育人模式,实现活动浸育、家校共育、环境美育,推动学生各项素养的发展,实现最大限度的新成长。这十二种经历虽内容不同，但相互促进、彼此相融，推动学生全面而个性地成长。

（二）优化活动方式，激活内驱

人们在现实世界中的活动是人们生存和发展的形式。运动是物质的存在方式，活动是人的存在方式。在四类经历活动的设计中，我们非常关注活动方式的改革和优化，让学生获得十二种不同的经历。

首先，让经历"活"起来。通过构建真实性的任务情境，让学生大脑中静默的理解转化为丰盈的情感和自觉的实践行为，从而将经历作为一种解决真实问题的路径，趋向小学生成长的终极目标；其次，一般的活动关注学生对项目内容的理解和感受，而"经历伴随成长"则指向更高的价值追求，即引导学生在解决问题的过程中立足直接经历，关注合作探究，促进情感升华，提升综合素养；最后，我们倡导在活动中充分发挥学生的主体性，树立以学生为主体的教育理念，让学生体验到作为独立个体所体验到的成长的快乐。

学校提出，教师以观察者、引导者和鼓励者的身份关注学生在活动中的发展。通过与合作伙伴和教师的互动，学生获得各方面的经验，实现自我发展。

（三）创新评价载体，实现成长

新一轮课程改革重视评价方式的转变，尤其强调过程性评价，明确评价的目的是促进学生发展。学校围绕着"五育并举，培养全面发展的人"和"立德树人，培养完整的人"的教育理念设计了十二种经历。这不仅是学校教育发展的需求，也是促进学生个性发展的需求，更是培养创新人才的需求。以"经历伴随成长"的育人活动作为引领载体来融合"五育"，从而全面推进因材施教，培养全面而有个性的人。

2020年1月，世界经济论坛发布的"教育4.0行动"首份成果《未来学校：为第四次工业革命定义新的教育模式》指出，目前占主导地位的学习方式仍是以记忆为主的被动学习，而不是以批判性思维为主的互动学习。学生缺乏当今时代所需的科技创新思维。因此，学校创新评价载体，对应开放性、实践性、探究性、反思性、生成性的全新学习方式。例如，注重过程评价和学生能力。关注过程的学习,关注学习过程的参与度、达成度,围绕不同的能力要素,由师生共同对照指标,在课程实施中形成过程性评价。例如,注重多维度的评价体系。细化能力达成体系,建立自我评价、同伴评价、教师评价等多维度评价方式,以期借助评价,了解在实施过程中的相关问题和学生在活动过程中出现的困难,及时调整,促进学生的多元发展。

新型评价体系更加关注并满足学生的个性需要,遵循学生成长的规律,能客观、全面、具体地呈现活动真实的动态过程。它能满足学生的个性成长需求,关注学生实践操作的过程,促进核心素养的形成,使学生在经历中彰显个性、收获成长、健全人格,从而提升综合素养和品质。

经历伴随成长的理论阐释

在学生的成长历程中，"经历"的作用举足轻重。杭州市青蓝小学提出"经历伴随成长"，就是指通过具有明确目标、教育特质的十二种经历，让学生在原经历的基础上，实现新的成长。经历伴随成长有其特定的架构，学校基于哪些维度设计经历，通过怎样的策略实施经历活动以及如何实现经历与成长之间的互促，是学校、教师甚至学生考量的重点。

学校研究了经历伴随成长的价值取向，进行理论解读，并基于经历伴随成长的理念，进一步明确其基本架构和具体内容。

第一节　指向：经历伴随成长的价值定位

经历伴随成长，以素养立意为逻辑起点，以学生发展为价值追寻，以完整学生为中级目标，通过不断丰富学生经历，并让经历推动学生成长，进而达成育人的终极目标，即推动学生各项素养的发展，实现最大限度的新成长。

一、素养立意，经历伴随成长的逻辑起点

学生的成长是一个量变到质变的过程，需要依托与周围世界的互动来获取反馈，从而内化为个人点滴积累，最终促成蜕变，实现成长。根据马克思主义唯物辩证法，世界上没有两片完全相同的树叶，学生作为鲜活的生命个体，因其生长发育的独特性，成长的诉求与维度也有所不同。现代社会为学生成长带来了多样化的可能，如何锁定关键部分，并为学生打造与之相适配的关键经历是学校亟待解决的问题。

（一）素养是驱动学生经历的指南针

自党的十八大以来，基础教育立德树人、为党育人、为国育才的意识越来越强，教育面貌发生格局性变化。在实现"两个一百年"奋斗目标的历史交汇点上，党的十九届五中全会通过了《中共中央关于制定国民经济和社会发展的第十四个五年规划和二〇三五年远景目标的建议》，将"建设高质量教育体系"作为"十四五"时期的"大方向"，明确学生发展核心素养要求，推行可持续发展教育，在加快推进教育现代化的新征程中培养担当民族复兴大任的时代新人。素养对学生成长成才的导向性可见一斑。

自1997年底"素养的界定与选择：理论和概念的基础"（简称DeSeCo）的

跨界项目启动后,全球教育领域就掀起了素养驱动的教育变革热潮。素养的英文为"competence",拉丁文词根为"competere"。其中,"com"指聚合,"petere"指追求、奋斗,合成之后的单词"competere"指合力奋斗。因此,素养是指人恰当应对情境所需要的综合能力。[①]

哈佛大学罗恩·理查德(Ron Ritchhart)认为素养不是先天的,而是后天形成的行为模式,受个人的主观能动性影响。素养包含各类行为,且会根据具体情境实现动态发展。所以,素养不是与生俱来的天赋,而是学生通过后期的经历体验积累而成的。学生作为经历的主体,需要教育者有意识地、有选择地为其搭建经历的舞台。

英国著名的素养研究专家埃劳特(M. Eraut)对素养形成的学术传统进行了分类与总结,他认为不同的学术流派对素养的聚焦和侧重各不相同。如,行为主义心理学提供了人们可以对照的素养行为清单,但是它过于注重分析任务的技术细节,忽略了素养发展所需的社会和政治背景;发生学则更关注如何选择素养行为而不是培育素养行为;基于素养和表现的认知建构,则重点关注素养(competence)与表现(performance)的具体区分。

素养的概念自引入中国以后,得到了带有中国文化特色的再发展。崔允漷认为,就个体的发展层面而言,所提到的"学养"或"修养"等词,与"competence"的内涵是一致的,因为它们既关注个体的外在风度与行为,也关注个体的内在学识和涵养。[②]

其实,素养问题的本质是教育问题,是有关人的发展的问题。教育问题的解决取决于教育观,而教育观必定以知识观为基础。[③]所以,要对素养进行概念界定,首先要梳理知识观。杜威提出:一切学习都源于"经验"。他主张"从做中学",其实一定程度上就是"从经验中学",即在经历的过程中学

① 陈羽洁,张义兵,李艺.素养是什么?——基于皮亚杰发生认识论知识观的演绎[J].电化教育研究,2021(1):35-41.

② 崔允漷.素养:一个让人欢喜让人忧的概念[J].华东师范大学学报(教育科学版),2016(1):3-5.

③ 潘洪建.当代知识观及其对基础教育改革的启示[J].科学咨询(教育科研),2004(10):29.

第二章 经历伴随成长的理论阐释

习。杜威的核心概念"经验"也就是人与自然交互作用的过程和结果，可以理解为实践和经历。①学校选择经历伴随成长，就是因为看到了经历和实践的重要性。学校选择素养，就是因为看到了素养对成长的导向性。

如果将学生的成长比作一场开拓潜能的"航海探秘"，围绕在学生身边有无数条通往"藏宝点"的路线，但是其中有弯路，也有捷径，更有数不清的礁石。在这之中，素养就是指南针，引导学生在特定的经历中不断开拓新的领域，通过提升素养"集邮"，最终到达个性化目的地，找寻到属于自己的专属"宝藏"。这些珍贵的"宝藏"，无一不折射出学生的点滴经历，是学生成长的最佳记录册。

（二）素养是链接学生经历与成长的桥梁

以素养立意，驱动学生在经历中提升自我，在经历中成长。素养不仅是驱动学生经历的指南针，更是链接学生经历与成长的桥梁。在素养的本土化发展历程中，王策三和钟启泉两位学者关于素养教育所产生的激烈争辩最有代表性。王策三指出：应强调知识的重要性，认为素养教育要从知识开始。②钟启泉则指出：学习知识的目的不在于知识本身的掌握，更在于加深对知识思想文化内涵的理解和学习能力的形成。③两位学者都对素养教育持肯定意见，只是就知识在其中的作用产生了分歧。

其实，学生在学校学习一般都是以获取间接经验为主，通过习得相对静态的知识，从而在直接经历中动态生成正面的成果。可以说，知识既是学习内容，也是学生德智体美劳全面发展的重要载体，还是关键的实现方式和策略。但是，学生如果只是单一地进行间接学习，将会在动机调动与习得巩固方面产生负面效应，他们所学的知识只停留在"意识流"层面，一旦遇到实际操作问题将会极大地暴露短板，且会随着时间的流逝而淡忘，最终偏离学习

---

① 孙玉花.杜威"做中学"课程思想及其对中小学课程改革的启示[D].哈尔滨：哈尔滨师范大学，2016.

② 王策三.认真对待"轻视知识"的教育思潮——再评由"应试教育"向素质教育转轨提法的讨论[J].教育发展研究，2004(10):78-82.

③ 钟启泉.概念重建与我国课程创新——与《认真对待"轻视知识"的教育思潮》[J].北京大学教育评论，2005(1):48-57.

初衷。因此,如何将学生的直接经验与间接经验有机地统整在一起,是学校需要攻克的主要难题。

为解决难题,真正让学生的学习"看得见"且"摸得着",学校一直在探索直接经验与间接经验的平衡点,通过打造经历场,助力学生在经历的过程中潜移默化地将知识内化,并直接作用于真实世界中。基于这样的构建思路,学生的经历无论细微至何种程度,都将是经由专业教育者统筹学生需要的各项知识与体验,从而生成的综合体,与学生无意识地直接的或者间接的经历大有不同。

经历伴随成长,正是学校在看到了素养的重要联通功能之后所做的选择。在这个过程中所构建的经历,不是盲目选择的产物,而是借由素养这一综合体进行的专业化、科学化、人文化的教育行动。通过构建素养指向下的经历场所,设计素养教育提倡下的经历活动,有机地融合经历与成长,让学生的点滴经历都汇集为成长的助力。

(三)素养是检验学生成长的标尺

素养是人们通过后天的学习所获得的一定的能力和品格。但是,教育主体的时间和精力是有限的,学校不可能"一视同仁",针对所有教育对象,培养所有的素养。因此,在考虑现代社会的人的发展需求后,人们对素养进行遴选,实现"以少胜多"的效果。核心素养由此应运而生。[①]

DeSeCo项目组认为:核心素养"超越了直接传授的知识和技能",它包含了认知和实践技能的应用,创新能力以及态度、动机和价值。OECD在2015年《核心素养的确定与选择:执行概要》中明确提出三大类核心素养:互动地使用工具、与异质群体互动、自主行动。但同时也指出,核心素养不是恒定的产物,并不会完全相同。在不同的文化背景、不同的地域环境中,人们所选择的核心素养是允许存在差异的,是多元因素共同作用的文化产物。

基于国情,教育者该选择怎样的核心素养,更好地构建与之相匹配的经历舞台,促进学生的成长呢? 其实我国教育家陶行知早在20世纪就从中国人的文化视角提出了核心素养的中国表达:"三力论"和"常能论"。他认为,

---

① 杨志成.核心素养的本质追问与实践探析[J].教育研究,2017(7):14—20.

如果要实现教育现代化、民主化，一个健全的人想要有价值、有尊严地立足于社会之中，就必须培植生活力、自动力和创造力，这是成长为健全分子的必备能力和品格。①

21世纪，国内教育界、学术界对核心素养概念的界定更是热火朝天。崔允漷指出，核心素养不是一个种概念，而是一个类概念。它不是从学生学习的原因或者过程策略出发，而是瞄准学生学习的成果，综合大环境确定未来社会所需要的人才特质。核心素养其实就是采用了逆推的方法，从结果出发，追溯每一个促使结果实现的细节，从而在众多素养中锚定关键素养，即核心素养。

褚宏启对核心素养提出了四个标准：核心素养是"关键素养"而非"全面素养"，是"高级素养"而非"低级素养"，要反映"个体需求"和"社会需要"，要反映"全球化要求"和"本土性要求"。我国《中国学生发展核心素养》项目组认为：学生发展核心素养，包括9大素养、23个基本要点、70个关键表现，主要是指学生为了在社会生存与发展所必须具备的关键品格和能力。

厘清概念是透彻理解新事物的必然阶段，但面对鲜活的学生个体，将科学的教育理念落到实处才会对学生的成长产生助益。学校选择经历伴随成长，就是选择了直面纷繁变化的世界；选择经历伴随成长，就是选择永远"先一步""高一步"迎接新事物，从中精选内容，将精华传递给学生，为学生的发展减少不必要的阻力，助力学生将更多的精力投入最佳的体验场中。

基于当前社会环境对人才培养的要求，学校考虑到学生年龄特点，在经历伴随成长的主题下，将学生的核心素养定义为：通过学生成长经历的载体设计，促进学生成长，培养身心健康、乐于学习、审美养性、学会创造的学生，使学生形成健康的人格。

二、着眼发展，经历伴随成长的价值追寻

哲学家米切尔·兰德曼认为，人是一个不断发展的个体，世界没有在人

---

① 周洪宇.核心素养的中国表述：陶行知的"三力论"和"常能论"[J].华东师范大学学报(教育科学版),2017(1):1-10.

呱呱坠地开始就标记了人的特质，而是让人在社会中、在经历中不断锤炼自我。可以说，人的发展就是在不确定性中寻找确定性。[①]正是因为人的不确定性，才为学生发展提供了无限的可能性。经历伴随成长，以素养为导向，着眼发展，促使学生自由、自然成长，最终实现高效持续的生命成长。

（一）经历是学生发展的前提

学生作为"发展中的人"，处在一定的历史社会条件之中，其作为人的本质还没有能够充分展示出来。只有通过直面现实，挑战自我，不断寻求突破，学生才算是实现了自己作为人的本质。[②]家庭、学校与社会是学生成长的主阵地，其中学校教育发挥了关键性作用。但从现状上看，仍有很大一部分学校在"促进学生发展"方面做得不到位。第一，学校在制定发展目标时，对学生全面而有个性的发展关注不到位，缺少指向性；第二，在实际教育过程中，学生经常处于被动接受知识的状态，没有发挥出主观能动作用；第三，学生的个性化、差异化教育在学校教育中没有获得充分的尊重；第四，想要实现人的全面发展，就离不开学校教育这一根本途径。[③]

提出"经历伴随成长"是因为看到了发展对于学生的重要性，看到了学生对于发展需求的迫切性。作为学校，学生的健康与发展是所有工作的重中之重，是学校办学的根。教育家苏格拉底提出的"产婆术"，柏拉图提出的"顺应天性进行施教"，夸美纽斯提出的"教育适应自然"等观点，都强调了以学生发展为中心。杜威在理论上提出了"教育即生活、教育即生长、教育即经验的连续改造"等思想，实践上创办了"杜威学校"，强调教材的"心理化"，并以学生的兴趣为中心开展了教学工作，体现了近现代以学生发展为中心教育思想的进一步发展。[④]21世纪，我国的教育改革也将学生的发展提到了前所未有的高度。

学校树立并坚持贯彻以学生发展为中心的教育理念，以此作为一切教

---

① [德]米切尔·兰德曼.哲学人类学[M].阎嘉，译.贵阳：贵州人民出版社，1988.

② 阎亚军.知识教学与学生发展[D].上海：华东师范大学，2006.

③ 沈健.学校管理应以促进学生发展为本[J].教书育人（校长参考），2011（1）：28.

④ 李庆丰，胡万山.以学生发展为中心：教育综合改革的新视角[J].当代教育科学，2015（22）：3-6.

学工作的前提。立足素养教育,学校坚持用长远的、发展的眼光谋划学生的成长,以期通过构建时代所需要的经历,促成学生在参与中获得丰富的体验,通过知识的转化与真实问题的解决,不断实现发展的阶段性目标,最终实现长足的成长。

(二)成长是学生发展的动力

学校的核心问题就是促进学生发展的问题。不关心学生成长与发展的学校终将会"枯萎"。那么,为何仍有学校要冒着"枯萎"的风险,不对学生的发展尽责呢? 劳凯声认为,学校并非有意忽视学生的发展,这种现象产生的主要原因,是学校过分强调了其为社会选拔人才的职能,而忽视了其帮助学生身心发展的职能。[①]为实现学生的发展,学校要使得两个职能达到和谐共生的美好状态。学校办学要花力气,不是"蛮力",而是"巧力"。

所以,学校应该充分顺应时代,借势而为,充分平衡两种职能,为学生打造成长的经历场。经历伴随成长将每一位学生作为经历的主体,尊重其独特的主观能动性与创造性,提倡看得见、摸得着的经历,避免打造的经历落为形而上的"空中楼阁",让学生在真实的环境中真实地经历,探索真实的奥秘,得到真实的、被社会所认可的成长。

经历伴随成长以学生的发展为本,充分考虑到了学生成长所必须浸润的三个世界:现实的生活世界,围绕学习展开,最常见也相对枯燥;理想世界,围绕未来而展开,最遥远但充满希望;虚拟世界,围绕最愉悦的体验而展开,最亲切且充满诱惑。三个世界融合才能让学生"回归真实与自然"。因此,学校搭建的经历场在建立之初就充分融合了三个世界的特质,通过打造一个个生动的经历活动推进学生的发展。

在推进学生经历的过程中,学校注重培养学生的三个发展品质:自主发展、个性化发展、可持续发展。[②]自主发展是所有发展的基础和前提,学生只有产生内驱力和自省力,才能够在众多素养发展的可能性中锁定个性化的关键素养,朝着正确的方向成长成才,并形成符合个人成长特性的机制,实

---

① 劳凯声.重新界定学校的职能[J].教育研究,2000(8):3-5.

② 邵晓枫,廖其发."以学生为本"教育理念内涵的解读[J].中国教育学刊,2006(3):3-9.

现可持续发展。在为学生提供经历活动的平台时，学校重视学生在经历中反馈的信号，通过捕捉点滴反馈继续深化经历活动的打造，不断丰富经历，丰盈学生的体验。

(三)经历伴随成长是学生发展的路径

教育，自诞生之日起，就肩负着培养人和发展人的职责。可以说，教育只有通过人才能够存在，才能表达出其特有的价值。教育的任务是研究人的个性、人格、能力和素质等范畴；教育的本质要解决的是"人"的问题。[①]而人要生存，要适应社会与环境的日新月异，就离不开发展，因为发展是实现人成长的路径。

为了优化解决学生的发展问题，开拓学生成长的路径，核心素养也在经历变革。但是无论采取何种方式、依托何种理论进行变革，教育的初心和使命都是人的发展，学生的发展。作为生命个体，学生的发展不能"批量"，更不能"定式"。教育的目的不是雇佣一批专业人员建造工厂，格式化地"生产"出一批又一批"工具人"。

教育是为了帮助个体习得终身学习的奥秘，让每一个个体都能够在社会中以自己的个性化优势发光发热。如此，为了点亮这一盏盏"潜能的灯"，教育工作者要善于捕捉学生的成长可能性，善于透过现象看到本质，对学生的潜在能量进行激发和培养，让每一位学生都能够实现自我发展。

经历伴随成长正是坚守了教育初心，看到了每一位学生的发展潜能，才能够真正将发展的要义落实到学生学校生活的每一个点滴日常当中。区别于重视"教"的陈旧教育理念，学校将学生的发展指导工作重点落到了"育"上，围绕学生的成长需求，研究学生的学习与发展；提供创设各具特色的经历活动，为学生勾连知识与生活、融合经历与成长创造了条件。

经历伴随成长试图通过具有明确目标、教育特质的十二种经历，让学生在原经历的基础上实现新的成长。每一个经历活动都不是单独存在的，而是依附于一定的构建体系存在的。他们在经历的体系中承担了独特的功能，并且与其他经历活动相互关联，构成了一个不可分割的整体。学生浸润

---

① 汪源.教育的本质是学生的发展[J].当代教育论坛,2010(5):32-33.

在这样的系统的经历活动体系下，都能够寻找到适合个性成长的发展路径，并且能够通过持续的挑战与体验串联所有的经历活动，为个人的成长赋能，实现全面发展。

三、完整儿童，经历伴随成长的终极目标

"完整儿童"的教育观念是现代儿童观念的来源之一，于19世纪末在美国兴起。"完整儿童"强调儿童是生物有机体，其身体、心智、精神和道德等方面的力量存在相互联系。[①]杜威认为，儿童教育的完整性目标不仅体现在智力发展上，而且体现在社会性、道德和身体的共同发展上。因此要培养完整的儿童，学校不仅要关注如何"教学"，更要关注如何"教育"。学生的现实生活与兴趣世界是学校一切经历活动的设计基点。学校通过串联真实世界与书本知识，创建一个整体性的经历场，促使学生能够真正沉浸和亲近生活，在直观的、感性的、生动的、多元的经历中不断积累经验，获得生命的和谐成长。

（一）经历让学生精神有魂

要培养完整儿童，不仅要关注知识体系的完整性、全面性，更包括德智体美劳的和谐发展。完整发展的儿童应当有着清晰的自我定位，有着符合国情的正确的价值定位与价值追求。经历伴随成长所追求的完整儿童，有着健康的、积极向上的、充满正能量的精神世界，他们拥有正确的价值观，并在实践中以自身为示范感染周围的人。

约翰逊指出，儿童的完整发展包括两个方面：一方面，儿童是独立的个体，其发展首先是基于个体成长的身心的协调和完整发展；另一方面，儿童不能独立于社会所存在，所以其必须与社会产生有效的互动和有机的联系。[②]这里的联系是指学校要为儿童的全面发展创造条件，使得其不与真实世界割裂，创造环境场助力儿童实现各方面的生长与发展。

---

① 张斌贤,周梦圆.儿童中心学校的兴起与美国教育变革[J].全球教育展望,2018(10):116-128.

② [美]劳伦斯·阿瑟·克雷明.学校的变革[M].单中惠,等,译.济南:山东教育出版社,2013.

由于社会处于转型期以及西方文化的侵入，当前我国教育中仍然存在"精神贫瘠"的现象。儿童的精神世界中缺乏强有力的信仰作为支撑，因此极易受外界所干扰，甚至做出错误的判断和行为。这一切主要源于教育对儿童精神世界的关注度还不够。从学校小环境看，教学内容、评价方式等都过于强调知识本位；从社会教育大环境看，无论是社会教育投入还是学校教育导向，都过于向知识倾斜，造成智育独大的局面。

学校深知学生精神世界的富足将会极大程度影响学生的行为及未来发展。所以，学校在构建经历伴随成长的经历综合体时，就特别设立了"政治启蒙"板块，直面现实问题，并寻求最适宜儿童的方式进行呈现。这是对儿童精神世界现状的有力回应，是对党和国家"立德树人"的教育根本任务的积极践行，努力实现全员育人、全程育人、全方位育人。

经历伴随成长就是看到了学生精神世界构建的缺失，通过构建经历场，让学生在经历与体验的过程中潜移默化地塑造正确的世界观、人生观和价值观。学校为助力学生成长打造的经历活动不是一种单一的、一次性的活动，不是学生前脚体验、后脚遗忘的形式主义活动，而是以专业的、科学的教育理念为基础，经由教育专家与全校师生共同探索的一种新型育人模式，注重引导学生精神的成长，引导学生体会到成长的快乐与生活的幸福。

(二)经历让学生实践有能

学生在发展中是一个不可分割的整体，是发展的主体，有着多元的发展需求，并且拥有无法测量的巨大的发展潜能。经历伴随学习要培养的完整儿童，不仅拥有富足的精神世界，更有着积极的探索欲，还要能在真实世界中积极实践，以实践出真知，在实践中强健体魄、锻造能力。

学校追求的完整儿童的教育，是以生为本的教育，符合四个特点：第一，教育的目的是培养具有健全人格的学生，注重直接经验与间接经验的有效勾连；第二，教育的主体是具有鲜活生命力的学生，注重激发学习的内驱力与终身学习的恒动力；第三，教育的体系紧紧围绕国家教育方针、政策，注重学生的学情与发展诉求；第四，学习的过程是符合学生身心发展阶段特点的、知行合一的有效习得。①

经历伴随成长是因为看到了将书本世界与真实世界勾连的重要意义。那么，基于完整儿童的教育理念，要如何为学生选择合适的经历？如何合理地设置经历才能最有效地调动学生的各项技能？杜威指出："儿童的思想与身体、理论与实践、社会与学校之间都存在割裂，各个学科之间也相互隔绝。"他提倡将学生各方面的不同经验联系起来，将教育与生活联系起来，进而得以借由这些经验之间存在的天然联系，共同为学生的整体认识提供养料。

但是，当前学校教育中仍然存在"隐形的围墙"，即过于注重智育教育，唯知识教学，忽视了实践的重要性，更不用说在实践中提升学生的行动效力等。

基于此，学校设立了健康生活与慧脑行动两个板块，构建经历场，很好地实现了学生的融合性发展。这个"经历场"，有助于学生实现德智体美劳的全面发展。在为学生构建经历场时，"五育"融合并不是以"一育"为基础，将其他各育做简单的叠加。"融合"的精髓在于渗透和整合，即德智体美劳五育的关系是你中有我，我中有你。在经历伴随成长体系下的点滴经历，相互之间都不是孤立存在的，而是互相补充的温馨"大家庭"。

值得注意的是，完整儿童并不是把所有学生培养成同一个样子，更不是让学生成为平庸的人，而是要求聚焦学生个体优势，让其建立自信，产生自我完善的动力，得到有个性的发展。因此需要学校转变思路，以活动为突破口，通过"小活动"培养"大情操"，以活动育人。

（三）经历让学生文化有根

杜威认为，学生教育的完整性目标不仅体现在智力发展上，还体现在社会性、道德和身体的共同发展上。在教育活动的具体开展中，学校不能只强调生物学意义上的进步与改善，更应该关注学生心智的发展。②完整儿童的

---

① 方艳.什么是完整儿童的教育[J].郑州铁路教育学院学报,1995(5):84.

② 张斌贤,王蓝慧,祝贺."完整儿童"观念在美国的早期演变[J].比较教育研究,2020(11):35-44.

心智发展应当包括践行优秀传统文化,提升思想文化品格。

中华民族有着五千年的灿烂文化,是人类社会长期积淀下来的思想、文化、精神的结晶,其丰富的传统文化是民族精神的基石,也是丰富学生精神世界可借鉴的重要资源。正是因为看到了当前存在的文化缺失现状,学校才选择了经历伴随成长,想通过经历,促使学生积极地从优秀的传统文化中汲取能量,在时代的背景下继承和发展好民族的深厚积淀,担负民族复兴大任。

继承与发扬中华民族优秀的传统文化是一种共识。1988年,诺贝尔奖得主在发表的共同宣言中提及:"人类要在21世纪生存下去,必须回到两千五百年前中国的孔子那里去寻找智慧。"源远流长、博大精深的中华文化是现代社会的宝贵财富,对其中优秀文化的继承与发展将促使教育者站在巨人的肩膀上成长,为学生的全面发展赋能。

但是,作为教育者,不得不审视当前的教育现实。部分孩子热衷于庆祝洋节,对传统节日知之甚少或无意了解,所以在庆祝圣诞节、万圣节、愚人节等时,商家借机炒作,花样层出不穷,而拥有丰富的文化底蕴的传统节日到最后只有其中的代表性"美食"稍具吸引力和记忆点;还有一些极力拥护国外品牌,盲目地哄炒其所谓的品牌价值,称其为"潮牌""时尚",对国货充耳不闻……

朱永新说过:一个缺乏中华民族文化滋养的孩子,哪怕他自称"世界公民",终归是肤浅的,没有根基的。没有文化之根的孩子,没有民族信仰的孩子,极易随波逐流,毫无主见,由着这样的信念成长的孩子必然是"空心"的孩子;而由这样的孩子组成的社会必然是"空壳"的社会。面对如此深厚的文化底蕴,教育者却丧失了文化底气,培育出无法经受风雨的年青一代,这绝不是民之所向、国之所求。完善中华优秀传统文化教育迫在眉睫。

经历伴随成长,与时代主题相呼应,在践行社会主义核心价值观的同时,有机融入优秀的传统文化教育,并潜移默化地渗透到学校德育工作的点滴中,不断创新文化教育样式,为实现中华民族的伟大复兴做出应有的贡献。经历伴随成长为学生设立了审美养性板块,通过立足中华优秀的传统文化,打造丰富的经历活动,助力学生在经历场中审美养性,在文化寻根之旅中有所追求，有所收获，最终内化为一份文化底气与文化自信。

在设计经历活动时，学校尊重学生作为自然人的个体价值，更看到了其作为社会人的群体价值；关心学生个体价值的完整实现，更关心其能够在有限的教育时间里汲取无限的成长动力。针对当前文化活动的"大同"现状，学校优化了经历场的建构，通过科学的设计与巧妙的构思，在活动设计之初就为学生留出了选择的可能性与充分性。通过巧设经历活动及评价方式，帮助学生在经历的过程中既能够获得成长所必需的共性能量，也能够根据个人的个性化发展需求汲取养分，实现全面而又有个性的发展。

可以说，学校的经历活动，基于学生的成长诉求，更高于学生的成长诉求。不仅帮助学生关注眼前的，做好当下的，更架起了桥梁，让他们听到遥远未来的发展呼声。经历伴随成长要培养的完整儿童，是适应未来发展的德智体美劳全面发展的、拥有正确价值观、关键能力和高雅情趣的有理想、有本领、有担当的学生。

第二节　经历伴随成长的设计架构

想要促进学生成长，必须既丰富学生经历，又让学生以经历的方式去体验成长的过程。那么，什么是经历？如何让经历伴随学生的成长？经历伴随成长又包含哪些内容呢？

一、设计理念

经历伴随成长是经历伴随学习的延伸与拓展。如果说经历伴随学习中的"经历"主要指的是学生的经历，那么经历伴随成长中的"经历"，更多的是指学校设计的经历。从经历伴随学习到经历伴随成长，其实质是从发掘经历的价值到设计有价值的经历。

经历伴随成长的设计理念可以概括为三个词：启蒙、对话、升华。"启蒙"强调调动学生体验激情，丰富情感；"对话"关注学生联结已有经历，与多方互动；"升华"强调反思已有行为，提升思维品质。根据学习目标的不同，十二种经历的侧重点各不相同。

（一）体验激情，在经历中获得启蒙

在许多经历活动的设计和开展前期，要链接学生需求点和生长点，因此，营造有浸润感的环境，促使感官浸入。为了让学生具有最佳体验感，能够全身心沉浸在情境中进行互动体验、内化学习，在开展经历活动时，要紧扣不同的活动主题，建设场景，布置主题意味浓郁、氛围积极正向、基础设施规范、适宜个体融入的体验式活动生态环境，保证学生有充分的体验感。

同时，经历活动需要设置一个主问题或者一个情境主题贯穿全过程，让学生能够了解活动进程，并全身心投入，在一个大情境主线上不断由浅入

深，由低到高，层层递进，螺旋上升式地带动思维提升、情感发展。这样多层反复的体验，能够让学生通过环境和行为的双重浸润，获得最大限度的体验。学生通过对比观察、环境浸润，在拟真场景中丰富情感。

（二）对话联结，在经历中感悟成长

经历伴随成长活动进行中，学生需要通过多方对话，来产生认识冲突，加强经历间的联结。这里的多方对话既包含对话对象的多样化，也包含对话形式的多样化。学生不仅需要与老师、家长、同伴等共同经历的人员进行对话，还要与环境、历史、资料等对话。对话的方式包含但不限于宣讲、角色扮演、小组交流……

为满足学生对话的需求，学校要搭建多元展示的平台，让学生有机会个性地表达感悟，创造性地展示成果。教师保持价值中立，不对学生的体验与发言进行评判，在必要时可以稍加引导，鼓励学生将体验、感知、认知与行为四个方面整合起来，引发知识的迁移和应用的自觉性，从而真正促进运用，允分鼓励学生表达、分享自己的体验，使学生感受更清晰，从而强化体验，加强经历间的联结。

（三）激活生命，在经历中实现升华

经历是助推学生成长的关键要素，但经历本身并不会产生一种质的成长，如何帮助学生思考经历才是关键。"升华"强调的是反思已有行为，提升思维品质。这种反思分为两类：一是回忆性的反思，即自己主动或被动地回忆过往的经历，展开反思和总结性思考；二是即时性的反思，即正在经历时自发形成的思考。基于经历帮助学生成长，成长只是一种资源，只有不断反思，换个角度看世界，拥有成长性思维的人，才会不断成长，并用积极的想法面对生活的各种问题。

在经历之中，教师要做的是引导学生进行过程性、即时性的反思；在经历之后，教师要注意引导学生进行结果性、回忆性的反思。在反思中，让学生的思维品质得到提升，实现真正意义上的成长，才能将育人的根本任务落实到底。

二、设计原则

在"五育"融合背景下,为更好地设计经历伴随成长的载体,坚持科学性、教育性的设计原则,以活动育人的方式开展十二种经历的体验、践行和探究,满足学生全面成长的需求。根据完整学生成长的要求,需要提供松软而丰满的土壤。基于学生的经历差异与经历层级,十二种经历的设计应体现以下原则。

(一)从散点到结构,彰显整体意蕴

脑科学研究中,神经科学家将学习定义为两个神经元彼此产生联系的过程。[①]当信息储存在神经元中时,是一种散点的状态。当信息开始传递时,信号会从传出神经元的轴突,游过一段被称为突触的空间,传到接受神经元的树突。在这个过程中,脑中的神经元会不断地长出树突,也就是神经元之间不断产生链接。这串神经元就被称为神经网络(neural network),也就形成了结构。

将信息替换为经历,其实是同样的道理。学生的经历,原本是成散点分散在学生的成长过程中,对学生成长所起到的作用十分随机,且无规律可循。要让经历在学生成长中发生作用,就需要让这些经历之间建立起关联。

经历伴随成长并不是将十二种经历进行单一的叠加,而是要努力构建、寻找各种项目间的内在联系,彼此呼应,相互承接。让经历长出"树突",在经历之间形成"突触",并通过不断的结构化的联结,形成经历网,以群组的方式,赋予学生可持续发展的最强劲的动力与最丰富的可能性,帮助学生赢取一张张走向未来的通行证。

这里的"散点"即各种有目的、有设计、有价值的有趣活动,"结构"则是"五育"融合背景下经历伴随成长的主题思路。这种结构既可以是以年段为序列的点状结构,也可以是纵横交错的网状结构。从单个经历活动来看,是

---

① [美]玛丽琳·斯普伦格.脑的学习与记忆[M].脑科学与教育应用研究中心,译.北京:中国轻工业出版社,2005.

松散的点；从内在联系来看，却融合了对学生的种种必要的教育面。由点到面，不断整合发展，最终使学生和教师在成长中受益。

（二）从割裂到关联，凸显逻辑之链

在前期的调查研究中发现，学生的成长主要存在三大问题：一是没有经历；二是有经历但太随机，无序列；三是经历与学生成长脱节。因此，在经历伴随成长项目的有效开发与实施中，更要注重学生经历从"一"到"多"、从"多"到"类"的积累，整个过程中，让学生的经历不断充盈，在多次经历中能将所学所得关联于生活的其他事件，即从割裂走向关联，使之成为一条逻辑之链。

这种关联首先体现在宏观的、整体的设计层面上，必须充分认识各种经历各自的地位和功能；其次要将前期经历的成果有机整合到后期经历的全过程中；除此之外，在经历之后，有些策略要检验，有些成果要消化，有些资源要拓展，有些知识要巩固，并将这些反思再次融入新一轮的经历活动之中。这样的关联能触发学生成长的主动性、积极性和创造性，提高经历活动的效率和效应。

在十二种经历中，如优雅生活、戏剧盛宴看似是关于德育和美育的活动，但实际上每种活动都包含了其内在的关联和逻辑。再如，经历一次社会服务，一方面着重培养了学生的德育，服务他人、服务社会的意识；另一方面也培养了学生的劳育意识，在劳动中更加懂得珍惜，懂得劳动的快乐和幸福感。

（三）从封闭到开放，拓宽德育视野

杜威在对教育活动的认识解读中，提出了"教育本身是广泛的、无处不在的生长过程"这一观点。他认为，由于经验连续性的存在，教育的场所不应该局限于学校内部，教育的时段不应该局限于学校教育阶段。在设计经历活动时，应该让这些活动纵向贯穿学生的一生，横向渗透进学生生活的方方面面。也就是说，每个人的经历都是无限的，不能封闭地看待问题。

因此，经历伴随成长的活动设计要张弛有度，以不断创新的活动形式唤醒、深化或创生学生的经历，并在活动中赋予教育意义。经历伴随成长的架构永远处于一个没有自我设限的开关状态，是一个开发有序，能够促进学生成长的项目。它强调学生在经历时的自主学习行为,让他们在体验中发现、感悟,从封闭到开放,使经历呈现一种永在的活力。

三、整体框架

经历伴随成长旨在培养学生的综合素养,促进素质教育的全面发展。基于学生需求和学生心理特点提炼主题,构建当下与未来的桥梁,设计形式多样、内容丰富的载体,通过体验,使每一位学生都有弥足珍贵的、富有青蓝烙印的经历,并让这些经历伴随成长,服务成长。

(一)内涵解读

1.经历

经历,在《说文解字》中指"过也";在《辞海》中指"历时,经过,亲身见过、做过或遭遇过的事"。在百度文库中,"经历"一词有英汉解释:英译[experience],亲身遇到过的事情;[undergo],亲身遇到过;[take],历时。

杜威主张还原学生的生活经验,强调直接经验的作用。陶行知主张教学做合一,既重视直接经验的作用,也重视间接经验的作用。在他们的观点里,"经验"有两重含义:一是作为动词,指实践、行动、做等;二是作为名词,意思是认知、知识、思维的结果等。"一切学习来自经验"也有两重含义:既指通过行动的过程(即"做")来学习,又指在行动的结果(即已有的经验)中发展思维、获得新认知。[①]

与之相对应,经历一般有两层含义:一是指学生已有的直接遭遇的事件,包括看到的、听到的等,根据程度分为零经历、浅经历、深经历等,这类经历更多的是体现学生的经验世界;二是通过亲身体验的方式直接认识世界,即学生亲力亲为参与成长的全过程,是伴随学生学习的方式。这两层含义前后链接,相互影响,促使经历伴随学生学习。

把目光从关注学习转向关注成长,"经历"的概念也随之变化。经历是助推学生成长的关键要素。但与"经历伴随学习"不同的是,这里所说的经历不是指随机遭遇的过程,而是学校为达成特定教育目标而设计和开展的,

---

① [美]约翰·杜威.民主主意与教育[M].王承绪,译.北京:人民教育出版社,1990.

具有明显教育价值的教育活动,它有方案、有内容、有路径、有评价,且融于生活之中。

2. 成长

成长的概念,就是指事物走向成熟,摆脱稚嫩的过程。简单地说,就是自身不断趋向成熟的变化过程。"成长"一词有英汉解释:英译[grow up; grow to maturity];汉语解释为长到成长成熟阶段,向成熟阶段发展,身体和心理向成熟发展的经历。

机能主义心理学认为,个体在对环境的主动反映中拥有各部分协同运作的整体机制。拉格(Harold Rugg)对此的评价是:"在詹姆斯的心理学中回响着行为、生长、活动等关键词……人们以生长的观点看待教育中生理、智力、道德的全面生长。整体的学生被构想出来。"①

在完整儿童的界定中,学生被视为有机整体,学校关注学生的成长时,不能只局限于智力发展或生理生长,而要关注智力、社会性、道德和身体的共同发展,既要强调生物学意义上的进步与改善,也要关注心智发展。卢梭主张的是全人的教育观,他的教育学思想认为,不仅要教给学生知识、技能、学问,还要教给学生做人的道理、学习的方法,以帮助其去发现世界的秩序、社会的规则乃至找到自己的人生伴侣。这是人的全面发展和高质量发展的必然需求。

基于这样的观念所提出的"学生的成长",首先是指人的完整发展。也就是说,人的各种基本素质必须得到完整的发展,包括德智体美劳各育都有其特定的任务。学校立足于培育和践行社会主义核心价值观,面向学生的全面发展,梳理出"成长"的基本内涵:初步唤醒政治意识,提高审美养性,学会健康生活,具备智慧创新思维能力。同时,把"政治启蒙、审美养性、健康生活、慧脑行动"作为学生成长之本。

3. 经历伴随成长

经历伴随成长来自对学生成长规律的再思考。从哲学认识论的角度

---

① 张斌贤,王蓝慧,祝贺."完整儿童"观念在美国的早期演变[J].比较教育研究, 2020(11).

看，每个人在成长过程中都会遇到各种不同的经历，其经历受家庭背景、前经历等影响，会呈现出多种多样、参差不齐的特点。也就是说，学生的经历具有碎片化、情境化的特点，所以其具体经历较难与抽象的知识点或学生成长要素相融合。

经历伴随成长就是聚焦经历与成长的互促关系，凸显经历在成长活动中的构建价值，其核心是通过具有明确目标、教育特质的十二种经历，让学生在原经历的基础上实现新的成长。

如图2-1所示，经历伴随成长以学生已有经历为基础，通过经历与成长的勾连，整合学科与活动、课堂与课外、学校与家庭，形成活动浸育、家校共育、环境美育，推动学生政治启蒙、审美养性、健康生活、慧脑行动，让学生实现最大限度的新的成长。它所提倡的育人观，是在学生的成长过程中关注学生的经验世界、生活世界，让学生把自己的生命历程与成长过程紧密地结合在一起，从而促使学生自由、自然成长，最终真正实现生命成长。

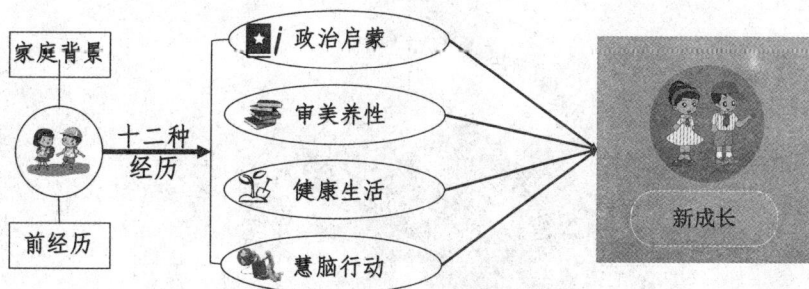

图2-1　"经历伴随成长"概念图解

经历伴随成长也成为一种带有青蓝特色的育人模式，即从学校、师生的实际出发，以育人活动为主要形态，通过体验、践行和探究的方式将德智体美劳五育融合起来，并落实到学生的现实生活和学习活动中，力求活动源于生活、倡导体验、凸显实践，从而实现成长由"外加"变为"内需"，由"学会顺从"变为"学会选择"，由被人"塑造"变为学生自主生长与生成，从而引导学生学会解决生活中的困惑，做生活的主人，并在这个过程中构建自己的价值理想，提升其生命质量，使人过更美好、真善的生活。

（二）架构图解

学校历经二十年研究，定期采用自编问卷的方式，结合学生访谈的形式，对学生的政治意识起点、文化理解程度、生活技能情况、科技创新能力进行调查分析，旨在了解不同阶段学生的素养需求与兴趣所指，设计既受学生喜爱，又能促进新成长的十二种经历活动。

在经历伴随成长中，学生的经历是丰富多样的。学校历经多年实践探索与优化革新，基于当下学生理想信念淡薄、生活实践能力不足、科技创新思维缺乏的现状，设计了十二种经历以弥补当下成长经历的不足。这十二种经历的设计基于两个维度的考虑：一是成长与育人的关系，学校试图将"政治启蒙"纳入其中，不仅将其作为一种政治教育，同时也作为学生道德成长的载体；二是成长与经历的关系，这十二种载体的设计侧重于让学生在实践中获取经历、直接经历，以弥补学生实践能力的不足，促进学生全方位地成长和进步。"经历伴随成长"的十二种经历架构如图2-2所示。

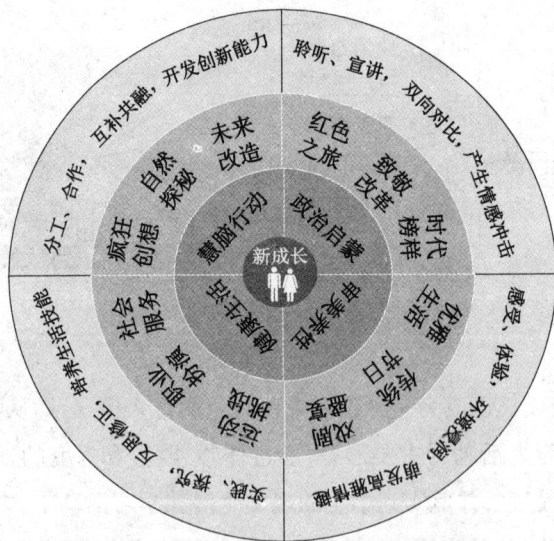

图2-2 "经历伴随成长"的十二种经历架构

其具体架构是一个环状图，由一个核心、三圈外围、四个板块组成，以四种色彩体现。环状图最核心的部分指向"五育"，也是经历伴随成长的育人目标:通过开展育人活动,让经历促进学生的全面成长,即德智体美劳全面发展。

第二圈体现的是育人活动的四个指向:政治启蒙、审美养性、健康生活和慧脑行动。这四个指向的实质是各有侧重地落实"五育":政治启蒙落实"立德树人",审美养性提高"美育素养",健康生活强调"劳体并重",慧脑行动实现"智能发展"。

第三圈是每位学生在小学六年必须拥有的十二种经历活动,即落实"五育"并举的具体活动,如经历红色之旅、经历优雅生活等。每个指向借由三次经历达成,每一种经历在不同的年段、不同的月份有序开展。

第四圈介绍了每一类经历的操作策略和实施方法。

(三)具体内容

历经五年多的实践探索与优化革新,学校基于四个维度,研发出十二种促进学生成长的经历,构成了横向多维发散、纵向难度进阶的立体式活动育人模式(见表2-1)。

表2-1 十二种经历活动的主题列表

经历指向	经历名称	经历年段及次数	经历内容
政治启蒙	经历红色之旅	全年段12次	开展革命传统教育,体会革命精神,传承红色基因
	经历致敬改革	中段4次	开展改革开放史教育,感受中国改革开放的伟大成就
	经历时代榜样	全年段6次	开展学习新时代好榜样活动,用榜样力量引领学生成长
审美养性	经历优雅生活	全年段12次	开展优雅生活体验活动,感受传统衣食住行的优雅,养成现代文明
	经历传统节日	全年段12次	开展传统节日习俗体验活动,传承独特文化基因,培育中华美德
	经历戏剧盛宴	中、高段4次	开展经典民族戏剧体验活动,感受传统文化魅力,唤醒审美意识

续表

经历指向	经历名称	经历年段及次数	经历内容
健康生活	经历运动挑战	全年段6次	开展主题运动教育,增强体质,调节情绪,锻炼意志,健身、健心
	经历职业扮演	全年段6次	开展职业教育,增长社会见识,初步建立职业意识,树立职业理想
	经历社会服务	全年段6次	开展志愿服务教育,学会向善向德,培养社会责任感
慧脑行动	经历疯狂创想	低、中段4次	开展主题创意畅想活动,增强创新意识,培养创造能力
	经历自然探秘	全年段6次	开展自然探究活动,培养搜索、甄别信息能力,培养科学探究精神
	经历未来改造	高段4次	开展信息化设计、改造活动,提升沟通协作能力和探究实践能力

如表2-1所示,学校根据学生行为能力的差异以及活动类型的难易,分学段、分类别地安排十二种经历活动。四种素养指向基于培养目标,从多个维度选择活动内容,每种指向包含三种经历,并有明确的经历内容。十二种经历虽内容不同,但相互促进、彼此相融,推动学生全面而个性地成长。

1.政治启蒙:在经历中留下红色烙痕

2019年中共中央、国务院印发的《关于深化教育教学改革全面提高义务教育质量的意见》中首次提出"政治启蒙"的概念。少年儿童的政治启蒙是指通过教育活动对学生进行政治意识、政治理念、政治文化等信息的教化与引导,将红色基因根植于学生心中,引导少年儿童从小听党话、跟党走,初步形成政治观念,增强对国家和民族的认同,坚定社会主义理想信念。

政治启蒙对学生的成长和发展具有奠基作用,也是培养社会主义建设者和接班人的必然要求。少儿政治启蒙的发展方向不是完全统一的,而是在时代大背景下,考虑每一位学生的个体需要;它的教育情境不是理想化的虚拟场景,而是具体、真实、与学生生活相关联的;它的教育目标不是一成不变的,而是随着社会实际和学生能力不断发展,指向未来的。

基于此,学校积极探索,以历史发展为时间轴,在政治启蒙里设计了三种经历:以史为镜——经历红色之旅;感受成就——经历致敬改革;继往开来——经历时代榜样。依托"红色之旅""致敬改革""时代榜样"三种经历,通过多层次的双向对比,让学生产生强烈的情感冲击,促成政治启蒙和价值观奠基。

2.审美养性:在经历中孕育美好心灵

习近平总书记多次谈及文化育人的问题,文化育德也育智,在学生的成长过程中具有举足轻重的地位和作用。促进学生对审美养性的理解,不是单纯地培养某种审美的技巧、艺术的技能,而是培养审美的人生观,亦即培养生活的艺术家,自觉地以审美的态度对待社会、自然、人生与自我。

小学阶段的审美养性是指学生在文化活动的熏陶下,感受传统文化、艺术的魅力,理解浅层的文化内涵,践行文化修养的过程。它肩负着启迪思想、陶冶情操、温润心灵的重要使命。

传承发展优秀的中华文化和世界文化应该贯穿于启蒙阶段的始终,让小学生接受正确的、有价值的文化知识,促进良好行为习惯的养成,增进民族文化的认同感,实现"立德树人,以文化人"的育人目标。

基于此,学校以美育的不同表达形式为并列轴,在审美养性里设计了三种经历:探寻根源——经历传统节日;贴近内核——经历优雅生活;仰望高度——经历戏剧盛宴。依托"优雅生活""传统节日""戏剧盛宴"三种经历,让学生在沉浸式的具身体验中理解文化,产生认知上的冲突,从而引导其对价值观念、生活方式和审美情趣的理解,逐步成为拥有美的举止、美的德行和审美视野的人。

3.健康生活:在经历中科学强健身心

"学会生存、学会学习、学会做事、学会共同生活"是联合国教科文组织提出的"21世纪教育的四大支柱",这四大支柱都指向了学生生活能力的培养。习近平总书记指出健康是幸福生活最重要的指标。面向未来的学校教育,在培育人的过程中绝不仅仅是传播知识,更重要的是围绕学生的身心发展。

少年儿童的健康生活是指其在实践中真实触摸生活、探索生活、认识生活，并能反思修正行为的过程，旨在培养学生健康生活的能力和习惯，培育责任与奉献的品质，建立初步的职业意识，让学生学会生存、积极生活、丰富生命、享受生长，找准自己的生活坐标。

基于此，学校以学生健康生活能力需求为环形轴，在健康生活里设计了三种经历：体验生活——经历运动挑战；改变生活——经历职业扮演；联结生活——经历社会服务。以"运动挑战""职业扮演""社会服务"三种经历为施力点，对学生进行生活常识、习惯、技能的引导，在真实的生活世界中实践、思考，使其具有健康身心状态和生活劳动技能，有一定社会责任感和职业意识，从而获得成功的喜悦之感。

4.慧脑行动：在经历中迈向未来学习

我国实施科教兴国政策，逐步强化科技强国策略，并在中小学开始普及科技教育。少年儿童的慧脑行动是一个让学生获得科学兴趣、科学知识、科学方法、科学精神的探索过程。它依托科学探索活动得以开展，在教师的指导下，学生通过对自然环境的感知、观察，在研究、操作中将生活现象同科技知识联系起来，并主动发现、提出预想、寻找答案。在科技启蒙下，学生养成勤于思考的习惯，随着观察和探索的进行，不断提出问题，敢于创新，勇于尝试，善于解决问题。

小学阶段，慧脑行动的目的是激发学生探究科技的好奇心，让他们从"知道"科技知识转向"想知道"。也就是说，在经历中，让学生通过合作型、项目式活动，对科学世界有整体感知，产生强烈的好奇心和探索欲，从而对学生进行科学理念、方法的引导，使其初步掌握探究方法，发展科学思维，形成良好的合作意识和创新意识。

基于此，青蓝小学以学生思维发展阶段为阶梯轴，在慧脑行动里设计了三种经历：兴趣萌芽——经历疯狂创想；知行链接——经历自然探秘；创意培育——经历未来改造。依托"疯狂创想""自然探秘""未来改造"三种经历，将经历活动与学科课程相融合，在打造科技功能室和组建微型工作坊的基础上，开展丰富的活动，引导学生学科学、爱科学、用科学，培育学生的素养。

育人模式的转变基于政治启蒙、审美养性、健康生活、慧脑行动四大指向,以十二种经历活动为抓手,搭建层层递进的策略阶梯,设计全程全面的评价模式,实现了城市小学育人模式的全面化构建,为学生的蓬勃生长提供了一种实施样态。

四、运作策略

经历伴随成长的十二种经历,设置不同的教育内容、环境和目标,开展各具特色的育人活动,充分借助"经历",实现学生新的成长。

1.关注交互性,让"经历"相互促进

杜威的教育理论在重视让学生获得直接经验的同时,也强调了间接经验的重要性。"经验是一个原始的整体,它不承认任何行动与材料、主体与客体的区分。"[①]"经验"本身已经包括了直接经验和间接经验、感性认识和理性认识。

因此,在设计经历伴随成长的活动时,教师要关注直接经历和间接经历交互促进,凸显经历在活动中的构建价值。经历与活动相联结,能更好地帮助学生理解内容、掌握规律,让成长从被动走向能动,从浅表走向深度,从个体走向协同,最大限度地推动学生的成长。

2.关注真实性,让"经历"灵动有用

让经历"活"起来的主要实现形态在于应用,构建真实性的任务情境是经历设计的核心。杜威反对脱离学生的世界和生活,他认为把机械的、相互没有联系的学科知识生硬地教给学生,是有悖学生特征的。教育应当尊重学生、尊重学生的生活与认知规律,在教育中要重视实践的作用和直接经验的获得。这样的观点是值得教育者借鉴、反思与实践的。

因此,在经历活动中,教师要努力设计与领域素养有关的任务情境,让学生大脑中静默的理解转化为丰盈的情感和自觉的实践行为。将经历作为一种路径,在真实问题中解决实际问题,从而实现成长的终极意义。

3.关注效能感,让"经历"激活内驱

好奇心是经历活动发生的根本动力,应该贯穿于经历伴随成长的全过

---

① 张永英.陶行知与杜威教育思想及哲学认识论思想比较[J].学前教育研究,2007(4).

程。小学生的年龄特点以兴趣与好奇为导向。卢梭在《爱弥儿》中指出："开始,孩子们只不过是好动,后来就变得好奇;这种好奇心只要得到很好的引导,就能成为现在所讲的这个年龄段的孩子寻求知识的动力。"①

因此,教师思考的关键点,是怎样设计实施策略和评价方式来激发学生兴趣。教师应当尽可能地通过经历活动,充分激发学生的好奇心,让学生从被动的自然生长转向有内驱力的渴望成长,让经历活动的设计有成效。

4.关注好奇心,让"经历"彰显价值

任何活动方式都有其特定的价值,经历活动重在引导学生解决真实问题,提升学习效能感。传统的教育教学活动关注学生对项目内容的理解和感受,而经历伴随成长指向于更高的价值追求——立足直接经历,关注合作探究,促进情感升华,提升素养品质。正如卢梭在《爱弥儿》中提到的:"从锻炼中我们学会怎样使用我们的体力,知道我们的身体同周围物体的关系,学会怎样运用那些适合我们器官的自然工具。"②

因此,经历伴随成长要关注活动评价,尽可能使评价标准多维度,评价方式多样化,全方位衡量学生在经历活动中所取得的效能感。通过评价标准的目标引导,让经历活动培养出有判断力、有理解力、稳健和身心都健康的人。这便是经历伴随成长的价值所在。

---

① 高敏.卢梭《爱弥儿》中的德育思想及对当今教育的启示.[J]文教资料,2020(24).
② 卢梭.爱弥儿[M].李平沤,译.北京:商务印书馆,1978.

第三章

政治启蒙：在经历中留下红色烙印

　　2021年2月3日，《中共中央关于全面加强新时代少先队工作的意见》进一步明确了要把"在少先队员心中埋下共产主义理想种子"作为一项重要的政治任务。政治启蒙从少年儿童抓起，是实现中华民族伟大复兴历史伟业的战略基础，是实现全面科学育人的必然规律，是培养共产主义接班人的应有之义。少年儿童阶段政治启蒙的内涵是了解国情、强化自信，培养对习近平新时代中国特色社会主义思想的情感认同，培育和践行社会主义核心价值观，促进共产主义理想和道德的种子健康萌芽。为了确保红色江山永不变色，必须在少年儿童理想信念教育的源头阶段就做好政治启蒙，埋下为共产主义事业而奋斗的理想种子。基于此，学校积极探索，以历史发展为时间轴，在政治启蒙里设计了三种经历：以史为镜——经历红色之旅；感受成就——经历致敬改革；继往开来——经历时代榜样。依托"红色之旅""致敬改革""时代榜样"三种经历，通过多层次的双向对比，让学生产生强烈的情感冲击，促成政治启蒙和价值观奠基。

第一节　红色之旅：追寻历史的足迹

习近平总书记曾在多个场合深切缅怀革命先烈，指出："共和国是红色的，不能淡化这个颜色。"在庆祝中国共产党成立100周年大会上，习近平总书记又强调："我们要继续弘扬光荣传统、赓续红色血脉，永远把伟大建党精神继承下去、发扬光大！"①

一、活动要义

红色之旅，是指让学生对革命之地进行考察、研学，体验中国革命的红色文化。红色文化是我们党的宝贵精神财富，红色文化是在中国革命的红土地上孕育出来的一种独特的文化类型，是具有中国特色的先进文化。中国特色的先进文化是红色文化的传承、丰富与发展。

（一）界定

红色之旅，学生在各种经历中利用好红色资源，发扬好红色传统，传承好红色基因，并将红色文化烙印于心。

1.利用红色资源，了解红色历史

用足用活红色遗产，通过参观、学习、讨论、调查等方式，学习表现革命内容、革命思想、革命过程的文化作品，包括小说、诗歌、歌曲等，从而了解我国光辉的红色历史，加强红色文化教育，增强爱国情怀，弘扬和培育民族精神。

---

① 2021年7月1日，习近平总书记在庆祝中国共产党成立100周年大会上的重要讲话。

2.发扬红色传统,传承红色基因

学校充分利用现存的重要人物和军史事件的纪念场馆,引导学生参观革命遗迹、纪念地、标志性物件等,近距离"触摸"革命前辈用过的物品或穿过的遗物等。在此过程中融入爱国主义教育、核心价值观元素,打造富有时代特色的红色文化标本。学生在演绎红色故事中发扬红色传统,传承红色基因。

(二)目标

在红色之旅中,学生体验革命先辈们的坎坷经历,在系列红色研学中认识艰苦的革命历程,追寻先锋足迹。学习红色历史,留住红色记忆,传承红色基因,发扬红色精神,永远成为学生扬帆起航的奋进力量。

(三)特征

学生在红色之旅的过程中,利用各种红色文化遗产,使红色基因活起来、传下去;在日常的学习、工作、生活中,逐渐使之内化于心、外化于行。

1.通过读、听、讲红色故事,留住红色记忆

学生读、听、讲红色故事,缅怀革命先辈的丰功伟业,洗礼心灵,升华思想,震撼灵魂。在历史中,从革命先辈身上,学生寻找精神基因,留住红色记忆,让红色故事烙印在心。

2.通过多阵地研学,弘扬红色精神

学生通过多阵地研学,弘扬红色精神,找到传承之路,明确责任和使命。在红色之旅中,学生了解革命历史,学习革命斗争精神,培育新的红色精神,从而引领新的时代。

二、活动实施

2021年2月3日,《中共中央关于全面加强新时代少先队工作的意见》中指出,少年儿童在生理上、心理上仍处于发展的阶段,正是接受教育的黄金期,用马克思主义科学思想理论进行启蒙,能够为他们形成正确的世界观、人生观和价值观打下坚实基础。同时根据中共中央、国务院印发的《新时代爱国主义教育实施纲要》,学校更要积极组织开展丰富多彩的校园文化活动,拓展爱国主义教育校外实践领域。

(一)内容安排

学校开展了红色文化的系列之旅,分为贯穿性活动和阶段性活动。其中,"红色视听"系列活动贯穿六年,学校根据国家时代背景、学生年龄特点、学段课程内容,选取符合学校特色的书籍及配套影视作品,组织学生进行阅读及观看。在此基础之上,再开展对应的"红色视听"活动。这些做法意图响应国家号召,积极推荐爱国主义主题出版物,大力开展爱国主义教育读书活动,从而启蒙学生的政治意识(见表3-1)。

表3-1　青蓝·红:红色之旅系列

年段	贯穿性活动	阶段性活动	
	红色视听	红色唱演	红色研学
一年级	制作《鸡毛信》红色绘本	唱响国歌、队歌,初心向党	
二年级	"英雄小八路"故事宣讲		访革命纪念馆追寻红色印记
三年级	咏传红色家书	"歌唱祖国"红歌快闪	
四年级	"青蓝·红"品书盛宴		走访人物故居踏寻红色足迹
五年级	青蓝留声机	演红色经典,传英雄精神	
六年级	"红色映像"微视频大赛		青青蓝蓝拉练营飒爽英姿塑军魂

1.构筑贯穿性活动体系,点燃红色初心

红色书籍和红色影片都是对我国艰苦革命历程的记录,是充满力度的历史回音。读红色书籍、观红色电影等多形式的视听感悟,带领学生走进我国的红色历史,重温峥嵘岁月,点燃少年儿童的红色初心。

"立身以立学为先,立学以读书为本。"学校从一年级起有计划、有梯度地引导学生触摸红色经典。低段学生读红色绘本,会讲红色故事;中段学生读红色家书,推荐红色书籍;高段学生解读红色电影,拍摄相关微视频。在这股红色暖风的熏陶之下,学生通过红色作品的精神渗透以及参加相关活动产生的自我内化,能进一步了解革命历程,增强爱国热情,感悟革命精神。

2.穿插阶段性活动内容,助燃红色激情

阶段性活动的开展是基于认知,又通过实践促进认知,最终指向能力与情感的双重提升。

(1)多形式红色唱演,畅想红色岁月。红歌是中国革命历史的真实写照,它曾激励革命先辈前仆后继,也吹响了新时代青少年不懈奋斗的号角!红色文化的渗透依托于日常的课堂教学,因此充分运用音乐课、少先队活动课等课程时间,组织学生由易到难地学唱耳熟能详的红歌。

由此,学校组织学生开展红歌快闪活动,由青蓝"百灵鸟"合唱团的成员与人大代表、民警等共同唱响歌曲《我和我的祖国》。除此之外,红歌与丰富的展演形式相融合,通过自编自导自演,以小品、情景剧等表演形式重现红色故事。

(2)多阵地红色研学,追忆红色事迹。红色研学是学生接受爱国主义教育的特殊课堂和鲜活教材,让学生更直观地了解革命历史,学习革命斗争精神,从而培育新的时代精神。因此,"红色之旅"这项经历鼓励学生自己用脚步去丈量,用双眼去发现,用亲身体验去感受杭州的红色文化。

六年间,学校以主题春游和雏鹰假日小队为研学媒介,着重安排能够增强、激发爱国情感的教育基地,优先选择能够突出家国情怀、责任担当的路线。学校组织学生到中国共产党杭州历史馆、浙江革命历史纪念馆等场所参观学习,深入了解我国的革命历程,感受浓郁的红色历史氛围。到了中段,学生前往章太炎纪念馆、胡雪岩故居、钱学森故居等人物故居参观。通过此类活动的开展,学生在听讲故事中学习到更广泛的革命知识。到了高年级,学生成团到户外参与学校自主开发的"青青蓝蓝拓展营",通过拉练真切体验到作为一名中国军人的不易。"红色研学"系列活动,由认知牵引行为,通过实践促进认知,在螺旋上升中让学生铭记情感,将红色文化烙印于心。

(二)具体实施

对青少年儿童而言,视听渲染情感、隔空对话历史是达成红色之旅教育目的的最佳途径。因此红色之旅在活动实施上注重"认知—体验—感悟—践行"的过程。学校创设红色训练营，组建红色对话坊，成立红色解说团，走访红色基地园，让学生真正踏上红色之旅。

1.红色训练营，开启革命的熏陶

"红色训练营"是指为开展"红色之旅"而设置的红色氛围浓郁的活动场地，既有校内自主搭建的营地，也有通过外联场馆而获得的现有营地。创设红色训练营是为后续活动的开展奠定环境基础。

（1）校内：自主搭建，成立营地。学校的校园文化和氛围能为政治启蒙教育提供良好的场地。开展"红色之旅"经历活动时，要从环境布置和仪式共振两个层面为学生创造一个红色氛围浓郁的精神环境，从而打造校内"红色营地"。

布置环境时，通过渲染加工，营造充满红色经典和爱国情怀的氛围，如在活动场所悬挂国旗、国徽，设置红色标语，张贴革命先烈事迹，强化国家意识和集体观念。利用场地布置，还原历史场景，生动展现人民群众在新时代的新实践、新业绩。以生动、直观的形式，让学生有身临其境之感。

"仪式感"这个词耳熟能详，仪式感的建立是一种促进思想与行为互融互通的有效方法，对少年儿童的政治启蒙具有不可或缺的作用。学校实施"红色之旅"经历活动时，注重仪式资源的开发和仪式内容的规范，挖掘仪式背后蕴含的教育意义，寻根溯源，将仪式的具体内容、实施流程书面化、细致化，保证活动的正常开展，突出活动的教育实效。

【案例3-1】 仪式共振：青青蓝蓝拓展营

环节一：开营典礼

庄严的升旗仪式和磅礴的国歌声拉开了开营典礼的帷幕，营造了神圣的红色氛围。首先，校领导对全体学员提出要求和期许，明确活动的教育意义。其次，老党员和解放军战士讲述亲身经历革命的红色故事、革命传奇，增进学生对中国共产党、对社会主义的新认识。随后，学生一同观看教官的队列演示，零距离领略军人的飒爽英姿，加注英雄情结，心生崇拜之情。最后,教官向各方阵学生代表授予中队旗,当鲜红的队旗交到学生手中的那一刻,思想的洗礼、精神的升华深入人心。

环节二:闭营仪式

各个方阵依次进行学军科目的汇报,展示跨立与立正、分列式阅兵等内容的训练成果,接受训练营营长、学校领导和家长代表的检阅,践行集体主义精神。随后,训练营营长进行总结与表彰奖励,一枚勋章,象征着老一辈军人对新时代少年的期许与寄托,传递的是吃苦耐劳的意志品质,弘扬的是奋勇拼搏的革命精神。最后,全体学生共同进行爱国宣誓,高唱《我和我的祖国》,每一位学生都积极参与,以昂扬的站姿和饱满的精神展现风采。此次活动让爱国教育真正落到实处,从而内化为精神,外化为行动。

具有仪式感的活动环节,让学生了解革命文化的同时,也增强了爱国情怀、理想信念,启蒙了政治观念,最终与自己的内心世界融为一体,并化作实践行动,是生动且有效的育人途径。

(2)校外:馆校共建,联结营地。"红色之旅"活动的开设仅仅依靠校内现有场地的改头换面怎么够呢?杭州是一座拥有革命足迹,根植红色基因的城市。半个多世纪以来的建设改革,在杭州留下了丰富的红色资源。因此,遍布杭城的每一处红色遗迹都是一部厚重的历史教科书,每一个红色故事都昭示着一种精神,每一段红色记忆都可以被打造成开展"红色之旅"所需要的"红色训练营"。用好这些红色资源,将活动场所由校内迁移至校外,实现馆校共建,可以加强少年儿童的社会主义核心价值观。

选择场馆时,优先考虑现成的真实资源。如亲近自然,感受家乡大美风光,激发对祖国河山的热爱,激发投身美丽中国建设的热情。组织学生走进场馆后,通过瞻仰革命历史遗迹,踏寻革命先烈足迹,引导学生牢记历史、不忘过去,缅怀先烈、面向未来,激发爱国热情,凝聚奋进力量。

2.红色对话坊,聆听革命的故事

"红色对话坊"是学生与红色历史、红色精神对话的过程。学校深入挖掘红色资源,邀请革命先辈,招募广大基层党员,组建"红色对话坊",让红色故事通过对话,活生生地展现在学生面前。

(1)听革命先辈讲故事,沿红色足迹传精神。党的十八大以来,习近平总书记多次强调,要把理想信念的火种、红色传统的基因一代代传下去,让革命事业薪火相传、血脉永续。为更好地传承红色基因,学校寻找身边的革命先辈,让那些经历过抗美援朝的革命功勋、已经退伍的革命老兵、参与改革开放的伟大建设者走进校园,通过"红色对话坊"与学生面对面,让学生在与革命先辈的对话中踏上红色之旅,接受革命精神的洗礼,激发努力向上,争当祖国合格接班人的内生动力。

【案例3-2】 红色对话坊:致敬革命先辈

2020年10月,正值纪念中国人民志愿军抗美援朝出国作战70周年之际,为了重温红色记忆,传承革命精神,学校特别邀请了学校的退休教师,同时也是在朝鲜战场上经历革命洗礼的女兵——94岁高龄离休老干部陶清时,来到学校为学生讲述了那段烽火岁月的故事。

环节一:听革命故事,受红色教育

10月25日,陶老师来到学校讲述了她随部队跨过鸭绿江支援朝鲜的惊心动魄的故事。陶老师说到,在一次赶赴前线的过程中,她们每个女战士都背着沉重的行李包,挂着军用水壶,还随身携带着送去前线的手榴弹,并且要在短短两分钟飞机轰炸的炮火间隙里,穿越一块平地。她们刚刚到达前方平地,敌人投下的炮弹就在身后炸开,身边熟悉的战友就在这个战场牺牲了。听到这样的故事,台下每一位学生的表情都十分凝重,不仅为那段艰苦的革命岁月动容,更因革命先辈们的浴血奋战而感动。

环节二:看纪念奖章,受红色洗礼

接着,陶老师向学生们展示了她被授予的"中国人民志愿军抗美援朝出国作战70周年"纪念章。陶老师告诉学生,纪念章核心部分是志愿军战士形象和70束光芒,以和平鸽、水纹和中朝两国国旗元素编制的绶带环绕四周,外围采用五星、桂叶等元素,组成金达莱花的五瓣造型,象征中国人民志愿军抗美援朝出国作战70周年,寓意伟大的抗美援朝战争是保卫和平、反抗侵略的正义之战。陶老师还寄语学生在新时代要珍惜来之不易的和平生活,要感恩自己的父母和老师,今天的幸福生活来之不易,大家要好好学习,为成为中华之栋梁而拼搏。

环节三:话革命之路,悟红色精神

陶老师接受了学生采访提问,亲切地回答了学生们关于抗美援朝战场上的许多问题。陶老师告诉学生,当今社会虽处和平年代,但是曾经的峥嵘岁月、革命精神应在每一个人的心中铭记,老兵们不怕牺牲的精神值得每个人去学习。最后,陶老师做音乐指挥、领唱,全体师生高声合唱《中国人民志愿军战歌》,活动结束后,全体学生起立鼓掌,掌声久久没有平息……

在激昂的歌曲声中,每一位学生的脸上都闪烁着激动的神色,甚至不少学生听完故事后眼中早已饱含热泪。学校希望通过这样难得的与革命老兵面对面的形式,让学生从心灵上真正接受一次爱国主义教育,激励学生学习老兵们保家卫国的革命精神,让红色基因代代相传。

(2)学红领巾微党课,融红色经典入课堂。"微党课"是一种以课为载体,宣扬红色文化的新潮形式。为了丰富"红色对话坊"的故事内容,学校招募了一大批基层党员,让他们能够通过这一平台走上讲台,讲讲身边人,谈谈身边事,说说祖国的变迁。这些基层党员有的来自公安局,有的来自社区,有的是党员家长,有的是医护人员……他们通过小课堂宣扬大精神,在对话过程中将红色的优良传统渗透到学生心中。

自本课题研究以来,学校动员家长、社区等力量,共计开设了"校园里的星火燎原""牢记革命历史传承长征精神""红色家书"等50多节微党课。比如,作为社区党团宣讲代表的学生家长,采用问答和讲演相结合的方法,带领三年级学生认识什么是中国共产党,中国共产党是如何成立的,通过中国共产党相关知识的讲解,将红色文化融入教育之中,让红色革命精神和爱党爱国热情在学生心中生根落地。

再如,2020年9月,学校特邀浙一医院护士长刘烨入校讲授红色微党课。她是浙江省第一批援鄂医疗队护理大组长,她以"心怀责任,勇于担当"为题,向青青蓝蓝们讲述了战疫一线的感动点滴。"每天连续工作10小时,每个人的防护隔离衣都是湿透了再干,干了又湿。3层手套让平时简单的静脉穿刺也变得异常艰难……"已有15年党龄的刘烨护士长，大年初一主动请战，奔赴武汉一线。紧急培训、整理、交接、分配……党员带头，分秒必争，万众一心。"离开武汉时，治愈的病人紧紧拽着我们的手，相看泪眼……"白衣执甲逆风行，不辱使命佑苍生。刘烨护士长的奉献精神和砥砺奋进的故事深深撼动了在场所有青蓝学生的心。这是新时代的红色精神，学生在"红色对话坊"中感受到了祖国的强大，进一步树立远大理想，磨砺意志，争当合格的新时代好少年。

3.红色解说团，述说革命的历程

"红色解说团"是由红色讲解员组成的一支红色故事宣讲队，在"红色之旅"的相关经历中完成解说任务，将革命的精神、动人的故事通过自己的演绎，说给大家听。

（1）主题解说，在交际情境中外化。在通过视听渲染内化于心，通过同频对话深化理解之后，给学生提供机会外化于行。于是，学校成立了相对固定的"红色解说团"，由四至六年级学生自愿申请加入。伴随着活动的开展和任务的发布，解说团成员化身红色演说家，在红军纪念馆里讲革命先烈的故事，在社区交流会中讲祖国的历史变迁，在红色拓展营中讲自己的成长蜕变……

每一次讲解，"红色演说家"在活动前都要查阅资料，了解要解说的红色文物、红色人物或红色事件所对应的时代背景，撰写解说词。活动中，他们身着应景的服装，声情并茂地讲述红色故事。

学生在动手合作中探究中国共产党的伟大历程，整体感知历史。"红色解说团"用自己的理解、新颖的讲解形式弘扬红色文化，做好红色基因的传承者和践行者。他们像一枚枚火种，把自己在红色讲解中汲取的精神力量，讲给更多人听。

（2）深情演绎，在纪念活动中彰显。"红色解说团"既有固定的成员，同时也随着活动内容和形式的需要扩大范围至全体。我国的红色历史跨度大，意义深刻，许多重大纪念日和重大历史事件中都蕴含着丰富的爱国主义教育资源。因此"红色之旅"这项经历，常常依托重要节日组织开展系列庆祝或具有纪念意义的主题教育活动。

"红色解说团"并非片面地指代讲演这一种形式,演奏、朗诵、歌唱等都是对红色经典的解说,都是对红色文化的诠释。比如,在祖国母亲即将迎来70华诞之际,学校组织学生自发参与"歌唱祖国"红歌快闪活动。学校的红色演唱家们与王马社区长庆派出所民警,以及现场居民群众共同唱响歌曲《我和我的祖国》,向祖国母亲深情告白,为中华人民共和国成立70周年献礼!

4.红色基地园,接受革命的洗礼

"红色基地园"是校外爱国主义教育基地的总称,包含了革命历史馆、先烈会客室等场馆,供学生在参观、学习中追寻先锋足迹,提升认知。在走访红色基地园时,学生将经历身着军装、探究红色文化等多项活动,在体验和实践中产生愿景,升华情感。

(1)全员拉练,在研学中塑造红色新魂。让小学生了解和继承革命文化,不忘根本,构筑中国精神,并不是一项容易的任务。如何让实践中所收获的红色精神发挥更大功用,反哺学生言行,是教师一直在思索的问题。为了打好学生的红色底色,点燃爱国火焰,学校将"红色之旅"活动常态化,在五年级开展"飒爽英姿塑军魂"红色研学活动。所有五年级学生以自愿为前提,背上行囊,离开学校,奔赴"红色基地园",开展四天三夜的奇妙经历。

学校的构想是让学生实地走访军营,创设多种经历,从知、情、意、行等方面逐步深入体会革命精神,增进爱国之情。在"飒爽英姿塑军魂"研学活动中,学生首先参观革命历史馆,对革命史有了初步的认知。然后换上军装,学习站军姿、整理内务、上山拉练、徒步跋涉,按照军人标准体验军营生活,对军队生活有直观感受。研学的夜晚颇不宁静,警报声突然响起,在教官的引领下,青蓝小兵们迅速就位集合,共赴"事故突发地点"开展"救援行动"……

在这富有挑战的别样经历中,学生边历练边成长,得到了能力和情感的双重提升,最终与自己的内心世界融为一体,并化作了实践行动。飒爽英姿铸军魂,铸的不是理,而是情。学军活动打动了学生的心灵情感,与爱国主义教育有机融合,是生动且有效的育人途径。

(2)小队探访,在追寻中解读红色文化。小队形式的红色研学,主要以革命和战争时期所承载的革命历史、革命事迹和革命精神为内涵的纪念地为基础,组织少年儿童开展缅怀学习、参观游览的主题性学习活动。学生围绕既定的红色研学主题,组建研学小组,了解革命历史,在经历中增长革命斗争知识,学习革命人物品质,培育新时代精神。

在研学开始前,每一位学生需要通过查阅、询问等方式,对相应的革命背景、红色人物等进行访前调研;在研学过程中,从多个角度全面了解红色文化,以浏览馆藏文物、聆听馆员讲解、重现历史情节、制作关键模型等丰富多彩的活动形式,在经历中学习,在学习中反思;在研学结束后,通过绘制、合作撰写研学报告等形式,展现习得的红色知识,将红色基因真正根植于内心。

【案例3-3】 红色基地园:红领巾走红色路

开展"走访红色基地园——红领巾走红色路"活动时,学生以小队形式,在学校的组织下走进杭州市革命历史纪念馆,通过调查、走访、传递等形式,引导学生重温红色历史、感悟红色精神,在实践体验中做好少先队员的思想引领。

环节一:前期调查,唤醒红色记忆

在走访杭州革命历史纪念馆的一周前,组织各小队进行前期调查,以"红色记忆卡"为导引,查阅资料或者从同学、老师、家人口中了解红色故事;搜索身边的红色地标,实地探寻增加红色知识;观看革命老电影,认识一位红色英雄,唤醒每一位学生的红色记忆。

红色记忆卡

小队名:

我知道的红色故事: _____

我走过的红色地标: _____
_____

我了解的红色英雄: _____
_____

环节二：深入走访，探寻红色之路

来到杭州革命历史纪念馆，跟随着讲解员的步伐，小队参观纪念馆。在南湖红船展区，学生在视频观看中与第一次南湖会议中掌舵红船的女士"对话"，了解到第一批革命先驱毛泽东、董必武等人组织成立中国共产党的艰辛岁月，并制作了红船模型；在历史事件展区，那里生动的故事照片赋予历史以生命力，学生了解中国百年的屈辱史，走进中国共产党带领人民洗雪百年耻辱的奋斗史，学生也仿佛重走了红色之路，感悟党在波澜壮阔的历史长河中开天辟地、不屈不挠的革命精神。

环节三：宣讲传递，传播红色能量

结束走访后，小队团队合作，将感悟体会通过制作展板、讲解、互动问答等多种方式，在班级、年级、社区宣传、展示红色文化，进一步弘扬红色文化，形成国家认同，将这一次的走访感悟内化为自身情感与价值观。

走访红色基地园，是一种追忆，是一种传承，更是一种力量的汲取。学生在调研中唤醒红色记忆，在走访中探寻历史，在宣讲中传播能量，真正理解了红色的文化，真正将红色基因根植于心。

三、活动建议

红色之旅是一种经历、一种传承，是要让红色的内涵逐渐丰富，避免更多的说教性。因此，学校力图通过多种途径，唤醒红色记忆，理解红色文化，真正做到把红色资源利用好、把红色传统发扬好、把红色基因传承好。

（一）做红色之旅的攻略者而不是随行者

一次精彩的旅行，一定少不了做攻略。良好的攻略可以让旅行有目的性地进行，不仅可以提高旅行的质量，更可以让大家难以忘怀。"经历红色之旅"当然也要有一份完美的攻略。这份攻略需要教师和学生一起完成，学生是其中的主体，更可以说是策划者，而教师不仅是一位指导员，更是一位参与者。

任务驱动，体现主体性。所谓"任务驱动"就是要让学生在有意义的任务中自主学习，从而获得技能，形成能力。整个"经历红色之旅"的过程中，学生一直是主体，自己设计任务、提出任务、分析任务、自主协作，最终完成任务、交流反思。教师可以提供帮助，进行指导，但千万避免全程指挥。

资源整合，体现层次性。所谓"资源整合"就是要对不同来源、不同层次、不同地方、不同内容的红色资源进行识别与选择、汲取与分配，使活动的设计与开展更具合理性、系统性和层次性，并为后期的活动提供更好的借鉴。活动前应做好充分了解，避免资源重复或出现混淆。

（二）做红色文化的传播者而不是视听者

一次完美的经历，过程在其中起着决定性的作用。结果的好坏是学生在过程中所表现的一点一滴积累导致的。过程中努力了，付出了，尽力了，结果如何都不会遗憾。因此活动过程中，学生的主动学习与参与，教师的方法指导与理念渗透，都非常重要。学校的活动是让学生成为红色文化的传播者，而不仅仅是一个陪同者。

积极参与，增强体验感。和平年代的学生要去追忆战争年代的红色故事，温室长大的学生要去感受战火纷飞的红色人物，这是有距离的，也是有困难的。因此"经历红色之旅"的过程，强调学生积极参与，一定要动用五官去看、去听、去说、去唱、去摸、去做、去感受……只有真正体验了，才能走进红色文化，才能传播红色文化，感受红色精神，从而激发红色情感。

团队合作，体现协作性。习近平总书记指出，中国人民是具有伟大团结精神的人民。战争年代靠团结打胜仗，现代建设靠团结大发展，这就是中国精神，红色的传承。"经历红色之旅"就是一次团结之旅，一起出谋划策，一起参观表演，一起调查研究，一起解决难题，一起收获成功。

（三）让红色记忆烙印于心而不是风过无痕

一次难忘的经历，会让人不断回味，会令人再次向往。那么反思是有则改之、无则加勉的有效途径。经历了红色之旅，学生有进步吗，有收获吗？活动可行吗，有效吗？这一系列的问题需要认真反思。经历红色之旅后，应让学生把红色记忆烙印于心，而不是风过无痕。

经历是否激发了学生的动力？怎样让一本战争年代的书，一位陌生英雄的故事，一件不会说话的遗物"活"起来，是整个"经历红色之旅"中需要解决的关键问题，这是激发学生动力的源泉。因此教师在观察学生经历过程中的各种表现后，及时调整活动的内容和形式是十分重要的。

经历是否促进了主题的深入？经历了红色之旅，开展了一系列的活动，是走过还是驻留，是穿过还是脱下，是读过还是记住……这些经历是否真的深入学生的内心非常重要。因此教师要观察学生在活动结束后的各种变化，并适时给予提醒与鼓励，让青蓝学生的红色之旅不断固化与内化。

第二节 致敬改革:倾听时代的声音

习近平总书记强调:"改革开放是决定当代中国命运的关键一招,也是决定实现'两个一百年'奋斗目标、实现中华民族伟大复兴的关键一招。"少先队员肩负着国家的未来,理应直观感受四十年的努力拼搏,四十年的沧桑巨变,怀揣着对伟大祖国的热爱之情和民族自豪感,将建设国家、服务人民的火炬不断传递下去。

一、活动要义

改革开放开辟了一个崭新的中国。致敬改革,就是纵观中国四十年不平凡的改革历程,致敬改革的伟大成就。

(一)界定

致敬改革是指学生在寻找旧时的事物、参观旧时的物件、听旧时的故事、看典型时代的电影、讲改革开放的故事等系列活动中,通过前后时代的对比,感受中国改革开放取得的伟大成就。

1.致敬老物件,纵观时代的变迁

粮票、老式钟表、印花瓷盆、黑白照相机、小人书、BB机……这些老物件是祖国时代变迁的见证者,夹杂着历史的痕迹,残留着过去的温度。尽管它们已经不再实用,却可以作为岁月的"留声机",记录了我们是如何走向新生活的。致敬物件,以小见大,童眼看时代的变迁,以此培养学生的好奇心和民族感,让他们感受祖国日新月异的变化。

2.致敬改革成就,体会祖国的伟大

改革开放是新中国历史上具有里程碑意义的重大历史事件。学生通过不同形式,获得大量鲜活生动的故事,了解中国改革开放以来发生的深刻变化,知道这种发生在身边的真实故事正是改革开放为国家、社会、家庭带来巨大变化的反映。通过致敬改革成就,从而进一步激发学生对伟大祖国的热爱之情。

(二)目标

心怀梦想,是人类天性使然。改革开放唱响了时代主旋律,壮大了社会正能量。致敬改革,力图让学生通过与老物件零距离接触,了解一个个鲜活生动的故事,感受时代的变迁。从而让"改革开放40周年"不再是一句口号,而是扎根在学生心中的故事和游戏,是融于血脉的精神和力量。同时也能深刻认识到"中国梦"是国家的梦、民族的梦,更是每个中国人的梦。作为社会主义接班人的新时代好少年,需要为改革开放的持续进行付出更为艰苦的努力。

(三)特征

1.与老物件零距离接触,触摸历史

传承是我们国家永恒的主题,传承老物件的背后,更是传承中华民族的精神与品质。学生寻找老物件,与老物件零距离接触,一起走进"昨日时光"。在陈旧的器物面前,学生触摸历史,带着新奇的心倾听怀旧的故事。

2.将前后时代进行对比,感悟成就

身在这个时代的学生是幸运的,也是自豪的。回顾过往,历历在目,青蓝学生通过童言稚语讲解自己眼中时代的变迁,在前后时代的对比中,感悟民族文化发展、科技进步,感悟改革带来的伟大成就,并立志学习长辈的聪明智慧和吃苦耐劳的奋斗精神。

二、活动实施

改革开放,让中国从现代化"迟到国"转变为现代化"实践中心"。改革开放,让中国的经济、教育、文化、生活等发生了翻天覆地的变化。受惠于改革开放,在新时代下幸福成长的青少年,有必要通过活动认识改革开放的伟大历程。

(一)内容安排

学校深度剖析了改革开放以来中国在各个领域取得的伟大成就,有梯度地安排了各学段活动内容,多纬度地扩展了每一项主题的活动内容,让学生层层了解四十年间国家的发展与变化,强化责任担当。

1.家·城·国:梯度探索改革变迁

基于小学三、四年级学生的兴趣起点、认知特点和学习能力,以"温暖了 我的家""幸福了 我的城""厉害了 我的国"为三大活动主题,设计了相应的探索内容,以螺旋上升的内容序列贯穿其中(见图3-1)。

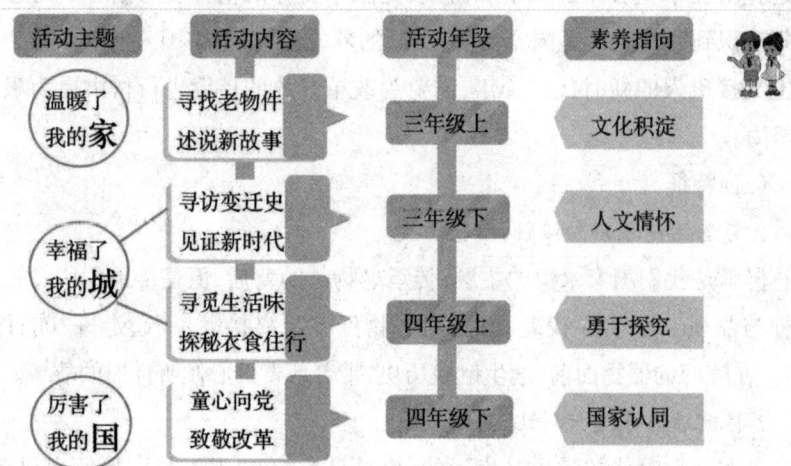

活动主题	活动内容	活动年段	素养指向
温暖了我的**家**	寻找老物件 述说新故事	三年级上	文化积淀
幸福了我的**城**	寻访变迁史 见证新时代	三年级下	人文情怀
	寻觅生活味 探秘衣食住行	四年级上	勇于探究
厉害了我的**国**	童心向党 致敬改革	四年级下	国家认同

图3-1 "致敬改革"活动安排

(1)寻找老物件,回忆历久弥新的光阴故事。该项活动将改革开放聚焦到一个个家庭,学生发动家人一同寻找四十年间的老物件,如泛黄的粮票、掉漆的铝饭盒、手提双卡收录机、缝纫机、黑白电视机……接着,学生聆听老物件背后的故事,在老照片中寻找改革开放的"足迹";再通过新旧物品的对比,用自己的话讲述新故事,留下关于改革开放的初印象。通过活动,学生在寻找物件的历史印记中,对改革开放形成了略具体的初印象。同时丰富了知识,在一系列的回首与追忆中真切感受到生活越来越幸福,时代不停地进步。

（2）寻觅生活味，述说衣食住行的幸福密码。改革开放四十年，人们的衣食住行今非昔比，衣服从陈旧单一走向个性时尚，吃食从匮乏单调、填饱肚子到营养均衡、吃得健康，住宅从狭窄简陋到宽敞环保，出行从出门难、行路难、坐车难到交通工具种类繁多、购票便利、速度快捷。人们的居住环境、生活方式、消费观念等随之而变，幸福指数不断上涨。

学生已有了上学期收集老物件的经历积淀，此刻将视角从家扩大到城市，从衣、食、住、行四个方面中任选其一开展深度探究，通过照片的收集、资料的整理、人物的寻访等，从不同维度入手，梳理出一条有关衣食住行变化发展的清晰脉络，可见城市发展的轨迹，直观感受改革开放的伟大力量。

（3）寻访变迁史，见证飞速发展的崭新时代。1978年改革开放后，国家的经济、文化、教育、医疗等水平迅猛发展。学生到了四年级，通过自由组队，在"改革开放变迁史"任务菜单中选择一项具体的内容开展项目式研究，如一条街道的变迁，一所学校的变迁，一座工厂的变迁等。

学生走一走改革开放的实践地，问一问关键人物，聊一聊过去的故事……细细梳理巨变发生的历程，以及蕴含的文化内容和核心精神，最终以调查报告的形式呈现寻访收获，谈谈自己对改革开放的认识，从而了解四十年间国家思想、文化、理念的革新，增强国家认同感、民族自信心。

2. 自主·自助：多纬穿梭改革历程

四十年间的改革巨变所涉及的内容繁多，体系庞大。小到一个物件，大到一个领域，都是学生了解祖国改革开放的知识内容。三、四年级学生经历四次致敬改革的活动，而每一个主题下又包括了多项内容。因此，学校通过自主性探索和自助式体验，满足不同学生的需求和成长。

（1）自主性探索，多元化品尝生活升级换代的甜头。老物件也好，人们的衣食住行也罢，有关改革开放的缩影都是数不尽、道不完的。那么在大主题下如何尊重学生的个性需求？如何选择适宜的小切口进行研究？让话题变开放，让内容尽可能多元，让探索的方式变得自主，显得尤为重要。

以衣食住行中的"衣"这一主题为例，有些学生对四十年间校服的变化尤为感兴趣，有些学生研究了衣服的材质用料的改变，有些学生直观对比了两个时代人们对衣服的投入资金的情况。"服饰"这一小主题下，学生寻找到不同的切入口，让改革开放的探究变得多元且丰富，从而感受到生活的幸福。

（2）自助式体验，多形式感受祖国七十二变。学校将教室打造成以改革开放为主题的体验馆，有堆满老物件的岁月杂货铺，有百分百还原20世纪70年代的街巷，有传统味十足的美食小摊，有爸爸妈妈的童年游戏场……将学生带回到改革开放前的年代，一张张历史图片，一个个老物件，一部部老电影，经历一个个老游戏，聆听一桩桩旧时代趣事……

不同的场馆有着不同的体验，学生在多样的场馆中自助选择感兴趣的内容进行体验，边看边听，边尝边玩，边学边聊。鲜明体会杭州的发展，看到祖国的巨大变化，在与环境的互动中多角度、全景式触摸历史，增强了民族自豪感与使命感。

（二）具体实施

学生在致敬改革中穿越时光体验馆，探秘改革转折点，争当改革宣传员，追寻改革长河路，直面两个时代的差异，在体验、探究、外化、内化的过程中了解我国改革开放的历程，珍惜当下的幸福时光，激发爱国情怀。

1. 穿越时光体验馆，在直观感受中惊叹巨变

"时光体验馆"是一个汇聚改革开放历程的"空间"，通过张贴海报、物件摆放、场景再现等方式打造拟真场馆；通过播放影片、讲述故事等方式，让学生在听觉沉浸中初显政治意识。

（1）翻看新老照片，对比两代时光。从旧时光到新风貌，镜头记录了改革开放以来的变化，浓缩在一张张泛黄的照片中。通过同视角不同照片看城市的发展，通过同人物不同照片和同场景不同照片看生活品质的提升。由新老照片的对比架起一座无形的时空隧道，学生从中感受历史的沧桑和时代的巨变。

同视角不同照片。通过相同位置的新老照片对比，看到四十年来城市建筑、文化、经济的迅猛发展。比如，将1980年与2021年钱塘江两岸实景照片放在一起，学生在对比中直观看到杭州的迅速发展。那时的钱塘江上还没有高高架起的大桥，人们只能依靠渔民的船只过江。两岸零星几座矮房，更多的是成片的菜地和荒草地。而如今高楼迭起，城市阳台与奥体博览城

隔江相望。比起那时漆黑一片的夜晚,如今的江岸灯光闪耀。

同人物不同照片和同场景不同照片。通过相同人物在不同时期的照片对比以及同样的场景下不同时代人的照片,清晰可见人们生活品质的提升。同样在国旗下敬礼,拿出父母或祖辈儿时佩戴红领巾、身着校服时的照片,再对比如今的自己,改革开放所带来的幸福感顿时油然而生。

(2)步入拟真场馆,对比今昔生活。改革开放距离学生生活的时代遥远,所涉及的概念较为陌生。在经历实施中,要注意视觉、听觉多途径渲染,以直观、生动的形式将抽象的政治要素具象化,让学生更容易理解,并将其内化于心。

学校集教师、家长和社会各方资源,合力搭建了拟真场馆。根据每次活动内容的改变,进行不同的布置,营造体验氛围,让每一位学生亲力亲为。值得一提的是,学校关注学生的生活环境,高度还原周边街道,让学生经历时空穿越,直接对比两个时代下,自己所熟悉的生活环境有何巨变,从而在经历中体验,在体验中感悟,在感悟中思索,在思索中成长。

【案例3-4】 童心致敬改革开放——穿越时光体验馆

一、不同场馆,不同主题

"童心致敬改革"时光体验馆分为7个主题,设立24个体验点。

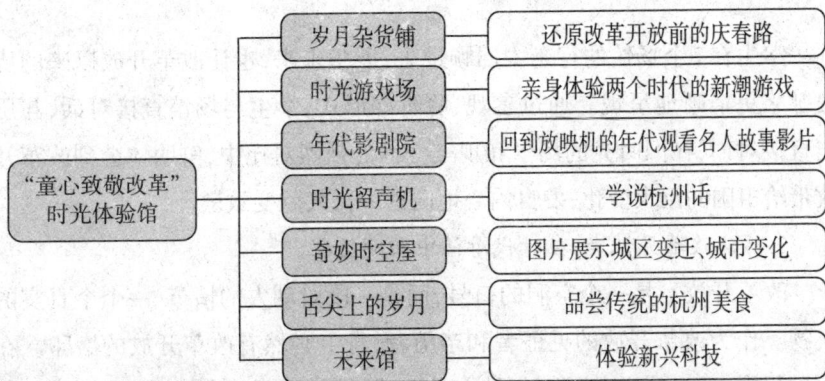

"童心致敬改革"时光体验馆		
	岁月杂货铺	还原改革开放前的庆春路
	时光游戏场	亲身体验两个时代的新潮游戏
	年代影剧院	回到放映机的年代观看名人故事影片
	时光留声机	学说杭州话
	奇妙时空屋	图片展示城区变迁、城市变化
	舌尖上的岁月	品尝传统的杭州美食
	未来馆	体验新兴科技

"岁月杂货铺"里,是充满年代感的老物件,那都是时光留下的旧时印

记。学校地理位置优越，临近庆春路，这是杭州第一大金融商业街，有"杭州华尔街之称"，是市区一条古老的道路。经过学校、家长等各方力量的努力，寻找相关历史资料和影视记录，高度还原校门口的这段历史老街。学生看到改革开放前的银行、"老字号"商铺，看到20世纪的外汇券、银行第一代存折、货物橱窗等，直观感受时光留下的旧时印记。视线回到家庭，缝纫机、录音机、磁带等充满年代感的老物件，直观从未见过的BB机、大哥大，引起了学生的极大好奇。

"奇妙时空屋"里的图片详细记录了杭城人民衣食住行的点滴变革。"年代影剧院"是了解杭州的名人、历史故事的好去处。在这里，架起了老式放映机，成群的学生席地而坐，对着巨大的屏幕津津有味地看起年代感十足的电影来。那些在爷爷奶奶口中听到的旧时故事，被鲜活地展示在学生面前。学生还在"时光留声机"里听杭州话、说杭州话，沉浸在"老杭州"的氛围之中。

二、游戏体验，传承童趣

为了让学生更深刻地感受发展与变迁，活动中不仅设置了时光游戏场，把老游戏和新游戏、老玩具和新玩具放在一起。跳房子、滚铁环、投壶、抓沙包……这些听起来就很有年代感的游戏，将学生带回了父母的童年时光。学生也带着爸爸妈妈感受魔方、乐高、体感游戏等极具科技感的游戏。传承与创新，温情与童趣，在"时光游戏场"中体现得淋漓尽致。

学生在7个场馆的行走中回顾过去，展望未来，也让改革开放以来的历史脉络更清晰地呈现。通过参观、聆听等形式，学生与场馆直接对话，与历史直接对话，在旧时光的场景和现实生活的强烈对比中，鲜明体会到改革开放带给祖国的巨大变化，发自内心地向这一伟大巨变致敬。

2.访谈改革见证者，在时代对话中回顾历程

改革开放不是一个空洞的口号，而是一段段动人的情节、一个个真实的人物。作为改革开放的见证者和亲历者，身上必然有改革开放的烙印。在此过程中，通过线上与线下相结合的方式，缩短了学生与改革的距离，让改革的故事通过对话完整展现。

（1）听听"春天的故事"，致敬改革先锋。改革开放的进行伴随着重要的节点、重要的事件以及重要的人物。改革的变化不仅体现在物质上，还化作一个个活生生的故事，体现在人物的决策上，化为人物的奋斗中，烙印在人物的回忆里。

在改革开放40周年之际，《中国日报》推出"改革开放40年40人"系列策划报道，从人物访谈形式着手，积极宣介中国改革开放40周年的伟大成就和宝贵经验。学校把握好这样的活动载体，组织学生共同学习，清晰感受改革开放的脚步，深度感受改革开放的魅力。

（2）听听"新时代的故事"，致敬身边人。改革开放不仅是物质上的更替变化，也是情感和观念上的革新发展。作为时代的见证者，让真人讲真事，让真事诉说真情，让改革开放大潮中的生活变迁和奋斗故事与学生面对面，让学生在有声的讲述和无声的聆听中回忆过往，对比当下，展望未来。

学生身边有不少60后、70后、80后，作为这四十年的见证者，他们看到的更全面，感触颇为深刻。学生自主发掘身边这些见证者，通过访谈的形式，从他们的口中了解改革开放完整的历程。

3. 争当改革宣传员，在交际互动中升华情感

对于有一定距离的革命文化，并不只是看客意识的参观。鼓励学生争当改革宣传员，用自己的方式宣扬改革的成就，为学生真正内化情感，抒发家国情怀提供了平台。

（1）高声宣扬，讲好改革故事。学生在"致敬改革"系列活动中逐渐对我国的改革开放有了认识，而无论是哪一项活动，都少不了宣讲，这将经历中的收获外化于行，又内化于心，将改革开放的丰功伟绩讲述给更多人听。

"童心致敬祖国，浏览改革体验展"活动专门成立了"改革小导游"团队，7个主题场馆都设置了宣传员。活动前，每个班成立一个"解说团"，队员们事先熟悉场馆，针对自己团队所选择的改革主题内容查阅资料、撰写宣讲词，并反复排练；活动时，宣讲团成员在指定场馆的视听点，为参观的同学讲述老物件的故事和新中国发展历程；带领同学们游览、游戏，让他们体会改革开放以来历史与生活的巨大变迁。

除了校内宣讲外，学校还为改革宣讲员们争取到了许多校外平台。队

员们可以走进社区,与老一辈共话改革开放以来的点滴变迁,还将如今的新科技、新游戏、新玩意普及给爷爷奶奶们知晓。队员们借着春秋研学的机遇,来到西湖边,娓娓道来说红色故事,生动讲述改革开放取得的辉煌成就,唤起更多国内外游人对中国巨变的赞叹。

通过这些活动,在真实交际情境中完成解说任务的宣讲员们,更深刻地认识到:"改革开放"唱响了时代主旋律,壮大了社会正能量。也更深刻地明白了:经过革命斗争所得的幸福生活来之不易,伟大的民族精神,需要当代青少年来弘扬和发展。

(2)大声建言,做一回改革的"人大代表"。"致敬改革"系列活动为学生的成长注入了红色力量,此项活动不仅要让学生在活动中了解改革开放带来的伟大巨变,更要启蒙学生的改革意识,认识到改革开放是一项持久战,而自己正是这场持久战的主力军。

因此,学校组织开展"小学生模拟当人大代表系列活动",让学生真正从自己的视角看待改革,用自己的智慧和行动来关注改革开放,从而有针对性地了解社会关注的焦点,为社会更好地改革和发展提出建议。

【案例3-5】 当一次代表"写建议",用一次行动"看改革"

环节一:与人大代表面对面,学写议案建议

学校邀请到拱墅区人大代表、人大天水街道工委成员朱雅仙,她为青蓝学生带来了一场别开生面的讲座,教会学生如何成为一名优秀的"人大代表",为推进身边的改革献策献力。朱雅仙书记叮嘱小代表们仔细酝酿选题,在调查研究的基础上,发现问题所在,分析背后原因,提出解决对策,最后成文。

随后,学生们展开分组讨论,初步从"小区生活、学习生活、交通状况、体育保健"等6个方面30个调查主题中自选内容,并通过明确的组内分工与协作进行了研究,完成了调查情况、整理材料、分析问题、初步撰写等步骤。

环节二:模拟代表提建议,改革开放我来说

拱墅区人大代表、人大天水街道工委主任徐嘉骅带领天水联络大组9名人大代表来到学校,聆听模拟人大代表的学生们的议案建议。在学生提出的17篇文章中,6名学生的"议案建议"脱颖而出。同时,这些学生也作为优秀代表进行现场报告。

现场报告中,学生以小组为单位,从选题的缘由到改革的举措,进行了详细的汇报。现场20余位区人大代表对学生的报告进行了精准点评和高度肯定。

这是一次仪式感满满的活动,更是一次责任感与使命感爆棚的经历。青蓝学生在体验人大代表生活的过程中,充分发挥了主人翁的意识,深入真实问题,聚焦改革方向,严谨探讨对策,"改革开放"真正从学生的意识里落实到了行动中。

4.追寻改革长河路,在调查研究中牢记使命

"改革长河路"是指一条漫长的变迁史,学生通过调研了解变迁的过程,通过物化成果,来理解改革历程中的文化内涵。

(1)结合生活经历,组队开展实践研究。改革开放的春风如阳光雨露沐浴着"红领巾"的成长。活动实施中,学校鼓励学生成立"改革开放"调研小组,聚焦一条街道,感受居民生活质量的飞跃;聚焦一所学校,感受教育变革的波澜壮阔;聚焦一座工厂,感受科技强国……

这类项目式调研内容有一个共性,那就是整合,不再只聚焦单一的事物,而是包含了多方面的改革内容,因此学生在调研前做足规划,带着问题有序开展。活动中,学生从学堂走向生活与生产,通过调查寻访、参观、实践体验、研学等形式,见证改革开放以来国家发展取得的巨大成就,激发他们的中国梦和爱国情。

【案例3-6】 追寻改革长河路——探索学校40年的巨变

改革开放,对于生活在新时代的少年们,是一个有些陌生的词汇。学校创建于清光绪三十二年(1906),距今已有115年的历史,也是改革开放的"见证者"。因此,学校组织五、六年级学生,开展"探索青蓝40年巨变"主题研

学,追寻改革历程,深度探究改革开放。

一、研究准备

学生成立研学小组,组内研讨,以寻问学校发展历程、寻查老校址、寻访老教师、寻找老校友、寻索老物件等方式开展研学活动。通过调研校园环境、教材内容、校服样式、上课方式的变化等方式,去亲身经历社会经济的改革对学校、学生的影响。

二、活动设置

1.寻问学校发展历程:组织学生参观学校校史馆,了解学校的百年发展历程,用纸笔记录学校校址的变迁过程,确定研学路线。从校友名册录中寻找自己想要采访的对象,提前确定采访内容。

2.寻查老校址:学校由下城三小、东海小学和新华二小组成。1979年,还未并校的这三所学校校址位于何处?又为什么要合并成今天的学校?这些问题引发了学生的好奇心。学生通过上网查找资料,翻阅图书、报刊等形式,寻查几所学校的老校址,并在教师带领下,去实地探寻曾经的校园,亲身感受改革开放带来的经济发展。

3.寻访老教师:咖啡馆里,学生围坐在退休老教师身旁,看着他们展示一张张发黄的老照片,讲述一段段背后的故事。一次寻访,既能让学生了解到过去学校校办工厂的趣事,还能了解学农、学军等不同的学习模式,进而体会到经济的发展给学习方式带来的改变。

4.寻找老校友:学生们的老校友,可能是自己的爸爸妈妈,也可能是已经在上大学的哥哥姐姐,又或者是身边的街坊邻居。寻找老校友,听他们讲一讲自己学习时的故事。

5.寻索老物件:1979年的校服、校徽是什么样的,80年代学校有没有计算机教室,90年代老学长的课本和我们的课本一样吗,00年代上学的小哥哥小姐姐上课用电子白板吗?通过寻找老校友、寻索老物件,在物件对比中感悟经济的发展对学习内容、学习媒介的影响。

三、成果展示

小组合作创作"青蓝印象"画册,运用剪贴画、手绘图、研学心得等形式,展现出学校自改革开放以来产生的一系列变化,从"童心看变化、童心话变迁、童心得感受"的角度出发,在回顾中重温学校的昔日发展与今日变迁,在经历中去感受学校文化的内涵,对学校文化进行积淀和传承。

(2)制作研学成果,花式呈现改革脉络。基于探究和寻访,改革开放的脉络变得逐渐清晰,此刻,用喜欢的方式物化成果显得尤为重要。一来检验学生是否真正了解研究项目的改革历程;二来可作为自己不断翻阅和学习的宝贵资料;三来成为同伴浏览学习、借鉴参考的改革宣传册。基于这三方面的考虑,"致敬改革"将制作研学成果视为活动的重要一环。

形式上,学生发挥创造性,让成果精彩纷呈。比如制作"改革时光手册",按照时间顺序呈现老照片,配上相关文字,这些前世今生便以画面的形式被永久记录。有的小组绘制"改革变迁轴",在关键时间点上标注关键人物和重大事件,让这条改革之路一目了然。部分学生结合信息技术,撰写脚本,拍摄微视频、微电影等,通过历史图片可视化和现代采访交互呈现的方式,体现时光的交错和时代的变迁。

三、活动建议

改革不停顿,开放不止步。开展致敬改革的活动,为的就是让改革开放的种子在每位学生的心中落地生根。教师如何拉近改革与学生的距离,如何具化改革开放的主题,如何让新时代的接班人继续将改革进行到底呢?

(一)寻找离学生最近的改革记忆

改革开放对于00后、10后的小学生来说,虽享受着幸福成果,但对这段历史毫无经历,无法理解其间的坎坷与磨难。该怎么让生来就活在幸福时代的学生深切感受到祖国的伟大巨变呢? 最好的方式就是制造旧时代和新世纪的强烈对比。

第一步,号召家校同频,征集年代素材。政治启蒙教育的责任主体在学校,但"最前一公里"和"最后一公里"的落实还是要依靠家庭与社会力量。因此,要重视整合家庭、社会教育资源,发挥合力,协同育人。为了真实呈现两个时代的差异,让学生在零距离中体会改革开放40年来的变化发展。学校广发征集令（见图3-2），面向家庭和社会征集老照片、老物件，以及照片、物件背后的故事，寻找属于那个年代的独家记忆。

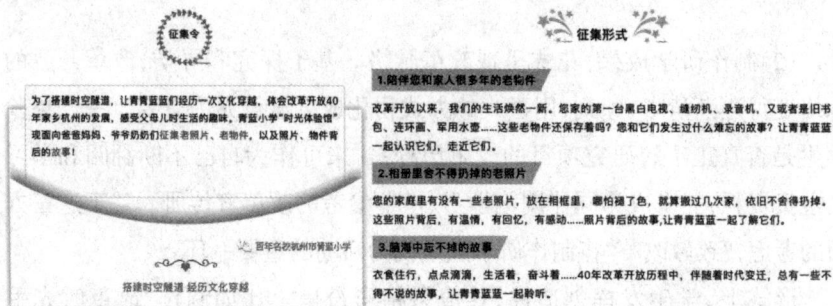

图3-2　"致敬改革"征集令

第二步，合力搭建，打造一条由1978年通往今时的时空隧道。征集令发布后，得到了众多家庭的积极响应，退休教师和社会热心人士都贡献了自己的力量，寻找了大量老物件。

单靠灌输并不能引起学生的情感共鸣，通过年代的还原，多让学生观摩改革开放前的生活实况。让历史说话，让对比下的事实说话，让学生真实地触摸历史，从而感受20世纪七八十年代的艰辛与不易，明白改革开放的重大意义，主动珍惜改革开放带来的成果。

（二）选择学生最感兴趣的改革主题

改革开放是一个宏伟的话题，不仅有着四十余年的跨度，还包括了经济、政治、文化等多个宽泛的主题，这对小学生来说显得既宽泛又遥远。怎样让改革开放变得"触手可及"？怎样激发学生主动了解、主动探究改革的兴趣呢？

为了解决这一困难，老师根据学段特点制定"自助式菜单"。"自助式菜单"是指老师根据需要和学情，充分尊重学生的自主权，将任务分类并编列成清单，以便学生如同点餐一般进行选择的一种作业方式。

围绕着"致敬改革"这一大主题，老师先行深入解读，从经济、科技、教育、生活四大领域入手，下设具体的研究点，将改革开放这一概念分解细化成贴近学生生活，且学生感兴趣的主题。学生在阅览"菜单"后，自由勾选喜欢的小主题。学生选择的主题各有特点,有关注经典游戏的,有关心交通工具变化的,有关注剧院建筑和观赏方式变化的,还有关注家门口商铺变迁的。

(三)达到不止心动,还有行动的效果

习近平总书记多次强调,要让革命事业薪火相传、血脉永续。"致敬改革"的活动中,老师不仅要引导学生"往回看",更要让改革精神融入血脉,激励学生"向前看",让其真正成为少年儿童前行的思想动力和精神支撑。

教师要让学生明白改革开放只有进行时,没有完成时。因此,串联几代人的历程,让学生真实地看到改革开放在不同时代的人身上的传承,从而明白他们需要接过中国梦的接力棒,让前辈开辟的这条道路继续向前延伸。例如学校作为一所底蕴丰厚的百年名校,孕育了不少名人及往事,也见证了这四十年来的风雨历程。学校邀请20世纪70年代、80年代、90年代和21世纪初的四代校友代表同台。以十年为间隔,四代人,同学堂,不同的校园往事,同样的新时代使命。四代人用独具时代特色的言语讲述今朝变化和肩负的使命。作为新时代的接班人,此时让21世纪初的学生谈感触、说目标,将目光放向未来,将行动落到实处。

教师需要让学生看到改革开放带来的巨变,更要思考巨变从何而来,如何延续。教师要让学生品尝改革开放的幸福甜果,更要锻炼他们解决复杂矛盾的实践能力。巨变是源于政策的制定,政策是源于时代的特殊背景。学生在看到巨变时,教师需要适时进行点拨,了解变迁的背后原来存在诸多的艰辛和不易,老一辈的革命者是如何克服万难实现发展的。另外,让学生立足当下,对自己有更清晰的定位和认识,能够直面自身问题,结合实践,提升自我,从而培育出心中有理想、肩上有担当的新时代好少年。

第三节　时代榜样:对话身边的楷模

自党的十八大以来,习近平总书记在不同时期、不同场合反复强调榜样的作用,寄语少年儿童向榜样学习。"心有榜样,就是要学习英雄人物、先进人物、美好事物""希望你们多了解中国革命、建设、改革的历史知识,多向英雄模范人物学习,热爱党、热爱祖国、热爱人民,用实际行动把红色基因一代代传下去"①。进入新时代,党中央把培养担当民族复兴大任的时代新人作为着眼点,习近平总书记更是十分关注少年儿童的成长,他在国家勋章和国家荣誉称号颁授仪式上的重要讲话,再一次深刻阐明了一条质朴而深刻的哲理:"伟大出自平凡,平凡造就伟大"。

一、活动要义

各行英雄,他们就是当之无愧的时代榜样! 他们用自己的点滴实际行动证明,坚定的理想信念、不懈的奋斗精神,脚踏实地把每件平凡的事做好,平凡的人也可以拥有不平凡的人生。站在教育第一线的教师,深入领会这条哲理的精神实质,使榜样的力量直抵学生心灵,化作激励新时代少年奋进的强大动力,同时在经历中传承红色基因。

(一)界定

近年来,在中华民族伟大复兴的奋进路上,涌现出一批又一批时代榜样。时代召唤下诞生的榜样,更是一种抗拒平庸、立志进取、永不过时的力量! 时代榜样就是青蓝学生学习时代英雄的故事,学习令人敬佩的伟人的

---

① 本刊编辑部.新时代榜样教育:新挑战与新突破[J].人民教育,2021(7):26.

故事,学习身边优秀师生的事迹,以他们为学习的榜样,视他们为前行的方向! 从榜样身上汲取力量,自觉把使命放在心上、把责任扛在肩上,争当新时代的"风向标",创造出无愧于时代、无愧于人生的业绩。

(二)目标

学生阅读榜样的故事,选择自己的榜样,讲述榜样的故事,投票选举新时代榜样等活动,引导学生学习选择时代榜样,用鲜活的榜样力量引领学生打造自身美好形象,感受个人志向与国家发展的紧密联系,争做新时代的奋斗者、追梦人。在经历时代榜样中对照检视解剖自己、发现自己、提升自己、督促自己,从小事小节上修炼自己,在一点一滴中完善自己,在努力奋斗中不断前行,传承红色基因。

(三)特征

时代榜样是别样的教诲,在一个个生动精彩的真人故事中感受时代榜样的伟大,感同身受,用时代榜样这面镜子照清自己,寻找差距,反思前行。

1.以真实榜样事迹,聆听别样教诲

时代榜样更是信仰信念,家国情怀,人格风骨的最佳载体。他们有的在战场上冲锋陷阵,屡立战功;有的兢兢业业,无私奉献;有的在急难险重任务面前,勇挑重担,冲锋在前……他们是忠诚肯干担当、为民务实清廉的典型代表,是不忘初心、牢记使命的生动践行者,是有形的正能量、鲜活的价值观。"典型本身就是一种政治力量",时代榜样就是向时代榜样学习,最关键的是要学精神、学品质、学方法,而这些,他们都为我们师生做出了示范、立起了导向。时代榜样,学生接受着别样的教诲。

2.以无穷榜样力量,激励学子前行

时代榜样是有形的正能量,也是鲜活的价值观。榜样是一面镜子,能让学生找到与榜样间的差距和不足。榜样是一面旗帜,给学生指引方向,引导学生不断前行。在学习榜样的过程中不断展现勇敢担当,勇于直面困难挑战,敢于在磨砺中进取。

二、活动实施

如孔子所言:"见贤思齐焉,见不贤而内自省也。"榜样教育的力量是无

穷的，教育意义也是无穷的。因此学校分低、中、高三个年段打造了一张属于青蓝学子的"时代榜样星光榜"，让学生了解、学习不同层级的榜样故事、榜样事迹，再配合三大系列的多元化的互动活动，真正让时代榜样不再只是停留在网络上、电视里、书本中，而是能真正"走"到学生身边，不断催生学生树立新时代的榜样理念，让榜样力量落地成为成长助力。

(一)内容安排

1.设立多层次榜样谱系，引领青蓝风尚

随着时代的发展，社会走向多元，榜样的树立也逐渐呈现多维度。因此，学校在设计"时代榜样"内容时，根据学生的年龄段特点，安排学习不同层次的榜样人物，在贴近学生年龄结构的同时，又希望通过这张青蓝"时代榜样星光榜"带领学生树立正确的榜样观(见图3-3)。

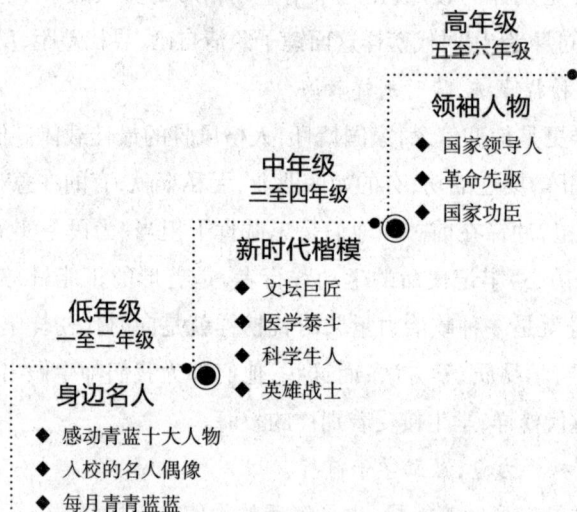

图3-3 青蓝"时代榜样星光榜"

(1)低年级：学习身边名人榜样。低年级的学生对于榜样概念还较为模糊，更因为刚刚进入校园，对于校园的历史文化还不甚了解，这个阶段较为适宜安排学生学习在青蓝的"身边名人"，这些榜样人物中有学校发展的奠基人，有莅临青蓝的大家，也有触手可及的身边"小榜样"，对学生具有强烈的召唤作用。

"感动青蓝十大人物"是学校百年历史的风雨进程中,那些对学校有着突出贡献的校长、教师。有在1906年创办学校的时任杭州知府世善;有与时俱进,打造质量品牌,为学校进入重点小学行列做出突出贡献的陈微敏校长;有省、市红十字著名先进个人刘满珠老师等一批优秀的校长、教师。他们各个爱岗敬业,带出了一批批优秀的青蓝教师,也培育了一批批优秀的青蓝学子。

青蓝校园里,有一大批榜样人物曾莅临学校,有国际现代五项联合会主席克劳斯·舒曼博士,他的到来,让青蓝学生明白什么是高雅运动;有中国红十字总会党委书记、常务副会长梁惠玲女士,她把"人道、博爱、奉献"的种子播撒在每一位学生的心中。他们的到来,让青蓝学生为之振奋,也是值得学习的榜样。

"每月青青蓝蓝"是最接地气的榜样了,每个月学校都有不同的主题,他们的照片还会被贴在班级的宣传栏上,生活中的同学榜样值得得到公认,而以身边的人作为榜样,因为朝夕相处,也往往更能够从榜样身上学到良好的品质和优点。他们是在班级中"活动"榜样样板,也是每一位青蓝学子积极靠拢的目标。

(2)中年级:学习新时代楷模榜样。中年级的学生对于榜样有了一定的认识,他们的学习对象从校园中能接触到的榜样人物,走向了在新时代发展中那些有着突出贡献的人。

比如有文坛巨匠鲁迅、冰心,他们的文字伴随着学生们成长,给予学生们丰富的精神食粮;有从"非典"到新冠肺炎,站在医护工作一线,被授予"共和国勋章"的医学泰斗钟南山;有当代著名的地理学家、气象学家竺可桢;有中国进入太空的第一人杨利伟,他带动一代人有了航空梦。

学生对于这些榜样人物大多已经耳熟能详,但对于他们的事迹还不一定十分了解。因此,结合课本、纪录片、时事新闻等资源载体深入浸润式学习,让榜样形象更深入人心。

(3)高年级:学习领袖人物榜样。到了高年级,学生的思维更有深度,他们学习的榜样就更有厚重价值了,在对领袖人物的了解和学习过程中,更赋予了学生一种时代的使命感。

领袖人物中有国家领导人,如新中国的主要缔造者和领导者毛泽东、开国总理周恩来,他们是当之无愧的"最伟大的人";现任中华人民共和国主席习近平对少先队员们一直寄予厚望,他带领下的祖国正在一步步走向世界的最前列。

革命先驱是一个时代的英雄人物,是中国历史上一个不可磨灭的符号。有民族英雄、中国民主革命的伟大先驱孙中山先生;有为挽救"神州陆沉"奋斗终身的李大钊;有"生得伟大,死得光荣"的刘胡兰;有与敌人同归于尽的董存瑞等革命烈士,他们都是革命之路上伟大的先行者。

领袖人物中也有许多令人敬佩的国家功臣。比如,首届国家最高科学技术奖得主、"杂交水稻之父"袁隆平;回国效力,将中国导弹、原子弹的发射进程向前推进了至少20年的"中国导弹之父"钱学森等这样一批"宝藏"榜样推动着国家的发展。

2.创设多元化互动项目,传承榜样能量

为了让学生能更深入、全面地向榜样学习,在青蓝"时代榜样星光榜"的基础上,学校创设了"榜样学习屋""榜样面对面""榜样激励行"三种类型的多元化互动项目,每一个阶段的经历学习都可以充分利用这三大类的活动项目,希望能让学生真正做到自主、自发、自愿地向榜样学习,并能有所提升(见图3-4)。

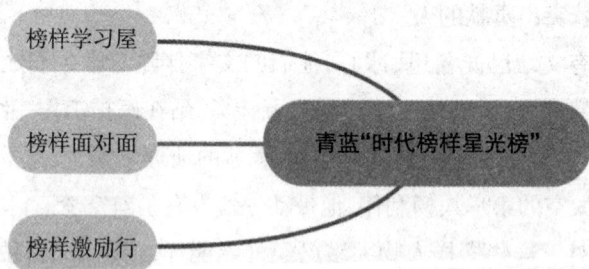

图3-4 青蓝三大"经历时代榜样"互动项目

(1)榜样学习屋,模范来报到。"榜样学习屋"项目中为学生设立了多种活动,方便学生了解榜样的一些基本信息。成立"榜样工作室",可以让学生确立本阶段要学习的榜样人物,再通过"阅读角"为学生提供榜样人物的自传、书籍等一系列文学作品,并且学校定期组织学生共读一本书,并及时交流感悟;"观影台"更多地收录了影视作品、纪录片、照片等多媒体资料;"档案馆"则是让学生动手,为来到学校的或自己感兴趣但可查资料较少的榜样人物建立档案。

(2)榜样面对面,典范到身边。"榜样面对面"项目为学生提供了许多与榜样直接或间接交流的活动安排,让学生"零距离"接触榜样事迹,聆听榜样故事。

(3)榜样激励行,我想成为你。"榜样激励行"则是一种外化、固化类的活动,通过每学期一次的"青蓝小牛人"评选,将榜样行为落实到自身;学生们还可以通过宣讲榜样事迹,表演榜样故事,让精神力量传播得更远;更有组织"榜样行动队",学习榜样的做法,并且真正能服务于班级、校园甚至社会。

(二)具体实施

为了让时代榜样真正走入学生心中,学校主要以四步流程,从唤醒到对话,是启蒙阶段;从对话到宣传,是内化阶段;从宣传到行动,是最后的外释阶段,层层实施,助力学生如榜样般奋发成长。

1.唤醒认知,成立榜样工作室

成立"榜样工作室"是经历实施的唤醒启蒙阶段,通过前期广泛调查,学生组成小队,确立榜样人物;后期深入了解,通过阅读榜样的传记、以榜样为原型的电影或纪录片、走访榜样故居等多种形式,全方位浸润式地了解榜样事迹。

(1)前期调查,确立榜样人物。学校通过设计线上、线下的榜样调查,真实了解学生心中的榜样人物,成为榜样的原因以及对榜样的初步了解等基础信息。也正是基于前期的调查,将心中榜样人物相同或相似的学生分年段聚在一起成立"榜样工作室",通过个人、团队相互促进的形式开展接下来的活动。

(2)深入了解,探寻榜样事迹。在成立多个"榜样工作室"后,学生围绕关键榜样人物制订"走近榜样计划",阅读介绍事迹的书籍,观看与榜样相关的影视资料,向老师、同学、家人了解榜样故事等形式走近榜样。如雷锋工作室的学生们就以雷锋为榜样人物,制订出了为期五周的计划,以这样的形式充分走近雷锋,初步了解雷锋作为时代榜样的巨大力量(见图3-5)。

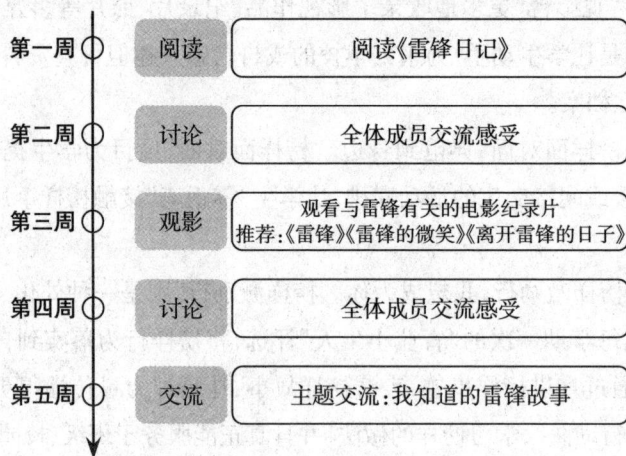

第一周	阅读	阅读《雷锋日记》
第二周	讨论	全体成员交流感受
第三周	观影	观看与雷锋有关的电影纪录片 推荐:《雷锋》《雷锋的微笑》《离开雷锋的日子》
第四周	讨论	全体成员交流感受
第五周	交流	主题交流:我知道的雷锋故事

图3-5 "走近榜样计划"范例

在这一阶段,学生对心中的榜样有了较为系统的初步了解,榜样形象也变得立体丰满了起来,对于激发学生对于榜样的深入了解起到了极为积极的作用。

2.对话交流,汇聚榜样圆桌派

先进事迹与榜样人物是核心价值观教育的重要资源,与榜样交流也是一种实施的重要途径,让学生对于榜样的认识,从外界给予走向了自我认知。学校根据需求,为学生建立起切实可行的对话机制,组成了"榜样圆桌派",以线上连麦、采访论坛、现身演讲等形式,实现学生与"大牌"榜样对话、与身边榜样对话、与同龄榜样对话。

(1)与"大牌"榜样对话,感受榜样魅力。学生心中有许多原本遥不可及的"大牌"榜样,他们或是某个领域的顶级人才,或是有震撼人心的壮举,学校也充分利用各方平台和资源,将学生心目中的"大牌"榜样请进学校,实现面对面交流。

2018年11月,学校邀请了中国第一枚击剑奥运金牌得主栾菊杰来到学校与学生面对面交流。击剑运动被誉为"贵族运动",有如同芭蕾般的优雅,是格斗运动中的艺术,在青蓝也是一门人人普及的运动课程。听闻栾阿姨要来的消息，青蓝的"小剑客"们各个心潮澎湃，争相"对话冠军"。"栾阿姨，您在比赛时手臂被刺穿，怎么还能继续比赛？是想拿冠军吗？""每个剑客都想拿冠军。但是当时，更重要的是想让五星红旗在赛场上升起来！""栾阿姨，您现在还参加比赛吗？""当然了，我还参加了在意大利举办的2018年世界元老击剑锦标赛，获得女子花剑个人冠军以及重剑亚军，我热爱这项运动，会一直坚持下去！"栾阿姨铿锵有力的讲述，深深打动了在场的每一个人，这场对话，相信也会在青蓝每一位"小剑客"的心中流传。不放弃热爱心中的热爱，这也是榜样的力量。

（2）与身边榜样对话，聆听榜样事迹。学校的老师、家长之中也存在着许多优秀的榜样，他们同样值得学生学习，是我们身边的榜样。在2020年新冠肺炎疫情期间，学校有许多家长是在一线的医护人员，他们是新时代最可爱的人。在这样的特殊情况下，学校通过线上队课，开展"经历一次时代榜样"——英雄连麦见面会，让学生与英雄对话，建立起儿童和榜样人物之间的对话机制，在对话中理解榜样人物的生活背景、发生榜样行为的原因、感受平凡中的不平凡。

【案例3-7】 经历一次时代榜样

环节一：隔空对话，欢迎英雄回家

2020年4月3日，学校四位驰援武汉的医护家长全部安全返杭。他们用镜头记录下了返杭前的画面，向一直关注他们的老师、家长和学生发出了回家的信号。同时，线上欢迎会正在教师的精心组织下秘密筹谋中，学生在老师和家长的指导下，拍摄小视频、制作留言卡，当英雄们安全落地时向英雄们致敬。

环节二：线上对话，聆听榜样事迹

周五直播的云队课中，老师云端连线四位医护家长，学生一同聆听英雄"打怪"的故事，感受疫情期间医护人员的坚守。《解忧杂货铺》讲述了医护管理人员如何统筹资源，做好一线人员后勤保障；《防护服》让学生知道，看起来坚强的医护人员，其实也是柔软脆弱的；《援鄂小记》是一本不算太厚的笔记,讲述了逆行者们每一天的心灵触动……他们是身边最值得敬佩和学习的人,榜样的力量激荡着每一位学子。

环节三:自主对话,铭记榜样精神

队课结束后,队员们用自己喜欢的方式对所见所闻、所感所悟进行了一番消化,并通过网络平台实现居家"云对话":有的队员写诗抒发自己的感动,通过深情的朗诵抒发自己对英雄的敬意;有的队员专门绘制精美的图画,在画作交流中送上内心美好的祝愿;有的队员自编歌曲,将这份风雨同舟的温暖和力量写进歌词,歌唱英雄的无畏奉献,歌唱祖国人民的团结一心……

这场非常时期的隔空对话,引导学生认识身边的英雄,感受他们救死扶伤的崇高精神、爱国热情和社会责任感,也感受中华民族众志成城的强大正能量。

(3)与同龄榜样对话,学习榜样做法。当然,校园里也有着这样一批学子,他们有的才华出众,为学校班级争得各级荣誉;有的乐观善良,愿意尽最大能力帮助他人;有的走在环保前沿,为绿色校园献计献策,他们是"接地气"的同龄榜样。学校十分重视他们的力量,也常常为这些小榜样开辟对话舞台,将他们的故事说出来,传下去。

疫情过后的复学,一场特殊的周一晨会吸引了全校师生的目光,台上站着学校六年级的学生——倪子菡,她是疫情期间,青蓝的一位特殊的"小工人"。在台上,倪子菡分享了这段特殊经历,倪爸爸经营着一家医用消毒产品公司,疫情期间订单猛增,在非常时期根本招不到员工的情况下,她和全家人都加入了生产线。在她的讲述中,青蓝师生们看到了一位坚强执着、不怕苦、不怕累的女孩,哪怕标签贴到直不起腰,装箱装到手被磨破皮,可她始终咬牙坚持,是当之无愧的青蓝小榜样。

在这样的交流过程中,青蓝学生对于榜样有了更为深刻的认识,也更能激励到学生,触动到内心,让榜样力量生根发芽。

3.宣讲传递,分享典型榜样秀

典型榜样秀是学生们将所看、所听、所学到的榜样事迹、榜样精神,用宣讲、演绎的方式进行传播,进一步让学生从内化于心到外化于行,真正理解榜样力量。

(1)榜样演讲台,我的榜样我来说。学校为学生搭建多形式的榜样演讲台,形式、人员并不固定。除了每周一的晨会中,班级根据不同的主题可以有相对应的榜样故事进行宣讲外,还有不少的特殊节日,学生可以自行开展宣讲活动,如"学雷锋纪念日"中可以宣讲雷锋好故事,教师节中将我们身边无私奉献、潜心育人的教师榜样故事进行宣讲,在"抗战胜利纪念日"期间,又可以宣讲革命英烈的故事。

【案例3-8】 榜样演讲台:青青蓝蓝话英烈

环节一:班级组织,撰写演讲稿

得知周一晨会的主题是"青青蓝蓝话英烈",班里的学生们就自发组织了一个演讲团,确定了本次要在演讲台上宣讲的榜样是来自浙江的两位英雄——郁达夫和孙晓梅。他们一位是著名的中国现代作家、革命烈士,另一位是爱国女教师。学生们制订了演讲计划,分别收集两位榜样人物的生平材料、抗日故事和牺牲经过,撰写完成演讲稿。

环节二:上台宣讲,传递榜样精神

到了周一晨会的日子,学生们分成两组,采用了演讲故事和诗歌朗诵的形式。一组学生身着中山装,讲述了郁达夫在1945年前后出席了由陈嘉庚领导成立的"新加坡文化界抗敌联合会"成立大会,被选为新加坡文化界抗日联合会主席后发生的故事,郁达夫先生一面化名"赵廉"开设酒厂,一面帮助援救了许多被日本人逮捕的华侨,最后讲到他不幸被日本宪兵杀害于苏门答腊丛林时,大家都神色悲痛。

另一组学生则用诗歌,讲述了浙江富阳的一位女教师孙晓梅的抗日故事。七七事变后,在海宁仲路小学教书的孙晓梅,联络爱国教师和进步青年,寻求抗日救国的道路。1938年10月,她带领进步青年,化装成投亲的难民,步行到皖南参加了新四军。她不幸被日本宪兵队抓住,日本鬼子设宴"招待"孙晓梅,妄图软化诱降。孙晓梅识破敌人的诡计,拍案而起,大骂鬼子，并愤然将酒席掀翻。孙晓梅牺牲时，年仅29岁。台下的同学们为革命女战士的不屈与坚毅纷纷鼓掌。

优秀的宣讲个人或小队，还能走出学校，走进兄弟学校，走进社区、街道的各类活动中，真正做到"我的榜样我来说"。

(2)榜样情景剧，我的榜样我来演。榜样的故事要如何传递得更深入人心呢？学生还通过演绎榜样情景剧，来抒发内心对榜样的崇敬之情。学校有话剧、儿童剧社团，社团也会定期开展榜样情景剧的排练，不仅演绎了大家耳熟能详的榜样故事，如"导弹之父"钱学森回国的艰难旅程，"革命小英雄"王二小放牛，还将身边的榜样形象也融入了演绎之中。

4.开展行动，诠释榜样正能量

榜样行动队是诠释榜样能量的一种方式，是学生将自身的学习成果最终结合到自己日常行为中的表现。榜样行动队的队员们，将学习到的榜样精神和榜样行为继承吸收到自身，服务于班级、学校、家庭、社会，一队人带动一群人，形成人人参与的良好面貌。

比如，榜样行动队的队员们在炎炎夏日，在自发组织下，拿上抹布、水桶来到公共自行车租借点，清洁公共自行车。她们摘了小红帽，踮起脚尖，小手使劲地往上再往上，红领巾被甩到后背都顾不上了。在他们的带领下，"小红帽扮靓小红车"成为青蓝的一种新风尚，许许多多的队员纷纷在暑假中走上街头，不怕脏、不怕累，把杭城的小红车擦得干干净净，成为一道亮丽的风景线。

通过举办各类评选活动，推选出身边的榜样是学生能够将学习榜样思想固化深入最为直接有效的途径，也是对学生学习成果的一种表彰，极有激励作用。

【案例3-9】 诠释榜样正能量："青蓝榜样·属我最牛"颁奖典礼

为培养学生良好的行为习惯，进一步彰显青蓝学子风采，学校围绕"经历伴随成长"理念，举行"青蓝榜样·属我最牛"颁奖典礼，开展各班行为习惯小榜样评选,引导学生设定新年目标,向身边的榜样学习,传播正能量。

环节一:班级评选,诞生小牛人

颁奖活动开始前一周,班级内先进行全班评比,根据以下标准,评选出习惯佳、受人夸的"青蓝牛人"小榜样。在评选过程中,每一位参选的学生都有自己的"牛人榜样事迹",上台来讲述自己平时的行为是否符合小牛人榜样的评选要求,说出自己最"牛"的一件事,由全班同学投票选举出小榜样。

"青蓝榜样·属我最牛"评比表

小牛人奖项	评奖标准
礼貌传递小牛人	1.待人文明礼貌,与同学友好相处 2.进出校门见到师长能够停下主动问好
课间文明小牛人	1.课间不在走廊追逐打闹、大声喧哗 2.见到同学有类似行为能主动上前提醒
红领巾守护小牛人	1.每天正确佩戴红领巾 2.红领巾整洁无破损
光盘食尚小牛人	1.不挑食、不浪费,每天的午餐能够吃完 2.能在自己光盘的情况下提醒身边的同学
环境守护小牛人	1.班级值日积极主动,且工作认真负责 2.本学期卫生值日没有出现扣分情况
爱眼小牛人	1.听到爱眼操音乐后及时开始做操,不拖沓 2.爱眼操动作正确,能做到眼随手指动 3.有良好的用眼习惯,本学期视力没有下降
课间操小牛人	1.大课间室外出操精神饱满,在队列内能够排整齐 2.武术操、广播操动作正确、到位

获得提名的小牛人们,将自己的姓名做成牛人卡片,投入"青蓝成长箱"中,获得称号越多的小牛人,那么成长箱中写有自己姓名的牛人卡片也就越多,最后通过抽奖获得大奖的概率也就越高。

环节二:学校表彰,激励众学子

在正式的颁奖活动中,学校播放了平时拍摄到的青蓝娃们的好习惯集锦,有学生每天坚持"光盘",从不浪费一粒粮食;有学生在下课时自愿自发地来到走廊,对不文明行为进行劝阻;还有的学生通过自己的努力,每天认真爱眼护眼,给自己带来了一双明亮的眼睛。这些细微的点滴进一步固化了好习惯榜样们的做法。紧接着,校长、书记分别为各班的小榜样代表颁发了奖状,既是对学生一个学期良好习惯的表彰,也是引导学生设定新目标:向榜样学习,传播正能量。

环节三:牛牛出场,榜样送惊喜

接下来,就是最激动人心的时刻了,校长、书记从"青蓝成长箱"中抽出幸运的小牛人,给他们发了免费用餐的餐券,奖励他们能用自己的好表现请爸爸妈妈吃饭,还派出"牛牛吉祥物",到班里送上神秘大奖。幸运的小牛人们对着镜头分享自己的"榜样"心得与新年愿望。

在后期,"青蓝成长箱"还会不定时开启。会有越来越多的幸运小牛人的名字进入"青蓝成长箱"中,激励每一位青蓝学生,学习身边的小牛人,在榜样力量的带动下,成为更"牛"的青蓝人。

三、活动建议

(一)偶像还是榜样? 扭转学生榜样观

在系列活动开展前,学校对全体学生进行过一次"榜样对象"调查。在调查中发现,有将近80%的学生的榜样是如今当红的流量明星,而网络的极速发展,也正加剧着流量明星对青少年学生的影响力。

不难发现,学生们很容易将偶像和榜样混为一谈,榜样与偶像都是具象的、鲜活的人物,都有让人"着迷"的特质。但榜样是用来学习和效仿的,偶像则是用来崇拜的,偶像不是都能被效仿,学生盲目崇拜追星,反而忽视了榜样应带来的正能量效应。因此在"时代榜样"活动准备和实施时,教师在指导的过程中需要注意引导学生梳理正确的榜样观。比如在学生确立榜样对象,进行进一步研究学习前,老师应与学生小组进行前期沟通,什么才是真正的榜样? 榜样应该让人学到什么? 什么样的榜值得学习? 与榜样面对面交流后,要及时帮助学生进行总结,从榜样身上学习到了什么,哪些方面自己也可以树立相同的目标,并且平时也要多多推荐学生阅读正能量榜样的书籍,丰富学生的业余生活。

(二)绕开实践中的"空架子",不要忽视群体和组织的教育功能

榜样教育过程中,容易出现与时代和儿童身心发展阶段脱节、目标和要求过高、内容空洞的倾向。无论是对榜样精神的理解认知,还是对榜样人物行为和情感的效仿,青少年儿童的组织和群体间的互动与教育意义都是至关重要的。

2021年初中共中央印发《关于全面加强新时代少先队工作的意见》,进一步明确了少先队教育的特点,即组织教育、自主教育、实践教育相统一。而组织内互动,发挥自我教育的功能,通过实践实现社会学习,恰恰是榜样教育不可或缺的关键过程。[①]

因此,在每一个经历活动的实施过程中,让学生组建一支形式多样的队伍,比如前文提到的"榜样工作室""榜样圆桌派"等,都是多元化的学生队伍形式。不仅能够促进学生自警自测,还能够进一步激发他们的集体意识、参与意识,帮助他们把荣誉感转化为责任感,而且集体中的相互影响也会促使中队成为名副其实的成长团体。

(三)像∞一样无限延续,让榜样力量持续发光

在系列活动实施后,学生们往往都对榜样有了全新的认识,此时往往也是学习热情极为高涨的时候。可是老师总提倡从榜样身上学习优秀品质,却未曾想过给予学生继续发挥这些优秀品质的土壤。老师应该抓住这样的契机,有将榜样力量像∞一样无限延续的理念。

比如"榜样行动队"在组建和活动过程中,老师应引导学生建立活动的记录手册,帮助学生记录下活动的点滴,记录的过程是一种对于活动的回顾,也是一种对于榜样力量的再次感悟。并且,在指导关注的过程中,除了提供实际上的帮助,更要对后续是否给学生继续开展活动、发挥榜样精神的平台做好充分的关注。

相信在这样的引导助力下,学生和老师可实现共同成长,向着时代榜样的真正精神不断迸发。

---

① 陆士贞.新时代,我们需要什么样的榜样教育[J].人民教育,2021(7):30.

审美养性:在经历中孕育美好心灵

　　"五育并举"是国家对学校教育提出的要求,其中一项就是"美育"。美育的目的绝不是单纯地培养某种审美的技巧、艺术的技能,而是培养审美的人生观,亦即培养"生活的艺术家",自觉地以审美的态度对待社会、自然、人生与自我。基于此,学校积极探索,关注学生审美养性,在这章节中设计了三种经历:经历优雅生活,在日常行为中养成现代文明;经历传统节日,在思想淬炼中培育中华美德;经历戏剧盛宴,在高雅艺术中唤醒审美意识。依托"优雅生活""传统节日""戏剧盛宴"三种经历,有层次地推进由行为到内在、由生活到艺术的美育浸润,让学生逐步成为拥有美的举止、美的德行和审美视野的人,从而令心灵变得更为充实而美好。

第一节　优雅生活：养成现代文明

中华民族五千年的文明历史孕育了优秀的文化，而经过几千年沉淀的优秀文化熏染了中国人优雅的气韵。从古至今，拥有优雅的物质生活和精神生活，都是每个人的心灵诉求。让学生经历优雅生活，能令他们产生终生追求幸福的憧憬。

一、活动要义

经历优雅生活需要发掘文化中的优雅内涵，让学生在有氛围的环境中，体验一系列主题教育活动，产生认知冲突，从而将"优雅"外显于行，内化于心，进一步感受文化魅力，提高自身修养。

（一）界定

"优雅"指的是品行雅正，具有美好的言行和心性。一方面，优雅是一种气质，体现在个体的外表穿着和行为举止上。另一方面，一个人是否优雅，还体现在教养上，不止于行为上彬彬有礼，更注重其文化内涵和道德修养。这里的"优雅"指的是从文化陶冶中产生，代表着一个人美好的品性和良好的学识涵养。

"经历优雅生活"是指提炼文化中的优雅内涵，让学生在有氛围的环境、有组织的活动中具身体验，通过"优雅着装""优雅举止""优雅谈吐"等主题活动，充分感受传统衣食住行的优雅，培养优雅的行为习惯，增强文化自信。

（二）目标

经历优雅生活的目标在于构建一个具有完整体系的经历体验活动，学生在一系列主题活动中感知、实践、拓展、交流，从而习得优雅的言行，培育美好的品性和心灵。

一方面,学生综合素质的提高离不开文化的浸润。"经历优雅生活"旨在让学生通过分年段学习优雅文化,感受文化中举止和言行方面的优雅内涵。学生通过在主题活动中体验,在日常生活中反复实践,以此来规范自己的行为,优化行为习惯,将"优雅"通过自己的一言一行、一举一动体现出来。

另一方面,坚持儿童立场、以生为本,合理引导学生内在发展要求。"经历优雅生活"最后的目标不仅是让学生在外在行为上体现优雅,更要在学习优雅饮食、优雅茶艺、优雅弹奏这些优雅文化的过程中加强其对价值观念、生活方式和审美情趣的理解,怡养学生的品性,培育学生的美好心灵,进一步感受文化魅力、提高自身修养。

(三)特征

1.在行为培养中融入文化熏陶,提高个人修养

优雅是一个人教养的体现。教养是从小习得的一种规矩,是待人接物的一种态度,更是一个人文化品德的修养。因此,"经历优雅生活"不是对于学生行、走、坐、卧等方面的刻板行为培养,而是需要融合文化熏陶和行为培养,提高学生的个人修养。基于此,学校在进行优雅生活的主题经历活动设计时,选择具有优秀文化内涵的学习内容,开展一系列体验活动,同时注重在日常生活中持续渗透优雅行为的培养。

2.在衣食住行中贯穿丰富体验,养成优雅举止

优雅生活的内容是极其丰富的,在一次活动中,要使学生尽可能多地感受优雅生活的魅力,对优雅艺术、生活方式产生兴趣,活动设计就需要具有层次性。以"优雅着装"主题活动为例:学生们不仅要穿优雅的民族服装,还要学习优雅着装的相关礼仪,欣赏各种不同形式的优雅服装,"雅"作为总目标,贯穿活动始终,使全体学生在亲身经历中体验了解优雅的相关知识,规范穿戴与言行,从而体会优雅的趣味,享受优雅的美好。

二、活动实施

(一)内容安排

经历优雅生活旨在让学生于活动体验中养成优雅的行为习惯,学习技

能,进而成为具有雅行、雅智、雅心的优雅人。

1.自下而上:主题内容体现优雅序列

根据年段特点和学生心理特点,各类主题活动按年级有梯度地展开。一、二年级重在引导培养学生"雅行",养成优雅的行为习惯。三、四年级重在催生学生"雅智",涵养自己的学识修养。五、六年级重在培育学生"雅心",传承文化中的优雅元素,提升自身审美水平和优雅品性。一到六年级的主题活动对学生优雅品行的培养由表及里、层层递进,让学生在活动的潜移默化中习得优雅的素养(见图4-1)。

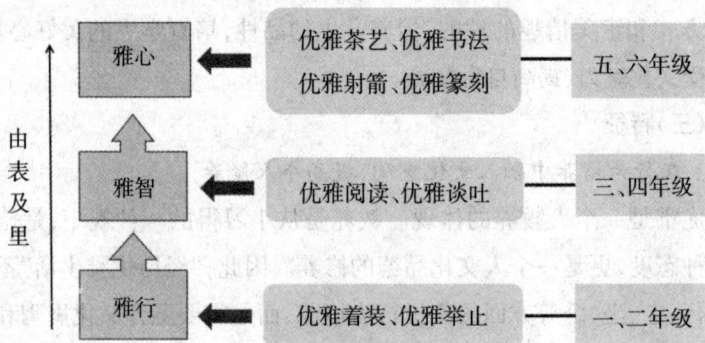

图4-1 "经历优雅生活"内容安排图解

2.由外而内:丰富活动培育优雅内涵

内容安排上紧扣时代要求和地域特色,设置了"优雅着装""优雅举止""优雅茶艺""优雅书法""优雅篆刻"等主题活动。除了阶段性活动,还会在每学期特定的日子开展面向全校的特色活动,辐射全员,让学生多层次感知优雅、体验优雅,进而内化优雅。

(二)具体实施

经历优雅生活的实施主要是给学生营造一个优雅的环境氛围,让学生在点滴细节中培养雅行,在特色活动中得到文化浸润,学习优雅技能,从而涵养自己的学识修养,提升艺术素养。

1.童年有礼,点滴细节培养雅行

"优雅"听起来似乎离儿童的世界比较遥远,但其实我们的生活中处处充满着优雅的文化。日常生活中,与人见面点头问好是一种优雅,公共场合放低说话的音量是一种优雅,用餐过程中不发出声音也是一种优雅……其实我们行为举止的规范、有礼就是一种优雅。

对于学生而言,学习优雅的行为举止、养成良好的习惯就是在他们心中种下优雅的种子。而优雅举止的养成不可能一蹴而就,因此在学校生活中,要将优雅的培养融入行为规范的要求中,让学生知道优雅的标准。

学校为培养学生雅行,设计开展主题特色活动,鼓励全校学生主动参与,争当小雅士。同时在培养过程中要注意在每天的细节处进行渗透,如培养学生用餐礼仪时,低年级的学生可以学习正确地拿筷子,讲讲筷子的起源,明白正确使用筷子的道理,比一比谁能够用好筷子等。

【案例4-1】 "童年有礼"

一、活动内容

围绕"童年有礼"这一主题,结合学生日常行为习惯,开展一系列小雅士评比活动,如问好、饮食、课间活动等,让学生通过自主商定标准、评选雅士、榜样跟踪、全员践行的方式,将优雅的行为贯穿于日常生活之中。

二、活动过程

阶段一:召开圆桌会议,商定标准。利用午间谈话课时间,发布争当问好小雅士的任务。学生自由组成小组召开班级圆桌会议,围绕"校园问好礼仪"讨论如何做一名优雅的"青青蓝蓝"。小组成员经过热烈的讨论将内容汇总进行全班交流,分别从声音、笑容、衣冠、动作四个方面制定了优雅问好的标准。

阶段二:设立成长箱,评选雅士。每个班级设立"青蓝成长箱"和姓名卡,学生们通过一天的观察,在姓名卡上写出今日问好最有礼貌、最符合"问好小雅士"标准的同学姓名,并将姓名卡投入成长箱中,为期一周。星期五,每班利用中午时间进行"开箱活动"。打开成长箱,学生们统计箱中出现最多的名字。经过紧张的计票,票数最多的1～2名学生在全班一致同意之后,就能成为"问好小雅士"。

阶段三:跟踪问好小雅士,记录优雅。每班派出学生代表,开始为期一周的"寻找优雅"活动，他们利用课间，跟踪观察问好小雅士有哪些优雅问好的瞬间，并将优雅的一刻记录下来。在老师的帮助下，将记录的优雅瞬间合成"青蓝优雅问好影像"集。通过跟踪学习可以发现，问好小雅士们进校门、进老师办公室、进班级，以及课间遇到老师都会面带笑容，大声问好。

阶段四：获得问好秘诀，收集"优雅章"。整理好"青蓝优雅问好影像"之后，利用中午时间让同学们观看，并讨论总结优雅问好的秘诀。在问好小雅士的带领下，学生们知道了哪些时候要大声问好，并且总结出问好秘诀：声音响亮一点、队礼标准一点、衣冠整齐一点、笑容灿烂一点。接下来的一周，在班级门口、办公室门口、校门口、走廊指定位置放置"优雅章"，按要求问好的学生就能在"优雅集章卡"上盖章。

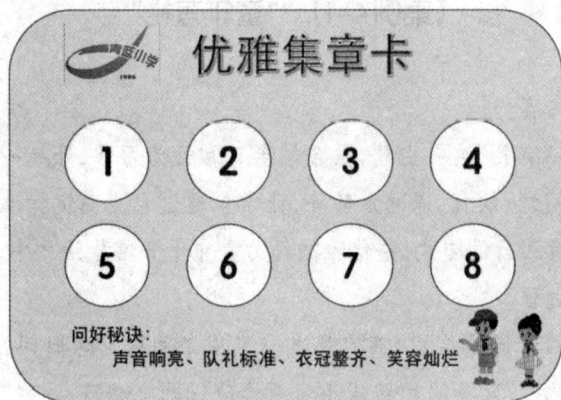

优雅集章卡

阶段五：再评问好小雅士，兑换特色体验。一个月之后，再次评选"问好小雅士"，校园中越来越多的学生能大声响亮地向老师问好，这时候全班大部分同学都能获得这一称号了。小雅士们可以凭集得的优雅集章卡兑换学校特色体验，如古代礼仪学习、汉服欣赏、学做香袋等一系列汉文化主题课程，在获得趣味奖励的同时，能进一步感受中华文化中的优雅元素。

"优雅问好"是学校培养学生优雅行为的一个方面，前期的讨论与展示让学生对"优雅生活"有了初步的认识，通过后续的实践、小雅士评选和多元的展示，学生能充分感受到优雅生活的魅力，也对优雅生活的内涵有了自己的感悟。

2.品书盛宴,文化浸润催生雅智

如果一个人只学习了优雅的行为举止,而不具备一定的学识涵养,那优雅是无法贯穿于生活之中的。因此,在经历优雅生活的过程中,让学生通过阅读来拓宽自己的见识、增长自己的学识是很有必要的。在优雅阅读的时候可以了解文化知识,明白许多为人处世的道理。经过长期的文化浸润,这些知识和道理内化为自己的学识涵养,自然也能在日常行为中体现出来。

随着现代化社会发展,学生的知识面已经非常广,除了基本课堂的知识外,学生对社会各方面的知识都有所了解,尤其涉猎了大量西方文化知识。但是通过调查发现,不少学生对中国传统文化的了解却不尽如人意。"中华优秀传统文化已经成为中华民族的基因。"一个人有自己的基因,一个家族有自己家族的基因,一个民族有本民族的基因,将学习中华传统文化融入学生的经历活动中,让学生多阅读中国文学作品,传承民族基因显得尤为重要。

同时学生有了一定的文化积淀,在谈吐上也能有所体现。优雅谈吐不仅要求学生张嘴说话文明,还重在引导学生能够做到语言美,结合语文课程中的口语交际内容引导学生学会与家长、老师以及陌生人开口说话的艺术。

基于此,学校举办了"品书盛宴"的活动,通过"尝书""品书""评书"三大板块的实践活动,引导学生主动阅读、多样阅读、深入阅读,让学生以趣味的形式体会读书的乐趣,乐于阅读文学作品,汲取优秀文化内涵。

【案例4-2】 "品书盛宴"优雅阅读活动

一、活动目的

紧扣优雅文化的活动主题,从场景布置、道具制作、多媒体控制、穿着打扮、基础设备五个方面着手,打造一座"品书餐厅",充分调动学生多种感官,在舒适、多彩的体验情境中进行一场以经典文学作品为主题的"品书盛宴",感受文化魅力。

二、活动过程

阶段一:场景布置。结合主题文化以及具体的活动内容,教师将教室打扮成一间温馨、雅致、富有中华传统文化气息的"品书餐厅"，并将座位排成六张大圆桌，铺上干净素雅的桌布，摆放上玫瑰花以及今日享用的"书本美食"，如人物传记、历史书、世界名著等经典文学作品，再搭配餐盘、餐具和菜单，这间餐厅愈加有模有样了。每位学生领到一张名牌，在教师的带领下坐到自己事先"预约"的座位上。

阶段二：尝书。教师更换服装，精心打扮成餐厅服务员，手拿餐盘，笑容满面地端上丰盛可口的"品书大餐"，邀请学生一起去"品尝"图书。当学生在餐桌就座后，每个人选择餐桌上的一本书来阅读，阅读书名、书的封面和封底、前言以及开头几页的内容。阅读时间约6分钟，阅读完毕，学生需要简单写下他们的尝书心得，继而轮换桌子"尝书"。

阶段三：品书。在尝书环节结束后，学生选定自己最喜欢的一本书，进行深入品读（品书环节时限为一周）。一本书就是一道美食，品读一本书，就像品尝一道美食，每个人都可以品出不同的味道。因此，在学生品读的过程中，引导学生为手中的"美食"配调味料，根据阅读体会，在"配料单"中记录添加的调料以及添加此项调料的原因。

阶段四：评书。此环节是"品读盛宴"的高潮部分。它既是检验学生吸收优秀传统文化能力的重要一环，又是发展学生优雅谈吐的有效路径。因此，为确保评书活动的有序开展，教师引导学生以同一本书、同一个主题、同一个作家为原则组合小组，并且带着"调味记录单"在组内交流。听者从"内容精彩、谈吐优雅、仪态优雅"三个维度推选出优秀代表在全班推荐书籍。

三、活动成效

学生们对"品书盛宴"赞不绝口。有的同学在心得中写道："这次品书盛宴很新鲜。老师要求我们先阅读书名、封面、封底和前言，这其实是在教我们一种挑书的方法。我们简单写下尝书心得后，就可以轮换桌子尝书，这好像是让我们到公园里看花展然后选出自己最喜欢的一朵花一样，很有趣！"还有的同学和老师分享："记得有一句名言说，读一本好书，就是跟很多高尚的人对话。真的是这样！当我沉浸在书中时，就感觉书中的主人公是我的老师，是我学习的榜样！"

通过尝书、品书、评书，学生在交流过程中对人物形象、作家风格等有了深入的了解。在阅读中感受文学作品的魅力，对书籍内容和人物形象的理解就是对文化进一步的感悟。最后交流分享环节，学生注意了分享图书的礼节以及推荐图书时的语言，在活动中渗透优雅元素。

3.雅风学社，多元实践培育雅心

优雅不仅仅是一种礼仪上的规范和行为上的得体，更是一种由内而外散发的气质，是可言说、可观赏、可习得的。"经历优雅生活"不只是让学生在特定的情境氛围中感知优雅，更可引导学生在学习优秀文化的过程中掌握技能，从而培养高雅的人格和高雅的情操，提高艺术和文化素养，使优秀文化得以传承和弘扬。

习得优雅的场所不局限于学校，为进一步满足学生由表及里探秘优雅文化的内在需求，学生应在老师、家长的引导下，结合区位优势走出校园进行体验。在明确学习主题的基础上，学生在多样的场地中开展主题研学，习得一种体现优雅文化的技能，如优雅弹奏、优雅篆刻、优雅射箭等。在学习技能的过程中，体验活动具体化、自身化、实践化，学生的生理体验和心理状态强烈联系，进一步感受文化带来的冲击与思考。体验中还要注意在特定的情境氛围中，以丰富的活动让学生协同多种感官，最大限度地发挥自己的主体作用，从而在活动体验中获得一系列丰富的体验经历。

【案例4-3】 "杭城茶文化"

环节一：多层次认识茶文化

在优雅茶艺展中，学生通过观看宣传片、现场参观、听讲解等直观方式，在活动中知"礼"——知道礼仪是生活的必需品；知"道"——体会茶道"仪式感"；知"静"——感受沉静的魅力；知"和"——了解茶、器皿、周围环境的"和"，学会包容与理解。

环节二：多感官领略茶艺之美

茶艺师身穿传统服饰表演"行茶十二式"，在优雅的古筝声中操作精致的茶具，一旁的讲解员用亲切温柔的语调、简洁易懂的话语介绍每一个步骤

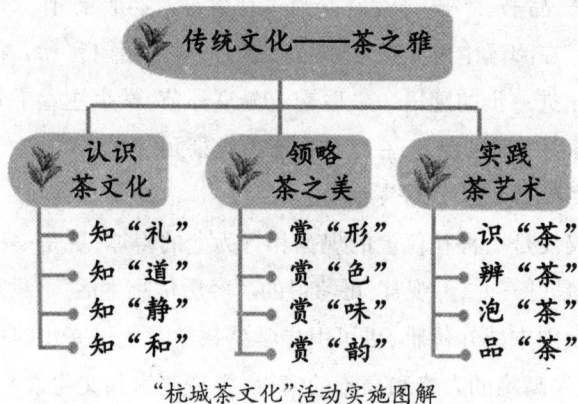

"杭城茶文化"活动实施图解

的要领与意义，整个过程充满韵味。学生依次走上前，赏茶色、闻茶香、观叶形，最后尝茶汤，欣赏茶艺之美。

环节三：多角度实践茶艺

在识"茶"、辨"茶"中学习如何区分红茶、绿茶、乌龙茶，在泡"茶"中体会举手投足间的礼仪美，比如倒水过程中壶嘴"点头"三次，即所谓"凤凰三点头"，向客人示敬。在品"茶"时，端起杯子，轻轻地吸气闻香，细品香茶，优雅的美好自然流露。

学校借助杭州"茶文化"的历史，引导学生运用视觉、听觉、嗅觉、味觉在优雅茶艺展中知晓礼仪，在浓厚的茶文化氛围里耳濡目染，在潜移默化中获得优雅体验，在实践茶艺的过程中学习待人接物的态度，领略其中的优雅文化。

4. 家庭优雅日，家校共育固化优雅

对儿童来说，家庭是他们成长的重要环境因素，这在很大程度上决定着儿童的心理品质和人格发展。因此，想要让学生浸润于优雅之中，就不能只在学校接受熏陶、开展活动，而是要结合学校的体验活动，鼓励家长开展家庭优雅日，带着孩子体验优雅，将学校经历延伸到生活之中。

学校推出家庭优雅日活动，引导学生和家长在活动前谈优雅、学优雅，共同感知优雅、践行优雅生活，在言行举止中融入优雅元素。

【案例4-4】 "家庭优雅日"

阶段一：寻找优雅特色，设计家庭名片。举行家庭"圆桌会"，和父母长辈讨论家庭的优雅特色，如长辈擅长书法、绘画、茶艺，或者喜爱阅读，是书香之家，抑或是日常生活中谈吐得体等。找寻到家庭优雅特色之后，孩子可以和家长共同设计"优雅家庭名片"，写明自己家的优雅特色，并制定接下来一周向长辈学习优雅技能的目标，或是和家长一起践行优雅的计划。

阶段二：互相交换名片，约定家庭联谊。在一周的时间里，孩子开展家庭优雅活动，家长用相机或是文字记录精彩瞬间，制成家庭优雅册。同学之间交换"优雅家庭名片"和家庭优雅册，欣赏不同家庭的优雅活动，匹配到互相感兴趣的活动，利用周末时间，进行优雅家庭之间的联系。

阶段三：轮流开展活动，体验多种优雅。利用周末时间，约定好的家庭轮流开展优雅活动，孩子们体验多种优雅生活。如举行一次"西湖十景"摄影比赛，开展一次艺术馆之旅，学习陶艺、插花，进行一次家庭书法大比拼……多方位体验优雅生活。最后，在家庭优雅册上记录自己的"优雅生活"，把优雅的元素内化于心，外化于行。

多样活动，多重体验。在前期的讨论中，学生和家长讨论家庭的优雅特色，脑海中对"优雅"有了初步的认识；在名片的设计和优雅册的制作中，学生实实在在地体验优雅生活，更近距离地感受优雅。在优雅家庭活动中，学生们享受着"优雅"给自己生活带来的变化。从"优雅的个人仪态"到"优雅的生活方式"，在层层递进的活动中，在环境的熏陶与浸润中，"优雅生活"的种子已在他们的心中悄然萌芽。

三、活动建议

(一)建设优雅文化经历场，打造沉浸式体验

在开展优雅主题活动过程中会遇到这样的情况：学生在主题活动中参与感不强，活动体验不深刻。这样的活动就会流于形式，学生无法从中获得

优雅文化的滋养。其实这一问题的出现告诉我们，在设计活动时要重视情境的创设和文化氛围的营造。

"经历优雅生活"需要营造浓厚的环境氛围，建设优雅文化经历场，让学生在活动中学习、在活动中感知，这种学习和感知过程讲究在各种真实情境中进行，学生投身于融合优雅文化元素的环境中，浸润优雅，从而感知优雅。在建设优雅文化经历场的过程中需要校园静态物质环境和学生经历环境的创设，根据不同的活动主题，布置彰显文化特色的场景，引导学生从外在的环境和内在的心境两个方面都感到自己浸润于优雅的氛围中，以观察、表达和行动等形式获得最逼真、最震撼的沉浸式体验，在愉悦的互动和多样的情绪中感受文化的魅力。

如经历优雅饮食中，可在学生中午就餐时播放清新、舒缓的轻音乐，以此营造一种安静的氛围。学生沉浸其中，感知优雅的氛围，能够配合所处环境，注意用餐举止，不发出声音，做到细嚼慢咽。学生在环境中注意自身用餐行为，营造出优雅用餐经历场，这种优雅文化经历场又反作用于学生，让其在特定的学校用餐环境中逐渐养成细嚼慢咽、就餐过程不说话的优雅习惯。

（二）注重细节指导，动态跟踪点评

《诗经》里面的"大雅""小雅"都是一些在朝堂上或者大型活动、仪式上使用的诗歌，是很规范的，是符合程序和规则的，规范性应该是优雅最为基本的要求。优雅生活不仅体现在形式本身，更体现在日常的行为举止。然而在开展活动的过程中发现，有时我们着力围绕活动的主题让学生沉浸于文化氛围中，但是学生在投入体验活动之时，许多细节之处的行为举止并不合乎优雅的标准。

优雅是在细节之中体现的。活动中，教师要注重细节指导，通过前期铺垫、过程中指导、后续跟进等措施，使言行规范、举止文明成为贯穿始终的要求。在开展体验活动的过程中也要留心主题之外的相关细节，让学生在点滴细节里感受良好言行带来的美好。

比如在"品书盛宴"的交流分享环节，老师要对交流的声音音量进行规范，对学生互相交流、介绍的语言规范进行指导。活动结束后，告诉孩子们，

作为品书盛宴的小主人,应该把场地整理干净,把书本放回原位。短短几分钟,现场的椅子摆放得整整齐齐,书本也井然有序地放在了桌子上,没有一个学生嬉戏打闹。

在这些经历活动中,教师既是经历的陪伴者,也是记录者。陪伴是为了让学生的体验更深刻,记录是为了让经历留下美好痕迹,时刻关注学生言行举止,及时点评,鼓励学生将活动中学到的优雅运用在今后生活中。在家庭活动中,教师还可以鼓励家长通过摄影、摄像等形式及时记录优雅瞬间,通过微信朋友圈等网络平台分享优雅的生活,以此激励学生行优雅事,做优雅人。

(三)挖掘时代意义,深化优雅内涵

在新时代的今天,中国教育更应该注重培养与"高质量发展、高品质生活"阶段相匹配的人才。2021年3月,全国政协委员唐江澎在央视新闻中的一席话刷屏全网。他说,所有孩子都应该接受让他们优雅起来的教育。作为一名资深教育家,他对优雅的内涵做了生动的诠释:善于发现美;欣赏卓越,能够欣赏他人之美;注重生活的品位与细节;能够给生活和他人带来美的感受。由此我们不难看出,培养"优雅的生活者",其内核就是要增强孩子的自信,开阔孩子的胸怀,提升孩子的格局,培养孩子对美的感知力和创造力。当然,最高层次是在孩子心中培植诗情画意,从而让孩子有信心、有底气去追求优雅生活。

因此,要让优雅成为孩子的终身品行,仅凭学校的一己之力是不够的。在给学生提供优雅体验活动的同时,更要注意扩大学生生活的外延,不妨带孩子去户外踏青、写生、旅行、徒步。孩子有了亲身的体验之后多鼓励他们做诗意的表达,除了写作之外,绘画、音乐、手工创作、穿着搭配、家居装饰、甚至说话都可以展现一个人内在的诗意。教师和家长要站在孩子的视角去体会、去欣赏,对孩子的创意发出由衷的赞美,从而让孩子有信心、有底气去追求优雅生活。

学生们经历优雅生活,在点滴细节里不断感受优雅举止带来的美好,感受文化中深刻的优雅意蕴,逐渐将追求优雅变为自身内在的需求与向往,让优雅成为一种习惯。

第二节　传统节日：培育中华美德

节日是指生活中值得纪念的重要日子，是世界人民为适应生产和生活的需要而共同创造的民俗文化。中华传统节日承载着中国人自古以来的美好愿望，蕴含着浓浓的家国情怀。不片面化、形式化地追求西方节日的新鲜感和仪式感，过好属于中华民族自身的传统节日，能坚定中国人的内在文化自信，这是学校教育工作中的一项重要任务。让学生经历丰富的活动，培养中华美德，丰盈精神内核，是学校育人过程中不懈的追求。

一、活动要义

中华美德是中华文明一以贯之的精神传统。从传说中尧传位给舜所依据的道德要求，到殷商时代甲骨文"德"的出现，至《左传》中将"立德"置于首位，都体现了中华文化以"德行"为核心的精神。孔子及儒家后学所推崇的"仁""义""礼"等思想正是对中华美德的继承与弘扬。对于小学生来说，不忘根本，在成长个体身上能展现中华之基、中华之魂，是现代社会合格公民的要旨。而千年来的文化精神如何链接到新时代少年的心里？充分利用中国传统节日，是非常好的载体。

中国传统节日凝结着中华民族的民族精神和民族感情，承载着中华民族的文化血脉和思想精华，是维系国家统一、民族团结的重要纽带和宝贵资源。

中国传统节日形式多样、内容丰富，主要节日有：春节（农历正月初一）；元宵节（农历正月十五）；春耕节（农历二月初二）；上巳节（农历三月初三）；寒食节（冬至后105或106天）；清明节（公历4月5日前后）；端午节（农历五月初五);七夕节(农历七月初七);中秋节(农历八月十五);重阳节(农历九月初九);冬至节(公历12月21—23日);除夕(农历十二月廿九或三十)等。这些节日都是培养中华美德的良好时机。

(一)界定

"经历传统节日"是指学校依托次第而临的农历节日,通过"聊缘起""知习俗""尝美食""享游戏""唱童谣"等丰富多彩的体验活动,让学生初步了解中国传统节日,知晓底蕴丰厚的民族文化,在活动中培养中华美德,培育民族精神。

(二)目标

通过经历传统节日可以滋养学生内心,提升其内在的精气神,增强学生的民族自豪感,修炼高尚的道德品质,从而规范道德行为。在中国几千年的传统文化中,每一个传统节日都有着它自己的文化故事和文化底蕴,它们存在的意义不仅仅是为了满足现代教育中的应试要求,更是为了让被教育者能更好地理解并传承我国几千年来的劳动人民的智慧成果。通过经历传统节日,可以让学生将其中的精髓融入自己的文化意识当中,更能激发他们的爱国意识,增强自豪感,培养中华美德。引导学生过好传统节日,通过经历各种传统节日活动,可以帮助学生了解关于传统节日的由来,知悉传统文化习俗,内化道德行为规范。比如,重阳节弘扬的是尊老、爱老、敬老的思想,中秋节讲究团圆,端午节纪念的是爱国诗人屈原。

(三)特征

随着中华文化的发展而不断变化发展的中国传统节日,自然而然地承载了中华民族的价值取向、思维方式、道德规范和精神气质,寄托着广大中国人民对未来美好生活的向往和追求,形成了中国传统节日独特的节日文化特征。"经历传统节日"也形成了相应的特征。

1.遵循"仪式感",外承中华美德文化

在生活日趋便捷、常以速度为先的社会中,以仪式感缓缓展开重要事件,显得尤为可贵。而古往今来,庆祝传统节日是先辈们最感隆重盛大的活动,因此在今天的经历传统节日中保留一些重要的仪式,才能让节日味道更显浓郁。也只有在遵循仪式感的过程中,学生才能感受到中华美德的文化魅力。比如重阳节，以"九"定为阳数，两九相重，故农历九月初九为"重阳"。在这一天，有登高望远、赏菊赋诗、喝菊花酒、插茱萸等习俗。唐代诗人王维"遍插茱萸少一人"一诗就誉满天下。后来，重阳还有了尊老、敬老的习俗。在学校的活动中，学生携手家里长辈过一个有意义的重阳节，在仪式感中回顾中华美德的传承过程，也树立了"仁孝"之风。

2.熏染"家国情"，内修中华美德思想

爱国是公民的基本道德规范，经过历史的积淀，仍然历久弥新。端午节是伟大诗人屈原自沉汨罗江见证爱国壮举的日子，至今人们仍然在以食用粽子和竞渡龙舟的方式来祭奠屈原。让端午节成为学生心中有分量的节日，在端午节感受先人留下的民风民俗，体现了爱国之心。自古家国情怀容天下，传统节日除了崇尚爱国情感外，也追求人与人之间的和谐、家庭的和美、邻居之间的和睦。春节、中秋节等，均注重家人之间的团聚和沟通，注重过节来培养人们的家庭观念、人伦观念等。经历传统节日是具有中国特色并体现传统文化的活动，它能有效培养学生的家国情，以促进学生内修德性，端正自身外在的道德行为。

学校结合相应的传统节日时间节点，秉承古往今来节日所传承的民俗遗风，在情境中体验传统节日的魅力，感受华夏民族儿女的愿望、智慧与品质。所以，经历传统节日重在创设具体情境，设计体验任务的活动。学校通过校内外链接、线上线下联结等方式，促使学生有滋有味地参与到传统节日活动中，令每位学生在经历中提升价值认同，形成中华美德。

二、活动实施

我国传统节日的数量繁多，庆祝形式也多种多样。我们在进行"经历传统节日"的内容选择时，主要选择能够传递特定文化的传统节日，根据学校的实际情况以及城市小学生的身心发展特点，着眼于"五育"融合下的"德"育培养，挖掘传统节日中"忠勇爱国""仁孝齐家""勤俭修身"三个方面的美德元素，精心安排相应的经历活动。在小学六年中，为不同年级的学生设计主题鲜明的传统节日体验活动，保证每个学生从一年级升入青蓝小学到六年级毕业时，都能参与十二次经历传统节日的精彩活动。这样的经历每一次有每一次的特色,连续体验,具有周期性特征(见图4-2)。

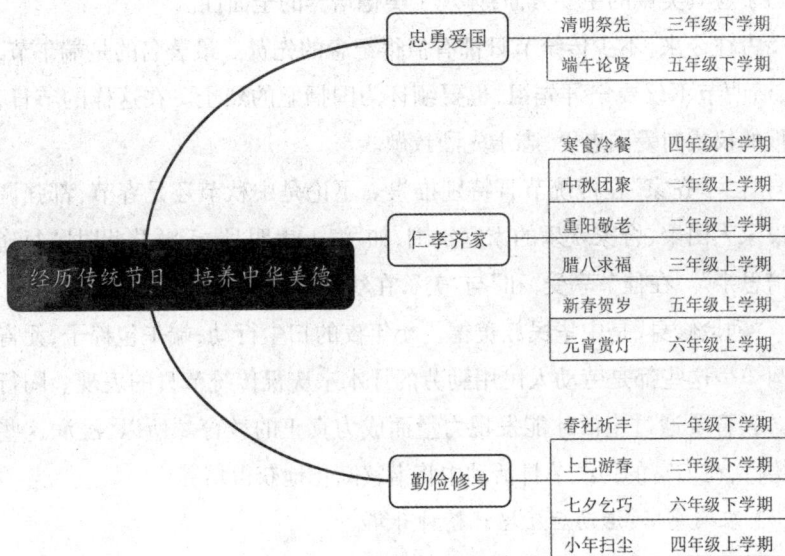

图4-2　经历传统节日主题设计

(一)内容安排

1.排兵布阵:让活动准备有序

学校从中华传统节日中挑选颇具传统情味,与中华美德培养息息相关的节日,考据其仪式,结合儿童认知特点,设计了一系列经历传统节日的经典活动。每一学期都有一项侧重活动。在丰富多样的活动经历中,学生对清明节、端午节、中秋节、重阳节、腊八节、元宵节等重要传统节日有了更深入的了解。在节日庆祝活动中,培养美德,修正行为。

2.知行合一:仪式感中彰显美德培养

结合《大学》《中庸》《论语》等传统典籍的学习,学校提炼了生命与美德的关系。"德才兼备""又红又专""精神文明"等思想都与传统的中华德行一脉相承。美德是修养人的自身生命,它包括多个方面,帮助每个人获得道德标尺,从而成为积极向上的社会一分子。学校结合传统节日的内容,主要从"忠勇爱国""仁孝齐家""勤俭修身"三个方面展现活动的精神内涵。"忠勇"品质体现爱国的思想;"仁孝"是维持家和,与人保持和谐关系的要旨;"勤俭"是一种克己自律的表现。这三个方面从大到小、从国到家、从家到自我，涵盖了应具美德的主要方面，体现了美德培养的全面性。

古往今来，不少传统节日都有值得纪念的先贤。最著名的是端午节，此外，清明节不仅要祭拜先祖，也要缅怀为国捐躯的烈士。在这样的节日，以肃穆的仪式向爱国忠臣、志士先烈致敬。

"仁孝齐家"在传统节日特别推崇。不论是中秋节还是春节，都强调了创设家人团聚、合家欢乐的家庭氛围，如"海上生明月，天涯共此时""每逢佳节倍思亲"。在佳节享受"和"与"美"，在幼年时期播种仁孝思想。

"勤俭修身"是中华民族美德。小年夜的扫尘行动，端午包粽子，元宵包汤圆……这些都是劳动人民用勤劳的汗水来庆祝传统节日的表现。陶行知说："教育要通过生活才能发现力量而成为真正的教育。"所以，浸润这些民族德行，在丰富的传统节日活动中将潜移默化地获得培养。

3.浓缩感悟：活动后反思让精神升华

学生的经历活动，每次都有新内容，每次都有新感受。教师通过研究传统节日的民俗，结合学校实际情况，较为原汁原味地还原传统节日的精彩。具体活动后，学生通过卡片记录、体会撰写及策划后续活动等，把自己的感悟浓缩在简短的文字和持续的行动中，用行动理解了中华美德的内涵，在反思中不断内化自身的精神气质。

（二）具体实施

经历传统节日的活动设计，旨在融合各学科传授的知识，构建一个完整的、循序渐进的经历学习体系，从而与年级提升相契合，与学生的能力成长相契合。整个"经历传统节日"活动整体上围绕文化元素、生活感知、真情体验几个方面开展，将日常民俗活动整合到综合实践活动中，创新具体形式和实现路径，引导学生挖掘传统节日背后的德行内涵，并充实自身的内在精神世界。

1.传统派对仪：感受中秋　体会家和之美

仪式感在传统节日中有着不可或缺的影响力。当学生身处融合传统节日文化元素的环境，在充满节日特色的仪式中，更能在节日中体会到美好的德行。我们在布置校园环境和经历环境创设时，根据传统节日活动主题，布置彰显传统节日文化特色的场景。通过开启有仪式感的派对,联结彼此,并借助相应的器具实物提升体验感。在愉悦的互动中,感受传统节日的魅力。

中秋之夜,月盈如盘,寓意着团圆和美,寄托着人们追求幸福的美好愿望,这个节日里,人们的主要活动是祭月燃灯、赏桂观潮等。为了让学生充分了解中秋节的习俗文化,在体验中感受到"家和"的意义,学校以亲子活动的方式邀请一年级学生的家长走进校园,与孩子们一起扎花灯、做桂花糕、泡桂花茶、品桂花饼,在仪式感十足的活动中体味家和之美。

【案例4-5】 "中秋聚天伦"家校携手主题体验活动

中秋节的前一周,学校发布亲子活动通知,邀请家长来校与学生一起参加"中秋DIY"活动,并提前准备好做花灯的材料以及做桂花糕饼的食材。

环节一:趣味对对碰

男生和爸爸合作,运用学校提供的材料,做好绘画、裁剪等活动的分工,在30分钟内扎好一个兔子灯笼。女生和妈妈合作,在30分钟内利用学校提供的桂花、面粉和巧克力等食材,一起制作桂花糕或者桂花饼。

环节二:教室变变身

灯笼制作完成后,爸爸和男生们一起合作,把灯笼挂在教室的不同位置,营造节日氛围。此时,学校的厨师会把大家手工制作的点心拿去集中蒸制,妈妈和女生们则一起打扫教室,清理剩余的食材。

环节三:习俗连连看

教室装扮完成后,游戏抢答环节就开始了。在老师的组织下,同学们以家庭为单位进行知识抢答。在游戏中,通过中秋习俗连连看的形式加深学生对中秋习俗的了解。在活动中,学生感受到不同国家、不同地区中秋的习俗可能不同,但大家渴望团圆的心却是一样的。

环节四:中秋消消乐

活动的最后,自然是品美食话中秋了。孩子们和爸爸妈妈一起,欣赏着自己亲手制作的各色灯笼,品尝着自己亲手制作的桂花糕点,品味着新鲜特制的桂花茶,聆听着同学们带来的中秋故事,观赏着同学们带来的特色表

第四章 审美养性:在经历中孕育美好心灵

演，这种幸福的体验让学生们终生难忘。

别样的中秋DIY活动，给学生带来了不一样的节日经历，自制的小灯笼，自制的糕饼点心，承载的不仅仅是节日的喜庆，更是爸爸妈妈对孩子的爱与关怀。这份浓厚的节日情趣，这种浓厚的节日氛围，给学生以家的味道、爱的味道，令学生在节日的庆典中增强了家和的意识，这是中华美德中尚和合、求大同思想的体现。

2. 故事寻情记：了解七夕　构筑美好心愿

七夕作为起源于春秋战国时期的传统节日，并不为人们所熟知。但七夕节所蕴含的文化意蕴和独有的节日特色，使得它在2006年被列入中国第一批非物质文化遗产名录。学生在暑期以假日小队为单位，开启"假期实践+课堂经历"的模式，队员在假期中通过品读七夕故事、品味七夕诗词、种"拜神菜"等多种形式深入地了解七夕习俗，感受七夕的文化情味，感受中华民族的勤劳智慧。

【案例4-6】 "七夕话传说"魅力假日小队活动

环节一：节前调查

七夕节即将到来，小队组员以问卷星的方式对住宅小区内的人员做问卷调查，了解现代人是否过七夕节，如何过七夕节。从100份调查问卷中发现，83%的人知道七夕节，其中10.8%的人表示会过七夕节，形式主要是与爱人一起吃一顿正式的晚餐或者送一束鲜花等。由此，队员们产生问题：七夕节是否就是中国的情人节？七夕节有怎样的由来？如何算得上过七夕节的正宗仪式？

环节二：故事寻"情"

每个小队员通过网络收集资料，了解七夕节的传说故事，追寻七夕节由来：七夕节起源于上古，是一个多元主题的节日，既有爱情主题，以《牛郎织女》民间传说为载体；也有祈福、乞巧等主题，以《七姐诞》民间故事为载体，展现姐妹情谊等角度的传说。此外，还有关于七夕的诗词，从古至今流传下来。全面了解七夕节的故事,小组队员通过讲故事、录视频、发朋友圈的方式,介绍七夕节的丰富内涵。

环节三:巧接现实

七夕节的精彩故事被学生自主发现,有趣的小仪式更被巧手联结至现实生活。如种"拜神菜"等活动都源自奇妙的传说故事。女生提前准备一个小小的针线包,男生提前种好"拜神菜"(绿豆芽)。各小队代表分享、展示学习成果后,男生和女生各分成四人小组重新坐好。教师运用课件出示牛郎星和织女星的图片,请同学们在心中向妇女、儿童的保护神"织女"许下自己的心愿。许愿结束后,各四人小组在老师的指导下分别进行"编神菜"(男生)和"穿针乞巧"(女生)的比赛,在活动体验中懂得"乞巧"不仅是人们为了幸福的生活祈求智巧,更多的是古代劳动人民对美好生活的向往。

具有仪式感的节日经历,让"七夕"这个原本对学生来说较陌生的节日在其认知中立体起来,学生也能在仪式中更深刻地感受到它所承载的文化力量与美好情感。

3.古今对话Ⅱ:走近屈原　厚植爱国情怀

像端午节这样的传统节日,学校把活动研究点落脚在历史人物屈原上,这位典型的爱国诗人写了很多传世佳作。《天问》《九歌》等作品值得学生品一品,诵一诵;这位爱国诗人的故事值得学生演一演;"为什么要在端午节纪念屈原"这个主题可以让学生辩一辩。在这一系列活动中,端午节不仅热闹了,而且更显厚重了,学生在活动中体会到了爱国之情。

【案例4-7】 "穆穆屈子　秋兰为佩"主题活动

端午节到了,学校把节日庆祝的重点摆在认识历史人物上,借助多样化的活动,推进对历史名人的解读,从而培养学生"忠于家国"的拳拳之心。

环节一:从端午节与屈原相识

学生了解端午节的别称和由来,知道端午节有很多故事,由《屈原投江》引入本次传统节日中要研究的主要人物——屈原。

学生通过活动前的资料收集，交流端午节中与屈原相关的习俗。传说吃粽子是为了纪念伟大的爱国诗人屈原。屈原投江自尽后，楚国的老百姓为了不让屈原的尸体遭到鱼虾的侵蚀，自发向江中投粽子。这一吃粽子的节日习俗，一直流传至今。

而赛龙舟的习俗则起源于古时楚国人因舍不得贤臣屈原投江死去，都争相划船追赶拯救，追至洞庭湖时不见踪迹。之后每年五月五日划龙舟以纪念之。借划龙舟驱散江中之鱼，以免鱼吃掉屈原的身体。

通过故事分享，学生了解到了屈原的生平，了解到了他之所以备受人们尊敬的原因。

环节二：从《楚辞》为屈原而歌

学生在活动前，通过考据与了解，接触了《楚辞》，在教师的指导下读到了《离骚》。感受到屈原不仅仅是一位政治家，更是一位伟大的诗人。他在被流放期间，在楚国民歌的基础上创作出大量具有楚国地方特色的诗歌。

学生以朗诵、歌唱等方式，分小组展示《九歌》《天问》等片段。学生穿上古人服饰，手拿竹简，电脑中响起编钟的古朴乐曲声，那荡气回肠的诵读，让学生沉浸其中，仿佛回到了千年前的时光，仿佛见到了屈原这位伟大的诗人。在抑扬顿挫的诗歌语言中，那种对理想的追求，对邪恶势力的憎恨和对祖国、对人民的热爱之情，从还原一位历史人物——屈原的活动中被点燃。

环节三：古今对话为屈原而辩

学生进行古今对话式的演讲活动。通过情境创设，以百姓的视角，以学者的视角，以现代小学生的视角，与楚怀王进行辩论，为屈原鸣不平，通过情境性演讲，让屈原的爱国心深深植入学生心里。

最后以包粽子纪念屈原为活动尾音，让端午节变成学生印象中浓墨重彩的一课。

在端午节的庆祝活动中，以凸显对历史人物——屈原的纪念为主题，学生认识屈原，了解其故事，品味其作品，感受其思想，进而在活动中得以熏陶爱国情怀。在活动中，学生收集资料、讲故事，在情境中演讲，学生从中明白了端午节庆祝形式的由来，不仅感受到端午节的热闹，更感受到它的厚重。

4.祭英共鸣窗:感恩先烈 赓续精神血脉

清明是一个扫墓祭祖、慎终追远的日子。青蓝小学把传统节日——清明定义为感恩与怀念的节日。学生以假日小队为单位,展开"清明溯源""清明习俗""清明文化""清明采风"系列合作探究活动,在系列节日探究活动中,了解清明节的由来,发现清明节的文化意蕴,更感恩于革命先烈为人民带来的幸福生活。同时,依托区位优势,通过"网络祭扫+实地祭扫"相结合的模式,纪念革命先烈,缅怀逝去的亲人,在庄严肃穆的追思过程中赓续精神血脉。

【案例4-8】 "清明祭英烈"主题活动

环节一:云上祭扫 寄感言

学生在大队部的统一组织下,登录"浙江省革命烈士纪念馆",进入"网络祭扫"页面,以"向英烈献花""向英烈鞠躬""感言寄语"的形式,通过云祭扫的方式寄托哀思,表达自己对革命先烈的缅怀与敬意。一束束凝聚深情的鲜花、一个个饱含真情的鞠躬、一句句感人至深的铿锵誓言,展现了同学们秉承先烈遗志、立志刻苦学习的良好风貌。

环节二:徒步扫墓 表敬仰

学生以集体活动的方式,在学校大队部以及教师的带领下,前往云居山烈士陵园扫墓。在园区,学生们观看了革命烈士事迹介绍,聆听了革命烈士动人故事,瞻仰了革命烈士纪念碑,亲手为革命烈士献鲜花、敬花篮,内心受到极大的冲击,懂得今天的幸福生活来之不易,对革命烈士的敬佩之情油然而生。就这样,清明节在同学们的心中逐步具象化。与其他的节日不同,这个节日有点伤感,但也正是这份与众不同,更容易在学生小小的心灵中埋下"明志"的种子。

环节三:踏青回望 坚意志

学生回校后,收看《长征》《上甘岭》等影视片段,通过网上学习、实地缅怀和影片场景还原,层层递进,深入学生内心,促使他们内心因感恩而共鸣,因共鸣而增强意志。

清明节在公历4月初,此时大地回春,学生带着对革命烈士的缅怀之情,徒步前往扫墓。在步行的几公里中,每个学生经历了意志力的考验,扫墓之路和红军战士当年的长征路相去甚远,但正是这样的切身体验,学生才更能感受到革命先烈走过的荆棘之路。回校后,再通过观看红色主题的影视片段,学生内心的感动与感恩之情油然而生。

5.大脚歌舞台:久久相约　敬献感恩之心

九月九日是重阳佳节。在这个节日中,学校搭建了一个特殊的舞台,即邀请会跳广场舞的爷爷奶奶们来到学校一展舞姿。随着音乐的响起,学生看到了白发苍苍的祖辈们青春活力的一面,学生则用《尊老歌》《孝敬歌》《九月九歌》等好听的歌谣来为爷爷奶奶们助兴,向他们表达感恩之意。晚上回家后,学生的当天作业项就是为爷爷奶奶等长辈洗一次脚。学生在经历活动的过程中,体会到爷爷奶奶这双大脚一直陪伴自己所带来的幸福,产生感恩之情。

6.乡味博物馆:新春露一手　育勤劳美德

每到新年,传统习俗中必不可少的是打扫屋子,准备美食,全家团聚,许多有寓意的美食就络绎不绝地端上饭桌。包含着美好期盼的美食成了新年中包含家乡味道、家庭情谊的亮丽风景。在美食制作的过程中,学生感受到勤劳智慧的中华美德。

【案例4-9】 "舌尖上的节日"美食月主题活动

中国的传统节日离不开美食畅享。一直以来,逢年过节,都是父母长辈做好一桌菜,全家欢聚一堂。在节日里,长辈们都是最忙碌的,为了吉庆,美食总是准备得很丰盛。学校以"舌尖上的节日"为主题,把从冬至到春节再到元宵节的活动串联起来,通过组织学生在校内校外尝试挑战厨艺,了解中国的美食文化,让学生在活动中锻炼了双手,体验了在厨房劳动的辛劳与快乐。

活动一:冬至体验包饺子

冬至,在班级里进行包饺子活动。包饺子的过程中,把一枚幸运币放进饺子里。中午煮饺子吃,谁吃到了幸运饺,就派这位同学作为班级代表,为任课老师及学校教职员工送上一份冬至饺子,同时该同学就能获得对方回赠的礼物。在活动中,学生感受到了过节的热闹,感受到了共享年节美食的快乐。

活动二:了解春节的吉祥菜

春节期间,每位学生留意家中有寓意的菜品,拍摄图片,注明寓意,上传小队微信群。通过记录各种菜品的名称如年年有鱼、百事吉(柏、柿、橘合成的果盘)、四喜丸子等菜蔬,发现古人在制作美食时,联想寓意时有怎样的思维方式和美好愿景。

活动三:元宵探秘象形美食

元宵节,做一道象形美食:比如圆子,就是根据汤圆的形状取名的,还有蝌蚪羹、蚕丝饭等,可以通过面团、粉丝等常用食材制成。学生根据美食秘籍,外加自己的创意,制作了很多有意思的元宵美味,通过照片、视频等记录方式,发布在班级群内,与小队组员、班级同学共享。

活动四:总结美食月的成果

利用假期时间设计一座"青蓝乡味博物馆",把大家制作的美食发布到网络空间,开一次云上盛宴。不仅有美食的视觉盛宴,同时还保留了学生在研究过程中的思维盛宴。最后一个环节通过总结凝练,将让"青蓝乡味博物馆"拥有自己的研究报告和美食专项介绍。

经过跨度一个多月的美食探索之旅,许多学生会做几道别有特色的乡味美食,在劳动的过程中,从美食的享受者转变为美食的创造者。"青蓝乡味博物馆"里留下了学生在灶台前精彩露一手的样子,记录下了饭桌上传统美食的诱人模样,这对城市里长大、被父母捧在掌心呵护的学生来说是一次独特的经历。

三、活动建议

"经历传统节日"活动目标能否实现,活动内容能否落到实处,活动能否有效,都与活动的实施密切相关。在活动的实施过程中,教师需更新教育观念、转变教学方式、注重学生在活动中的体验等。

（一）经历传统节日要达成形式与内容的融合统一

有人认为过传统节日就是遵循古时候的过节做法，其实不然。就拿端午节来说，风俗仪式有赛龙舟、吃粽子、饮雄黄酒、打马球、跳钟馗、拜神祭祖等，热闹的形式只是外在。要通过经历传统节日培养学生的中华美德，则需要围绕传统节日选择有意义的活动内容，所以学校根据端午节的由来，以了解屈原为核心设计了系列活动，用讲故事、诵诗词、情境演讲与辩论等形式，让浸润爱国之情成为端午节活动的主旋律。其他传统节日的活动设计也是如此，在定好内容方向的同时，结合适宜的活动形式，才能在融合统一中经历美德培养，从而感受传统节日的内涵所在。

（二）经历传统节日要体现内在主题的多元统一

传统节日不仅按照时间顺序排列，在学校的设计架构中，它同样要有内生的逻辑序列和主题间的区别。春天的节日与大自然息息相关，借助这一主题，学校组织学生经历了丰富多彩的活动。比如春节的美食调研活动，既能在活动中培养学生勤劳的品质，同时也能引导学生体会到家乡、家庭的温情，感受到历史发展的传统习俗带来的温度。再如清明，既是春天里踏春的好日子，同时也是缅怀先烈、激发爱国情和感恩心的好时机。活动主题多元统一，但同时在活动目标的设计上也要有主次，明确了活动的主题方向，就不会把每个传统节日过成一个模样，也不会把传统节日过成大杂烩。

（三）经历传统节日让美德教育在生活仪式中知行合一

新时代中小学生德育的践行标准是知行合一。而经历传统节日的活动，能很好地实现知与行的统一。美德教育不仅仅是道德要求的口头号召，更是通过观古人、历世事、践过程等活动，令学生获得外在行为与内在心灵的共同变化。这些活动不仅要在校内开展，有的要去校外经历，还要了解传统节日的文化习俗，更重要的是通过经历具有仪式感的传统节日，让学生在活动中感受传统节日对于中华传统美德的习承，每一项主题都有一个系列活动，一个环节连着一个环节。在富有仪式感的活动中，学生渐渐培养了"忠勇爱国""仁孝齐家""勤俭修身"等方面的中华美德。这些经历活动比说教更有意义，让生活增添仪式感，让每个学生积极阳光地向上成长，为成为中国未来的建设者和接班人做好充分准备。

第三节　戏剧盛宴:唤醒审美意识

在全国教育大会上,习近平总书记提出要增强学生的中国特色社会主义道路自信、理论自信、制度自信、文化自信,立志肩负起民族复兴的时代重任。其中,关于文化自信,习总书记提出要全面加强和改进学校美育,坚持以美育人、以文化育人,提高学生审美和人文素养。对于国家来说,优秀传统文化是民族传承和发展的根本,如果在教育中丢掉了对学生传统文化的引导,就如同割断了精神命脉。

一、活动要义

中国传统戏剧作为中华文化长久以来浓缩的精华,历八百多年繁盛不败,其蕴含的文化内涵和审美寓意是学生加深传统文化思想理解与传承的重要载体。

(一)界定

戏剧是中华民族的传统文化和艺术,经久不衰。在数千年的积淀和传承中,中国戏剧形成了独有的艺术风格和审美特点。寓教于乐是戏剧传承至今一直具备的作用,是人民群众获取知识、学习历史,提升审美情趣的重要方式。戏曲在历史上来自民间并活跃于民间,是人民群众情感、品德、思想、风俗等的集合,具有历史传承和文化理解的双重作用。然而,在当今信息技术高速发展的时代,多元娱乐方式盛行,传统戏剧方式面临极大的生存困境,甚至有不少戏曲种类已经消亡,很多学生的经历成长中缺失对于传统戏剧的认知,缺乏对于传统戏剧的审美体验,从而导致许多中华优秀传统文化无法内化并传承。

基于此,中宣部等四部门出台《关于戏曲进校园的实施意见》,试图通过社团阵地建设、活动项目推进等方式让学生了解、体验传统戏剧的美。经历戏剧盛宴就是通过戏前研戏、跟曲唱戏、同台演戏、剧场观戏等一系列主题活动环节,开展传统经典戏剧的体验活动。在多样化的活动中普及戏曲知识,让学生感受戏曲文化的魅力,唤醒学生对于传统戏剧的审美意识,从而加深文化理解,继而传承发扬。

(二)目标

通过经历戏剧盛宴的活动构建实施,让学生在体验活动中自主发展、自我探索,遇见未知的自己,感悟不同的经历,开启具有文化特色的第二重生活,从而提升学生的审美意识、文化修养和社会参与等核心素养。

通过环境浸润、活动体验等方式提高学生的审美雅趣和核心素养。学生可以借助直观、形象的传统戏剧丰富自己的情感世界,激发表达情感的愿望,提升沟通与表达的能力。学生还可以增强创造力及表现力,积累多样经验,从而拓宽文化视野,增强传统文化自信,提升审美和鉴赏能力。

(三)特征

中国传统戏剧距离学生已有经历较远,以学生现有的认知水平很难直接理解戏剧并爱上戏剧。降低传统戏剧活动的难度,增强学生对戏剧的理解,需要学校掌握活动的具体特征,搭建适宜的教学模式构建。

1.衔接聆听与体验,感受戏剧之美

戏剧由于其传统的唱腔、表现形式不同于歌曲,导致学生受限于已有经历,从而受"太难了"的心理因素影响,失去了尝试、了解和学习的兴趣与动机。传统戏剧是需要学生通过长时间聆听和体验内化后才能体会到戏剧人物、戏剧故事及其背后戏剧精神所蕴含的审美情趣与文化内涵。因此,将聆听和体验相结合开展戏剧经历活动,不仅能让学生直接沉浸于经典情境之中,还能让学生在穿戏服、学唱腔、品人物等活动中慢慢形成沉浸式体验。学生将自己所获得的审美体验通过表演、演唱、文字等形式表现出来,就可以对传统戏剧中的动作、装饰等相关元素产生更深刻的理解,提升自身的审美素养,感受戏剧之美。

2.相融理解与反思,继承戏剧之魂

传统戏剧的取材大都是中国历史上一些著名的故事,蕴含了中华民族千年传承的文化精神。然而,学生受制于历史的鸿沟,对于传统戏剧会存在认知之间的矛盾,从而无法理解故事内涵之美。基于此,活动中将戏剧活动的体验与继承保护祖国文化相结合,将理解传统戏剧故事文化精神和反思古今认知冲突的矛盾美相融合,理解戏剧的故事背景与故事情节,体会故事背后的精神文化。这样,经历活动被赋予意义,而不是流于形式,在活动中更好地提升学生的传统文化素养,继承戏剧之魂。

二、活动实施

(一)内容安排

1.绘·学·唱:多活动主题以美育人

京剧距离学生的生活学习较远,直接接触与学习戏剧对于学生来说充满不解和困难。所以,学生在了解内化时,需要通过多样化的活动和体验平台来尝试,在实践过程中获得经历。基于此,针对青少年思维特点和实际需求设计开展多形式的文化活动,如"戏剧舞台进校园""京剧脸谱创作""流行京剧创编"等,唤醒青少年的审美意识,在对于传统戏剧美的体验和理解中,树立理想信念、锻炼道德品质、养成良好习惯、提高综合素质(见表4-1)。

表4-1 "经历戏剧盛宴"主题安排表

经历活动	年级	活动主题	主要内容
经历 戏剧盛宴	三年级	绘戏曲	认识戏剧形式,绘制戏曲绘本
	四年级	学唱段	了解戏剧名篇,学唱经典名篇
	五年级	连古今	串联古今乐曲,创编流行戏剧
	六年级	观名剧	走进戏曲舞台,感悟文化内涵

2.形·意·情:多故事角度以文化人

戏剧盛宴活动通过多角度内容的经典戏剧让学生浸润于戏剧情境,参与有组织的戏剧体验活动，从而唤醒学生对于传统戏剧的审美意识，加深对于戏剧文化真谛的理解，以文化人，传承文化基因。国粹京剧承载中国历史文化特征，可以培养学生的精神品质和人格力量。由于京剧距离学生已有经历较远，在结合音乐、语文等课程教材内容的基础上展开多形式体验活动。学生通过小学中高段的体验探索活动，从京剧的脸谱、行当、唱段以及京剧的唱、念、做、打等不同方面体味京剧之美。

在中国传统戏剧文化中有许多的戏文故事都化民成俗，使"仁义礼智信"深入人心，在文化理解和如何做人等方面具有极其明显的教化意义。比如，《锁麟囊》中凸显了"仁"字与因果，《四郎探母》中彰显了"仁孝"与"礼"字，《将相和》中体现了"仁"字与"义"字等。戏曲文化中的"仁义礼智信"俯拾皆是，学生深入进行了解后完全可以将这些中华民族的文化财富传承与发扬。正所谓"文武之道，未坠于地，在人"。

(二)具体实施

经历戏剧盛宴的实施侧重于学生在主题活动中的体验以及通过长期的环境浸润，达成审美体验，提升审美情趣，并内化戏剧故事中所蕴含的文化素养。美国教育家格雷珍提出：体验式教学模式强调学生全身心地参与，让学生用眼睛去观察，用耳朵去聆听，用嘴巴去表达，用双手去制作，用心灵去感悟，调动多种感官提升学生的感受力。基于此，确立了以下实施方式。

1.笔尖戏剧：从学科融合初感文化美

当前，课程改革对学生课堂学习要求不断提升，日常课程中所要学习的内容也在不断地多元发展。在这样的大背景下，许多学科中其实早已隐含戏剧元素，尤其是在一些艺术类学科中。比起学生自己通过各种渠道尝试了解戏剧，结合学生正在学习的课程内容，在日常学习中挖掘戏剧元素，能够让学生更加快速地走进戏剧。

纵观小学阶段学生的学习内容，带有戏剧元素设计的有语文、音乐、美术等多门学科。在这些相关课程中让学生挖掘戏剧元素，适当渗透对于传统戏剧的理解或教学，既是继承与发展中华传统文化的有效途径，更能够引导学生对于传统戏剧产生审美情趣，从而愿意在课外主动对戏剧进行了解，为后续经历戏剧盛宴的一系列活动奠定基础。

以音乐课为例，小学音乐课中有许多和传统戏剧相关的内容。如果在小学音乐课堂上能够让学生长期浸润于戏剧的音律美之中，学生就能逐渐寻找戏剧元素，并且挖掘背后的文化内涵，形成文化理解，达到一定程度的经历积累。那么，如何在课堂中融合戏剧教学呢？在以戏曲内容为基础的前提下，要能够采用直接体验感悟的方式，引导学生自主地对戏曲内容进行学习与探究。兴趣一定是学习最好的老师，以兴趣为引领，学生就有了主动了解戏剧的动力，这样的学习就有了事半功倍的效果。

【案例4-10】 笔尖戏剧——经典戏曲角色绘画比赛

一、活动内容

围绕"经典戏曲角色"这一主题，多学科融合，结合语文、美术、书法、音乐、信息技术等多门课程，查找学习戏曲行当、脸谱、衣着等相关资料，选择经典人物，通过画笔进行绘制，绘画作品不能出现知识性错误。

二、活动过程

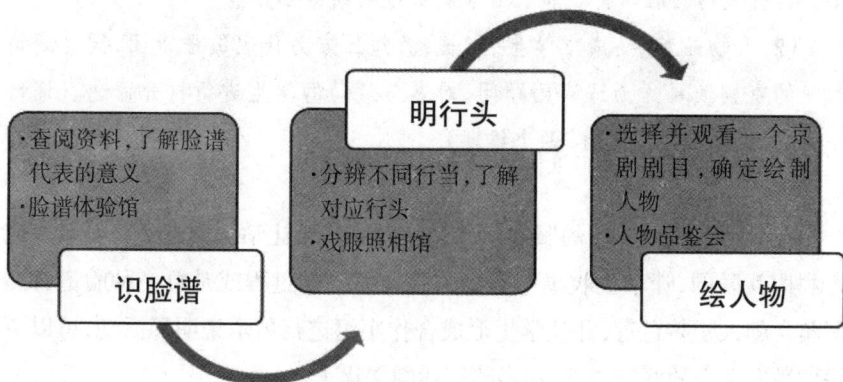

明行头

· 查阅资料，了解脸谱　　　· 分辨不同行当，了解　　　· 选择并观看一个京
代表的意义　　　　　　　　对应行头　　　　　　　　　剧剧目，确定绘制
· 脸谱体验馆　　　　　　　· 戏服照相馆　　　　　　　人物
　　　　　　　　　　　　　　　　　　　　　　　　　　· 人物品鉴会

识脸谱　　　　　　　　　　　　　　　　　　　　绘人物

"笔尖戏剧"活动实施图解

阶段一：识脸谱

（1）京剧角色之所以生动漂亮，离不开京剧独特的妆容，其中以花脸的脸谱最有特色。京剧中的每一个花脸角色都有其独特的脸谱图案，而同一

个人物的脸谱图案又会根据流派不同而有所区别,形成各个流派自己的风格。通过资料查阅、纪录片观看了解京剧妆容的历史,同时能够简单区分不同颜色脸谱所代表的不同角色形象。

(2)脸谱体验馆:在美术教室的一面墙上分行串联挂上不同的京剧脸谱,有信心的学生可以根据老师或同学的提示,快速找到对应的脸谱人物,并向大家介绍脸谱所代表的内涵。

阶段二:明行头

(1)京剧角色根据所扮演角色的性别、性格等,在化妆、服装各方面进行艺术的夸张,划分为生、旦、净、丑四种行当。根据不同行当,借助"行头记录卡"明晰其对应衣着扮相。

(2)戏服照相馆:在体育馆内搭建小舞台,并借来四大行当的戏服。学生需要正确说出行当对应的行头,才能体验穿衣照相,进行留念。

阶段三:绘人物

(1)选择自己感兴趣的经典京剧故事,通过线上或线下的方式观看该剧目。同时,了解京剧故事背景、戏曲形象和文化内涵,确定所要绘制的人物。解析人物的脸谱特征和衣着规制后进行绘画创作。

(2)人物品鉴会:成立学生、家长、教师三方为代表的评审团,同时邀请专业的京剧演员作为评审团顾问,对参与活动的学生进行打分评选。(评价分为"知识性"和"绘画性"两个维度)

在活动中展示戏曲的服饰、头饰等用品,甚至让学生尝试穿着佩戴。或者利用互联网,让学生收集一些有关脸谱的绘制过程或是每一种脸谱背后所蕴含的人物特色等,并让学生形成合作小组进行展示说明等活动,可以更好地激发学生的好奇心理,初步感知戏剧文化美。

2.非常有戏:借角色体验感受人物美

我们常说戏剧是曲高和寡的代名词,很容易让人敬而远之。在日常的学习生活中似乎也很"难"接触到戏曲,更不要说去表演。如此一来,一听到京剧、越剧等名词,学生心中的第一反应即爷爷奶奶、外公外婆才会听的东西。殊不知,在我们的生活中处处都是传统戏剧的影子,"压轴""行当""亮相""叫板""龙套"等这些在日常交流中经常出现的词语,都是从传统戏剧中来的。

如今,学生对音乐、舞蹈、器乐、美术等课外特长的学习需求相对较高,各类考级、演出、赛事也很多,孩子们也有许多展示交流的机会,而戏曲明显冷门,缺少展示平台。传统戏剧是一门舞台艺术,舞台是让学生了解戏剧、体验戏剧最好的礼物。在学校中创建多元化的平台,如"曲艺展览馆""戏曲演员的一天""戏曲演唱大赛""京剧表演大赛"等,真正让学生融入戏剧表演之中。

【案例4-11】 非常有戏——我是小小戏曲演员

一、活动内容

通过戏曲主题系列活动开展,让学生在活动中认识并学习京剧,体会参与的乐趣,并在实践中获取新鲜感和成功感,进而爱上京剧,沉迷京剧,成为初级票友。

二、活动过程

阶段一:打造京剧表演后台

学校在校园的操场上打造了一个真实的演出后台,摆满了京剧表演所必备的各种服装、头饰、道具,让学生身临其境,真正坐在化妆间参与体验。同时邀请专业京剧表演者进校,让学生近距离感受京剧演员化妆、穿戴"行头"的过程,如拍彩、拍红到勒头带、贴片子……近一小时的梳妆,真切还原了演员上台前的准备过程。在氛围体验的促进下,学生对京剧里的妆容产生兴趣,甚至主动愿意体验尝试。在采访中,有部分学生感慨,京剧艺术也太有魅力了,自己以后也想加入京剧这个表演行当。

阶段二:策划京剧艺术节

到活动后期,学校组织排练节目,并借助社区资源、社团阵地等辅助学生排演好节目。请学生饰演武生、老生、花旦、老旦、刀马旦、彩旦、青衣、花脸、老丑等角色,并在校园艺术节的舞台上亮相展示。演出时邀请了家长和专业戏剧演员进行点评,并评选出"四小花旦""四小武生"等称号。对于无法上台表演的学生来说，学校还举办了京剧知识擂台赛；开设"走进京剧"班会课、队会课等，争取做到全员参与，全员经历，全员感悟。

阶段三：组织"京剧文化座谈会"

学校邀请学生、教师、家长、社区人士、戏曲专家、社会各界代表参加畅谈戏曲的过去、现在和未来。学生提出自己的疑问和困惑，由专业人士解答，整理后的内容还可以在相关平台上进行发表，并引起了大众关注。除此之外，学生还制作了手抄报、宣传海报等，以小队的形式走进街道等地方宣传有关京剧的知识，让更多人了解、支持戏曲的振兴和发展。

通过戏剧演员的体验活动，学生能够经历戏剧人物的悲欢离合。通过与戏剧演员的零距离对话，体验戏剧演员的换装、化妆，以及真正的戏剧舞台的表演，学生达成更深刻的角色代入，从而理解戏剧背后蕴含的精神内涵，加深对于戏剧文化的理解，真正体味戏剧表演中不同人物各有特色的性格美。

3.古韵新声：找认知冲突创写故事美

当前让学生推荐自己最喜欢的音乐，九成以上的学生推荐的都是流行音乐，甚至在当前互联网发展迅速的时段内，抖音、快手等短视频软件的风靡，学生对于节奏感强、形式多样的流行音乐几乎达到了沉迷的状态。反之，传统戏剧节奏感相对较慢，多以传统乐器伴奏呈现，表演形式较为单一，学生对其的喜欢程度远远低于流行音乐。基于此，传统戏剧和流行热点结合，在两种差异较大的文化碰撞下孕育而生的"新戏剧"，成为学生学唱戏剧、热爱戏剧的新途径。

"新戏剧"衍生于"新京剧"这一概念，是指在各类传统戏剧的精华基础上，借鉴并尝试吸收多种现代流行音乐元素。将传统戏剧用现代艺术包装，从而更加符合学生们的审美情趣的新的音乐形式。学生可以将唱腔困难的戏剧用简单的流行音乐发声方式唱出来，也可以在自己喜欢的流行音乐中填入经典戏剧故事的唱词，从而更加适应当前学生的审美要求，让大家听得懂、学得会。

【案例4-12】 古韵新声——流行戏剧唱编大赛

一、活动内容

当前许多流行音乐中都蕴含着丰富的戏剧元素,如陶喆的《Susan说》、张云雷的《毓贞》、李玉刚的《新贵妃醉酒》等。深受学生喜爱的抖音歌曲《下山》《赤伶》《琵琶行》等中也有许多戏剧唱腔的呈现。流行和传统的碰撞抓住了学生的兴趣点,通过将传统戏剧经典填词流行音乐或用戏剧唱腔唱出流行之声等方式更好地认识戏剧,在实践体验中见证文化经典。

二、活动过程

阶段一:收集新戏剧素材

通过各种渠道收集带有戏剧元素的流行歌曲,可以是歌词中含有传统戏剧的故事,也可以是用传统戏剧唱腔进行演绎的流行歌曲,并记录下来进行分类,如"戏剧中的流行音乐元素"和"流行音乐中的京剧元素"等。学生可以选择自己感兴趣的一首或几首了解或尝试演唱,在此过程中对新戏剧的唱编形成理解,加深认知。

阶段二:比较传统与流行

此活动有两个不同的指向。指向新戏剧填词的学生可以将经典戏剧中的唱词和歌词进行对比,发现戏剧唱词的表达和流行音乐歌词之间的异同点,再基于此选择自己感兴趣的故事和喜欢的流行音乐旋律进行填词。指向戏剧唱腔变化的学生可以在音乐老师的指导下学习掌握京剧唱腔最基本的发声方法和咬字方法,并选择自己喜欢的带有传统唱腔的流行歌曲进行练习。

阶段三:唱编成果展演汇报

以舞台汇报展演的方式,由创编者自己将所填词或是改变唱腔的新戏剧进行表演展示,并邀请家长和专业人士进行评选,评选出的十佳作品进行专业录制,形成一张属于学生的"古韵新声"专辑,在校园内或各宣传平台上进行播放。

著名京剧表演艺术家尚长荣说过:"任何艺术形式都是相通的,融会贯通才有生命力。"学生如果能够尝试这两种截然不同的文化碰撞，促成不同层次文化的结合，势必会摩擦出新的火花，产生兴趣点，也更好地理解古今文化的认知冲突，感悟古今故事的内容美。

4.真实剧场：由文化剧场沉淀情感美

有了电视机和电脑，明明可以足不出户就看到一出出戏剧，又何必走进戏院。这是大多数人内心的真实想法。然而，学生对于戏剧的审美唤醒是需要立足于真实情境中的，戏剧文化的理解更是需要长期浸润在真实剧场上演的一幕幕经典剧目之中。

剧场是一个封闭的空间，演员在台上唱戏，学生作为观众在台下，表演者把所有的情感与情绪直接传递给观众，而观众报以喝彩、掌声，甚至以泪水作为回馈，表演者受到感染，展现得更加热情。这种实时、双向的情感传递是无法通过屏幕真切感知的。学生在观看视频时，觉得无趣了，直接就会分心，甚至关掉不看。但在真实剧场里，当灯光暗下、幕帘拉起之时，学生的喜怒哀乐仿佛和台上人的一举一动息息相关，对于故事背后的情感体悟也更加深刻。

【案例4-13】 真实剧场——观《锁麟囊》，品"薛赵"之缘

一、活动内容

国粹京剧在艺术呈现和表演方式上有其经典风格，在对人物角色的表现上体现着中国式的艺术审美。生活中的人物与戏剧舞台上的人物形象不同在哪里，如何在戏剧表演中找寻合适的表达途径，创造出耐人寻味的艺术形象是学生十分感兴趣的地方。以此兴趣作为落脚点，师生一同走进剧场观看京剧《锁麟囊》，体会人物薛湘灵和赵守贞的悲欢离合。

二、活动过程

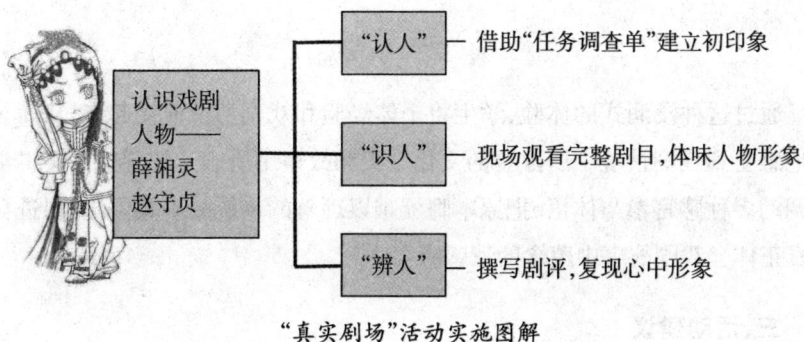

"真实剧场"活动实施图解

阶段一：认人：借助"任务调查单"建立初印象

通过查阅资料提前了解程派名剧《锁麟囊》的内容以及背景故事，在调查单中尝试整理故事时间线，并标注出主要人物薛湘灵和赵守贞的关键事件。

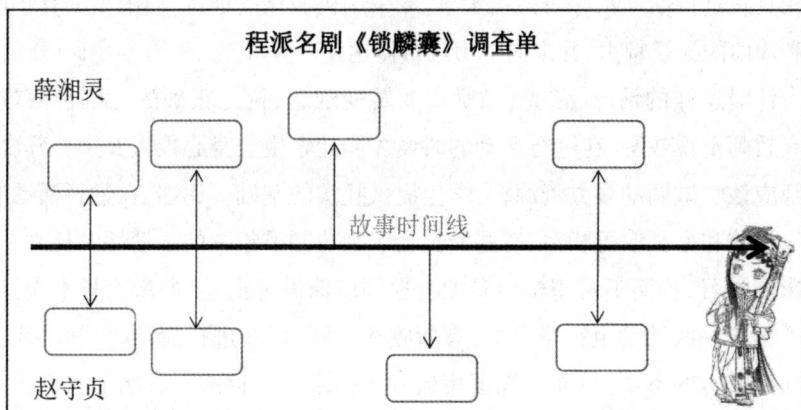

《锁麟囊》调查单

阶段二：识人：现场观看完整剧目，体味人物形象

在剧场观看京剧《锁麟囊》，通过剧场氛围、演员表演、戏剧唱段等，多方面了解认识薛湘灵和赵守贞。

阶段三：辨人：撰写剧评，复现心中形象

观看《锁麟囊》之后，选择薛湘灵或赵守贞中的一个人物，结合故事进行分析,写下自己的观后感或对于人物的分析评价,真正体会戏剧人物背后的文化精神。

通过这种浸润式的体验,学生将个体经验和戏剧情境连接起来,从而真切地感受到戏剧情境中所蕴含的文化之美和故事中所表达的感情之美。学生调动多种感官参与体悟,把原本晦涩难以理解的传统故事具象化,促进自己真正体会戏剧故事中蕴含的情感。

三、活动建议

(一)扫清盲点,树立正确的戏剧价值观

学生对于传统戏曲存在认知偏差,常常认为戏曲是老一辈的专属,儿童不适合听,更不适合学唱,于是学习兴趣不高。在活动过程中,许多年轻的教师同样存在重视度不高的情况。许多教师坐到剧场看戏,同样坐不住,从而在真正进行活动指导时敷衍了事,或采用机械化的训练,而唱段的真正内涵和戏曲的深层魅力,并未向学生进行传达。

针对这样的情况,首先,教师需要转变观念,树立正确的戏剧价值观。只有教师重视戏剧,在进行活动的时候才能让学生全身心投入其中。其次,教师应该尝试调动多方资源,为学生提供扎实的基础。比如,在进行活动时可以提前和家长取得联系,有些家长会认为戏剧类相关的活动耗时耗力,害怕影响学习,从而不希望学生参加。教师应该做好衔接,如果家长不支持,孩子参与一些活动也很难尽兴,有所收获。同时,在进行活动时,学生往往会缺少学习的资源,从而不知道用何种途径来学。目前互联网上有许多相关的戏剧线上微课程,在我们的社区等也有相关的戏剧资源,教师要体现联结点的作用,这样学生才能有途径学习、有兴趣学习,提升审美修养。

(二)不走程式,着眼学生审美素养的提升

在活动过程中,教师需明确活动进行的目的不是培养演员和票友,而是让学生了解更多的中国传统文化,培养对传统艺术的审美能力和理解能力。在当前学生进行活动的时候,往往会出现一些教师"急功近利"的情况,比如,艺术节有戏剧相关比赛了,教师就拉出一队学生,请专家老师指导,在

短时间内突击训练,只为了最后得到好的名次。那么,学生在这里学会了一个唱段,比赛获了一等奖,他就了解戏剧了吗？这样的戏剧活动纯粹是以欣赏和切磋为目的,带有浓重的功利色彩,丧失了希望通过活动提升学生审美素养的本意。

经历戏剧盛宴是希望学生在经历中习得戏剧中独有的审美情趣,内化戏剧故事中的精神品质,而不是单纯形式上会唱、会演甚至能创编。教师在进行指导的过程中一定要明确活动目标,活动的每一个阶段指向的是学生的审美积淀和文化积累。戏剧学习不可能一蹴而就,而是在长期的活动浸润下,能对戏剧有那么一点认识,对戏剧文化有那么一点积累。在进行活动时,除了校园内活动的进行,教师还可以多样化地推荐一些学生感兴趣的、容易接受的了解戏剧故事的平台,如东方卫视的《非常有戏》、河南卫视的《梨园春》等,或借助时下流行的抖音小视频平台,搜索一些经典戏剧故事的相关视频来听来看,在潜移默化中着眼学生审美素养的提升。

(三)拒绝异化,在继承中创新戏剧美

戏曲的魅力和戏曲的独特文化性是需要通过其独有特征表现出来的。比如,戏曲演员在表演过程中十分讲究戏曲的程式化和虚拟性。在戏曲表演中许多形式都是有规定的,如上楼、下楼、观花、避雨等动作都有一套完整的程式化表现手法,甚至不同的情感表达也有其一定的格式。除此之外,戏曲的唱词也十分有讲究,独有的发音方式,以及唱词中的韵脚等,这一切奠定了戏曲文化的基础。

然而,在学生进行戏曲活动时,总是在对于戏曲和流行结合时出现偏离主旨的情况。为了能够让更多学生对戏曲产生兴趣,一定程度上在进行戏曲表演和创作戏歌时结合适量的时尚元素。可是在实际操作过程中,很多学生为了融合而融合,结果将戏剧本身所蕴含的独特审美和文化精髓全部遗失了。比如,在流行歌曲中运用戏腔时,很多学生把戏曲中一些特有的上口发音等都忽略了;进行戏剧歌词创编时,很多学生都不注重唱词的韵脚,只为了填词而填词;进行戏剧表演时,有些学生为了吸引眼球会在表演过程中加上电子乐背景或是一些流行金句;等等。这些新鲜事物的过分加入,从本质上来说反而破坏了传统戏曲的内容和形式,起到了反效果。

　　针对这样的情况，对于学生在进行元素融合时要适当地进行引导。比如，在进行戏剧的歌词创作时，教师可以选择一个经典戏曲的唱词，对于里面的用字、韵脚和一些读音需要上口的特殊用字进行指导教学。抑或是在进行戏曲表演时，应该让学生先了解故事的背景，在知晓大背景的情况下再进行演绎，而不是一知半解地进行创新。创新是艺术的本质，也是中华民族的优良传统，在经历戏剧盛宴的活动时一定要处理好传承与创新的关系，在继承中创新戏剧美。

第五章

健康生活：在经历中科学强健身心

习近平总书记指出，健康是幸福生活最重要的指标。面向未来的学校教育，在培育人的过程中绝不仅仅是传播知识，更重要的是围绕学生的身心发展。基于此，学校积极探索，设计了三种聚焦身心发展的经历，在运动挑战中，教会学生如何强健自己的体魄，成为社会主义事业的后备力量；在职业扮演中，帮助学生明晰如何成为社会主义事业建设者；在社会服务中，促使学生明白如何服务他人，成为有担当的社会主义事业接班人。本章节的活动着眼实践，面向自我，面向他人，面向社会，依托"运动挑战""职业扮演""社会服务"三种经历，不断深入体验，让学生在运动中锻炼体魄，在职业体验中锻炼能力，在服务活动中形成责任感与使命感，为成为国家所需要的未来人才而奠基。

第一节　运动挑战：在磨砺中强健自身体魄

随着物质文化生活水平的提高和现代生活、学习及工作节奏的加快，人们越来越感觉到体育锻炼的重要性。党和政府历来重视与关心儿童青少年的体质健康问题，并相继发布了《中共中央　国务院关于加强青少年体育增强青少年体质的意见》《国务院办公厅关于强化学校体育促进学生身心健康全面发展的意见》和《健康中国行动（2019—2030年）》等重要文件，指导落实儿童青少年体质健康促进工作。

一、活动要义

德、智、体、美、劳五育并举、全面发展是党的教育方针。其中，"体育"起到了奠基的重要作用。体育对促进学生的身心健康、全面发展具有不可替代的重要作用。因此，指导儿童青少年积极参与体育健身运动，增强体魄、健全人格、锤炼意志，对助力实现体育强国中国梦具有重要意义。对此，青蓝小学在"经历伴随成长"健康生活部分专门设计"经历运动挑战"内容，旨在促进学生在磨砺中培养运动意识，锻炼运动能力，磨炼运动意志，强健自身体魄。

（一）界定

运动挑战的各项活动是对学校体育课、大课间等体育活动的补充。"运动挑战"设计的活动以体育锻炼为基本手段，主要通过学生直接的身体运动来参与。学校精心组织和开展这些以运动为主题的丰富且有意义的活动，旨在让学生在各项运动挑战中增强体质，调节情绪，锻炼意志，最终达到健身、健心的目的。

(二)目标

1.增强学生身体素质

通过运动挑战,促进学生身体的生长发育和发展,增强学生体质。在适当的体育活动中,促进学生运动系统、心肺系统、神经系统的发展;提高神经系统对肌肉组织的控制与调节能力;提高平衡能力、协调能力、灵敏性、力量、耐力等基本身体素质;提高集体对外界气候变化及其他变化的适应能力,以及抵抗疾病的能力。

2.培养良好的运动习惯和运动能力

运动挑战体育活动中,培养良好的运动习惯与安全运动的能力也是重要的目标,主要包括:激发学生对体育活动的兴趣;培养学生对体育活动的主动性;逐步培养学生体育锻炼的习惯;提高学生运动时的安全意识和自我保护能力。

3.促进学生其他方面良好发展

通过运动挑战活动,可以有效地促进学生在认知能力、情绪、社会性等方面的发展。主要包括:培养学生倾听的习惯以及发展判断能力、计划与行动能力;让学生体验运动带来的快乐,舒缓紧张或压力,转移不良情绪;培养团队精神、竞争与公平意识、合作与分享等能力;培养学生自信心、独立性、主动性以及勇敢、不怕困难等良好的个性品质和意志品质。

(三)特征

1.在量身定制的体育游戏中提高运动能力

"经历运动挑战"选择适合小学生的趣味运动游戏,让学生积极参与到体育锻炼中来。体育游戏是深受学生喜欢的一项体育活动内容,它融体能发展、智力发展、身心发展为一体,保证学生在体育活动中的主体地位。

体育游戏将基本动作技能和体能的锻炼寓于趣味性很强的活动之中,学生在游戏中完成各种基本动作,对促进以体能为主的各方面发展具有独特的作用。体育游戏通常具有竞争力。学生可以在体育游戏的过程中讨论获胜计划或获胜技巧,并共同努力以取得游戏活动的最终胜利。体育游戏能使学生逐渐养成自主探究和奉献精神,也能使他们的团队合作能力得到全面发展和提高。

在设计体育游戏时，学校应充分考虑活动的趣味性、娱乐性、竞争性，设计的活动内容不仅丰富有趣，而且在一定程度上满足小学生的心理和生理需求。"运动挑战"中设定的体育游戏由身体动作、情节、角色和规则组成，以身体练习、发展基本动作和增强体能为目的，在一种有意识的、具有创造性和主动性的体育练习活动中逐步提高学生的运动能力。

2.在社区、家庭的积极参与下养成运动习惯

体育社会组织建设是社区青少年体育发展的重要载体和抓手。社会是在学校地缘基础上较为靠近的场域，适宜开展各类体育活动。随着社区的体育建成环境和场地设施的日趋完善，学生可选择的锻炼场地越来越多，锻炼设备也越来越全面，学生参与体育活动的空间和广度不断加大。社区体育也将逐步从在本社区内开展活动发展到由社区组织间共同组织开展的各种体育娱乐活动。

家庭的体育氛围可以促进青少年的体育锻炼行为，家长体育锻炼意识的增强可以影响子女的体育行为。在家庭环境中，父母主要通过亲子体育活动等形式促进与子女之间的交流和沟通，加强对子女身体发育的监控。父母在体育运动中应给予更多陪伴与交流，能培养孩子养成积极的体育态度，促进孩子在未来有一个更积极的生活方式。

青蓝小学经历"运动挑战"希望通过学校体育与家庭、社会体育的有机结合，形成"立体式"的学生体育生活方式系统网络，将运动的场地由学校延伸到家庭、社区，使得家庭、学校和社会因素相互补允、相得益彰。"运动挑战"各项活动有助于学生在不同生活环境下、不同年龄阶段潜移默化地养成体育锻炼习惯，达到终身进行体育锻炼的最终目标。

二、活动实施

(一)内容安排(见图5-1)

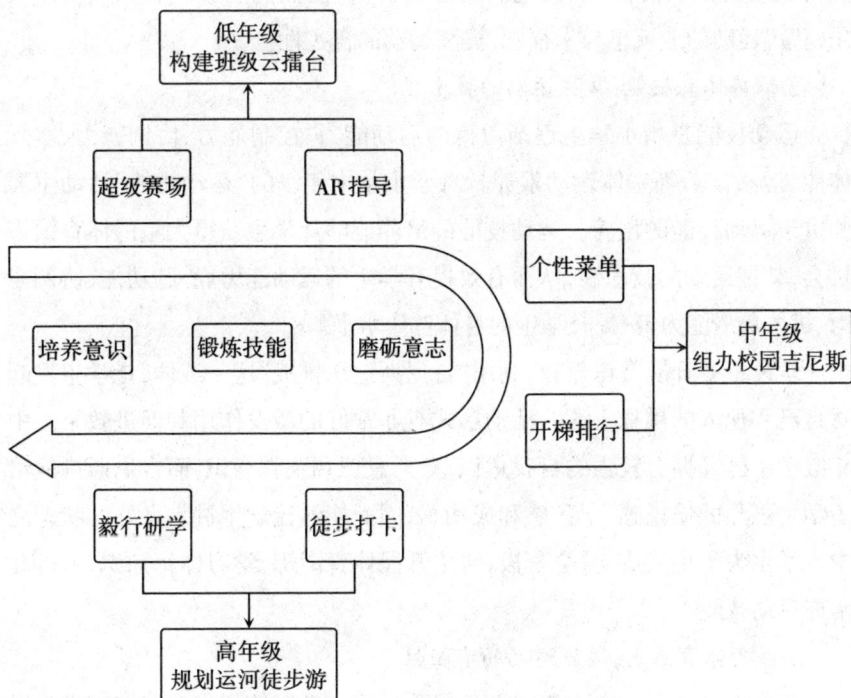

图5-1 经历"运动挑战"活动框架

1.培养体育意识,提高运动的自主性

让学生体验参与体育活动的乐趣,提高主动参与运动的意识是低年级阶段体育活动的重要任务。青蓝小学一、二年级的"运动挑战"主要侧重于培养学生的运动意识,在积极参与体育运动中,成为运动的主人。因此,在低年级的体育活动设计时,学校首先考虑的是激发学生的运动兴趣,在内容选取时不做单一的机械重复,而是将运动练习与游戏有机融合,趣味化的体育运动形式,让体育运动像游戏一样有趣好玩、轻松愉快,学生的运动意识自然也会增强。

学校采取自主家庭练习和手机云擂台的方式，让学生在集体中竞争、合作。学生在集体环境下的积极性会更高，可以促进学生互相鼓励、互相督促，积极愉快地参与体育运动。云擂台中争章、挑战赛的方式也能提高学生参与运动的主动意识，增强他们的运动自信，使他们能够体验到成功的快乐，获得运动的成就感与幸福感，提高运动的自主性。

2.锻炼体育技能，掌握运动的技术性

运动技能是指小学生逐渐习得的运动能力、控制能力、协调能力、实际体能、运动技巧等主体运动素养。青蓝小学中年级的"运动挑战"活动主要侧重于运动技能的培养。运动技能的培养能够让学生获得大量的体育锻炼机会，掌握运动的技术性，从而有效提升学生的运动能力、心肺功能、协调能力、机体免疫能力等，提升学生的身体健康水平。

学校主要开展赏识教育，利用"吉尼斯纪录挑战"这一载体，让学生发起对自己和他人的挑战。这一活动形式有非常好的激发作用和促进效果。中年级学生已经拥有较强的自我意识、尊严意识和荣誉意识，而吉尼斯挑战给予学生强烈的愉悦感、荣誉感和成功感，因而能够让学生进入良好的状态之中。学生为了挑战成功，会积极、自主开展体育锻炼，学习体育知识，习得并掌握运动技能。

3.磨砺体育意志，促发运动的有恒性

意志力是学生健全人格的必备优秀品质。良好的意志力能够让学生以正确的心态面对各种艰难困苦，促使他们以一颗强大的内心面对自身在学习与生活中出现的困难，重整旗鼓，积极面对人生中的各项挑战。青蓝小学高年级的"运动挑战"侧重磨炼学生意志，通过培养学生的意志力，让学生的内心更加坚定。学生优质地完成各项任务，用强大的意志力推动终身运动。

学校精选体育活动项目磨炼意志力，组织学生徒步毅行活动，让学生建立起小组。学生自主规划，树立团队合作意识，在活动中不断克服自身身体不适和突变的自然气候环境带来的困难，在相互鼓励中努力坚持，从而帮助学生形成坚韧不拔的意志和顽强拼搏的精神。在这一过程中，学生将体育与生活相联结，通过制订中长期锻炼计划，不断树立终身运动的观念，形成终身运动的体育习惯。

(二)具体实施

1.构建班级云擂台,在比拼中养成运动习惯

App作为信息技术发展的教学工具,在经历运动挑战活动中进行充分运用,有效地将各种体育游戏与学生的体育锻炼进行结合,吸引学生的学习兴趣,引导学生进行各种体育活动,促进体育活动的有效进行。

青蓝小学一、二年级以线上"班级云擂台"App为载体,创设丰富多彩的挑战内容,采用互联网＋比赛的方式和富有个性化的评价机制,实现家校共育、共促成长的目标。学校组织教师成立教学共同体,借助手机App,开展在线教学设计,筛选与整合资源,开展线上教学,开发亲子项目。"班级云擂台"促进学生深度学习,教会学生方法,激发学生在线学习兴趣,同时也关注互动、及时反馈和评价。

【案例5-1】 超级赛场——争做趣动达人

一、活动内容

为争做趣动达人,积极完成"运动挑战",学生在校自己制订学、练、赛的计划和目标,老师协助学生完成各项内容和目标,并担任挑战的裁判员,依托App收集挑战视频、图片,教师整理、核查成绩后将学生的成功挑战成果展示出来,形成学校组织、家庭自主参与,以"班级云擂台"为媒介促进学生积极运动,自主发展。

二、活动过程

环节一:

"超级赛场"是"班级云擂台"的一种比拼形式。学校准备好电子设备,并下载好"天天跳绳"App,找到"超级赛场"专题活动,报名参加主题竞赛,如"欢度国庆赛""全能争霸赛"等。报名参加后,系统会进行随机分组,每场比赛由32人参加,分五轮进行两两淘汰,最终决出冠军。

环节二:

"超级赛场"的竞赛内容包括1分钟跳绳、30秒开合跳、平板支撑等。学生报名成功后,选手和对手需要在学校、家庭或户外场地各自完成比赛项目,手机软件会通过摄像头在竞赛过程中记录成绩。

环节三:

选手们参加完全部运动项目将获得总成绩。总成绩更佳的一方晋级,另一方淘汰。每场比赛结束后,冠亚军和四强选手将获得相应主题系列的徽章。教师可以在 App 中查看学生的徽章数,在校进行鼓励。

"超级赛场"能够让学生直观看到自己的各项体育成绩,并与其他同学的成绩相比较,明确自己的不足,更积极地参与到训练中,争取在下一次赛场比拼中获得胜利。各项主题徽章的收集给了学生满满的成就感,他们会相互讨论自己获得了哪些徽章,从而积极争做趣动达人。

【案例5-2】 AR指导——坚持每日记录

一、活动内容

体育与科技碰撞,运动用数据说话。作为"班级云擂台"的常规活动,学校以"有效提升学生体质—师生操作方便—学生喜欢练习—教师有效管理"为目的,推行实施了"天天跳绳"系列家校锻炼活动。

二、活动过程

环节一:

学校借助"天天跳绳"App软件,科学筛选跳绳、仰卧起坐、坐位体前屈、开合跳、深蹲等国家学生体质健康测试项目及多种体适能锻炼项目,教师按年级向学生分层布置作业,学生积极提交作业。

环节二:

学生在校利用 App 自我测试,测试完毕后,系统自动生成学生锻炼报告。每个学生只能看到自己的报告,包括锻炼时间、失误次数、练习得分、评价等级、班级排名。班主任及体育教师也可以时时监测学生完成情况、统计班级锻炼整体数据。

环节三:

学生锻炼时,该软件采用 AR 人像互动捕捉功能,如深蹲练习时,画面出现小凳子引导学生坐凳子完成深蹲动作的练习,不仅激发了学生参与锻炼的兴趣,提升了练习的趣味性,还引导动作不断达到规范化、标准化,最终促进学生身体素质的不断提高。

学校利用"天天跳绳"App软件,完美衔接家校体育锻炼的空隙,目前App软件系统在全校正常运转,相信通过学生坚持不懈地锻炼,一定可以拥有健康的体质,逐渐形成体育锻炼意识,养成良好的锻炼习惯。

2.组办校园吉尼斯,在挑战中提高运动技能

校园体育吉尼斯为学生搭建了一个体育展示的平台,学生可以根据自身个性特长展示体育方面的才华,这给学生带来了一种前所未有的愉悦感。每个学生都能在吉尼斯活动中找到属于自己的位置,选择自己喜欢的项目,在日常学习和生活中得到很好的锻炼。

青蓝小学三、四年级举办校园体育吉尼斯活动,建立校园体育吉尼斯比赛制度,以一种开放、自主的学习模式对课堂体育教学进行补充,为学生提供参与竞争的舞台,帮助学生确立体育锻炼的方向。

【案例5-3】 个性菜单——成就个人吉尼斯

一、活动内容

"个性菜单"是学生为完成个人吉尼斯挑战进行的训练形式。学校根据中小学体质健康测试项目将体育锻炼活动汇编成一个"菜单"。菜单中对各锻炼项目有明确的练习次数、组数、强度、时间、距离、重量等的规定与要求。学生根据自身兴趣和体能情况自由选择菜单内容,组成锻炼小组,到各个不同菜单区完成训练。

二、活动过程

环节一:

活动中,教师告知体育锻炼的"个性菜单"目标和要求,调动学生学习的内驱力。提前布置好作业区,营造出一个轻松愉快的练习氛围,再指导学生自由选择、自主搭配好单项"菜单"。

环节二：

不同的联系区会分别展示图解及练习内容、方法和运动负荷，让学生一目了然。学生在自由选择"个性菜单"的同时，还要学会自我检测、自我评价的方法。在活动中，教师能指导学生自由组成锻炼小组互帮互助学习。

环节三：

在整个练习过程中，学生量力而行，随时都可以根据自身情况到不同作业区练习。教师要积极巡回辅导，重点抓后进生，提高整体水平，帮助学生达到理想的运动效果。

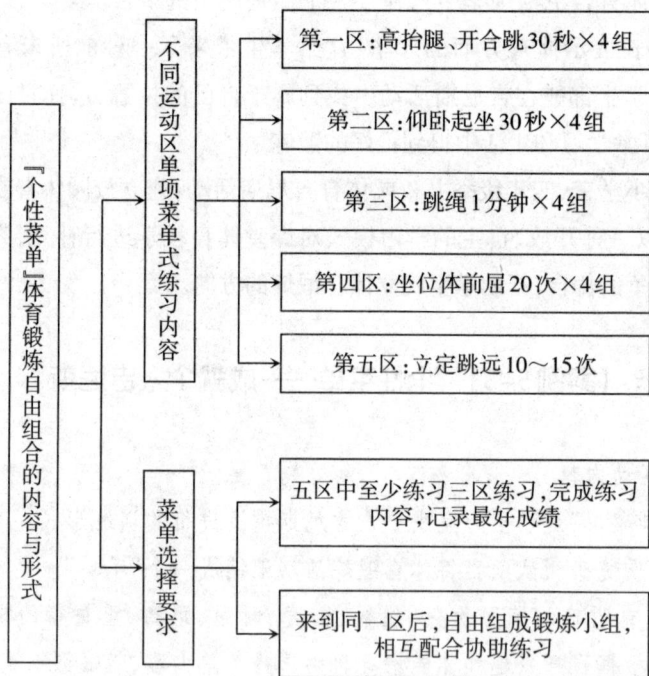

"个性菜单"体育锻炼自由组合的内容与形式

由于男女学生在体育知识水平、身体素质、心理素质水平、技能技术水平方面有很大的差异，这种"菜单式"的项目构成，能够增强学生的自主选择性，在培养学生体育运动习惯的同时，激发学生对于自己不熟悉、不擅长的体育运动项目的兴趣，使学生进行体育运动的自主性大大提高。

【案例5-4】 天梯排行——登顶校园吉尼斯

一、活动内容

学校开展"校园体育吉尼斯"挑战活动。"校园体育吉尼斯"以"让每个孩子体验成功"为理念,用问卷形式统计学生所喜欢的运动项目,从中选出学生最喜欢的项目作为比赛项目,明确规定每个项目的比赛要求和评判标准。

二、活动过程

环节一:

在"校园体育吉尼斯"举办前,学校向全校师生征集吉尼斯挑战口号、Logo,为吉尼斯挑战赛打造品牌,形成浓厚的挑战氛围。

环节二:

学校尊重学生的个性选择和自我创新,鼓励学生在学校推荐的项目以外,创新自己认为可以创造最好运动成绩的体育项目,学生自我推荐、自我创新与"世界吉尼斯纪录"活动开展,能与让更多人参与的理念相吻合。当然,学校也要对学生推荐项目的安全性、操作性等进行审核,确保学生安全、有序地开展挑战。

环节三:

在活动过程中,学生热情高涨。学生向"校园体育吉尼斯"组委会提交《吉尼斯挑战书》。在学校"吉尼斯挑战日"当天展开挑战,体育组教师担任认证官。认证官的划分按体育教师的专长确定,比赛成绩由两人一组共同审核,并签字确认,如有异议,将成绩上交德育处主任,由校方最终确认成绩。认定后的成绩将用"云梯排行"的形式进行公布,学生的挑战成绩取前10名,在"云梯排行"上实时更新,其他学生可发起挑战。如果挑战成功,学校将在全校升国旗仪式上颁发定制奖章和证书。如果挑战成功的项目为体育课程考核项目,该学生期末时可获得免考资格,成绩直接定为优秀。

在参与竞争的过程中,学生一次次不断突破自我,通过自己的努力,既娱悦了身心,也缓解了紧张的学习压力,使闲暇的课余时间得到充分利用,提高了体育锻炼的效率。

3.规划运河徒步游,在生活中坚持终身运动

徒步是适合大多数学生参与的一种户外运动。户外徒步运动不需要特别的器材,只需准备简单的运动装备、足够的水等,就可在大自然中或者在城市的绿道中进行徒步。户外徒步运动相比当前的传统体育项目更加安全,简单的行走不会出现人们所惧怕的在长跑后猝死的情况,也不会产生因对抗而受伤的情况。

青蓝小学五、六年级规划运河徒步游活动,依托拱墅区京杭大运河周边的优美风景,设计独特的绕河徒步线路,感受一路上浓厚的运河文化。

【案例5-5】 徒步打卡——从拱宸桥到武林门

一、活动内容

拱宸桥位于青蓝小学所在的拱墅区内,是京杭大运河最南端的标志,大运河杭州段的游览精华大多在拱宸桥附近的东西两岸。武林门是1400多年前隋文帝筑杭州城时的十二座城门之一,也是唯一的一座北城门。学校举办徒步大运河打卡活动,将拱宸桥作为徒步活动的起点,将武林门作为徒步活动的终点。

二、活动过程

环节一:

徒步活动前,学校组织学生了解京杭大运河的地理位置,途经景点的历史文化背景。学生投票选择最想要打卡欣赏的风景地。教师收集并最终规划路线,形成徒步游览路线图:拱宸桥—拱宸桥西文化街—登云桥—大运河东岸—大关桥—大兜路—香积寺—江涨桥—富义仓遗址—德胜桥—潮王桥—文晖桥—武林门北西湖文化广场。此项徒步活动全程大约8公里,耗时3小时。

环节二:

学校做好宣传动员工作,对学生徒步的装备和衣着等提出指导建议,如衣物轻便,带好水,做好防晒工作等。同时,学校做好路上安全教育,如遇到车辆、过马路,临近桥边、河边应注意的安全事项。安全教育后,学生自发组成徒步游小组,规划路线,每组由一位家长带领,共同参加。

环节三:

徒步出发前,教师组织学生做好热身活动。徒步过程中,学校在拱宸桥西文化街、富义仓遗址、西湖文化广场三地开设打卡任务点。来到打卡地后,学生需要以小组为单位,在标志性建筑物前拍照打卡。按照打卡时间进行积分,积分高的小组可以获得相应的奖品。

运河徒步倡导低碳出行,让学生走出网络,走出课室,走出校园,真正走到阳光下,与大自然亲密接触。在徒步过程中能充分锻炼意志,让学生在生活中感受运动快乐。整个过程中,学校的后勤和医护都需做好保障工作。徒步过程中,学生欣赏运河两岸的风景,有助于缓解压力、磨炼意志,促进人际交往。

【案例5-6】 毅行研学——大运河畔花开次第

一、活动内容

2014年,"中国大运河"列入世界遗产名录。作为杭州拱墅人,争做运河五好少年离不开对大运河文化的理解。学校将"体育"与"德育""美育"相结合,以杭州市大运河世界文化遗产保护宣传周系列活动为契机,开展毅行研学活动。

二、活动阶段

环节一:

"大运河畔花开次第"毅行研学活动在3月春日里举行。学生沿着运河岸,从运河遗产小道出发,自行设计研学路线,途中经过桥西历史街区、小河直街历史街区、大兜路历史街区三个文旅街区。

环节二:

学生在沿途除了进行观赏外,还可对各色花卉植物等进行研究,通过小组合作进行记录分享。除运河沿岸步行外,学生还可选择原汁原味的内河航运研学。

环节三：

自拱宸桥乘船南下，仅十多分钟便可抵达信义坊码头，来到附近的大兜路历史街区内的香积寺进行研学活动。围绕大运河开展毅行研学活动，也是为了宣传独具特色的大运河文化，以切实行动促进对运河的保护与传承。

毅行活动中，学生对自己生长生活地区的运河文化有了更深入的了解。毅行过程不仅是对学生体力的考验，也是一种身心的愉悦，能够让学生更多地接触大自然、走进社会。不仅增进学生身心健康，还能培养良好的社会适应能力，培养学生的毅力和塑造坚韧的心理品质，提高人际交往能力和合作能力，形成不屈不挠的乐观精神。运动最终要和生活相连，只有在生活中身体力行，了解运动的好处，才能不断坚持，让运动成为终身的习惯。

三、活动建议

(一)关注差异，运动能力的发展讲求个性的锻炼计划

儿童青少年的身体素质在不同时期有发展的敏感期。但是，学生身体素质的发展在性别、身高、体重等方面不同，存在较大的个体差异。教师在组织学生运动锻炼身体时，要适可而止，量力而行，为不同身体素质的学生选择制订个性化的锻炼计划。教师在运动指导时，也可以根据学生的薄弱项有方法地给予相应的指导。

(二)关注心理，运动挫折的产生应有及时的鼓励帮助

学生在发起运动挑战时，往往会遇到很多困难。当动作无法完成时，难免会产生受挫气馁的情绪。家长和教师在发现学生的受挫情绪后，要以鼓励为主，不要着急下定义，认为孩子就是运动能力差，这样的否定会给孩子以不良暗示，逐渐产生惰性。同时，教师和家长要乐于与孩子一起参加各种运动，让孩子在运动中体验成功的喜悦和克服困难的成就感。在不断的耐心鼓励和帮助下，学生的运动心理也会越来越健康。

(三)关注损伤，运动损伤的发生需要科学的处理方式

儿童青少年是运动损伤多发的群体，这主要是因为他们的身体尚处于

发育阶段,神经和肌肉等结构均未发育完全,力量、灵敏性、平衡性和协调性等身体素质水平较低,但他们大多活泼好动,求胜欲与冒险欲强,极有可能在锻炼时急于求成,使身体承受超负荷的压力,从而导致受伤。常见的运动损伤有皮肤擦伤、关节扭伤、肌肉拉伤或挫伤、腱鞘炎和骨折等。教师在学生运动的过程中,要及时关注学生的运动损伤问题,针对不同的运动损伤情况,给予针对性的处理。此外,为避免运动损伤,运动前的热身活动必不可少。

第二节　职业扮演：在体验中认识百工百业

职业启蒙教育与劳动教育紧密联系，是立德树人的重要实施途径。小学阶段开展职业扮演，能令小学生初步获得各类职业体验，促进其正确职业观、劳动观和社会主义核心价值观的构建。学生在经历中，能观察他人，认识职业；在劳动中，能实践体验，觉察自我；更能在课堂之外，品尝社会生活的五味，形成热爱劳动、珍惜劳动果实、尊重不同职业劳动价值的思想品质。

一、活动要义

学校结合城市小学特点及学生身心发展的规律，设计的经历职业扮演活动架构清晰，举措合宜，将职业体验、职业探究作为主要活动方式，成为学校的特色经历项目，遵循了《中小学综合实践活动课程指导纲要》的建议，有力响应了新时期党和国家对中小学生成长的新要求。

（一）界定

"经历职业扮演"指学生通过职业调研、职业访谈初步了解职业文化，依托参观工作场地、模拟岗位操作等实践活动，获得对职业生活的真切理解，培养职业兴趣，建立职业意识，初步形成正确的劳动观念和职业理想。

学校成立于1906年，由时任知府世善在废除科举制的第二年创办，当时学校名为"半日学堂"，"半日就读、半日营生"是其最主要的办学特色。通俗地说，就是学生通过半天学习，半天在社会中实践、做工的方式，实现课本知识与生活能力的融合互通。这就是最早的经历职业扮演活动。学校经历了百年的岁月变迁，保留并发展了重要的学校文化，而经历职业扮演活动便传承至今。

国务院在2019年1月24日颁布的《国家职业教育改革实施方案》中提到，要"完善国家职业教育制度体系""鼓励中等职业学校联合中小学开展劳动和职业启蒙教育"。这表明了国家对职业启蒙教育的重视和对职业教育体系建设的关注。同年，中共中央、国务院《关于深化教育教学改革全面提高义务教育质量的意见》要求坚持"五育"并举，全面实施素质教育。青蓝小学敏锐地发现，劳动意识的启蒙离不开借助职业身份开展系列活动，结合国内近年来小学职业生涯教育规划的实践经验及自身的百年育人文化，学校构筑的经历职业扮演活动体系也在日益发展与完善，每个青蓝学子在六年的小学生涯中经历了多样化的职业体验，在真实的社会生活中学到了宝贵的一课。

(二)目标

职业教育的目的是促使学习者最终找到符合自己兴趣、与自身能力匹配的职业，使每个学习者成为社会主义事业的建设者和接班人。因此，经历职业扮演的目标是对学生进行职业启蒙，让学生在职业体验、职业了解、职业探究的过程中获得两个"学会"。即：①学会做事，培养劳动能力和终身服务社会的综合能力；②学会做人，培养正确的劳动价值观，树立人生志向。经历职业扮演，一方面能令学生获得运用知识的机会，找到为之努力的方向，提升智慧及管理时间能力，从而为将来的学业之途和职业生涯打好基础。另一方面可以培养学生的社会理解力、同情心、社会担当等，在社会性体验过程中，学生的人格品质得以塑造。

(三)特征

经历职业扮演结合了职业启蒙教育，以符合时代发展的职业体验活动拉近了学校与社会的距离。不同年段的学生通过经历不同类型的职业扮演活动，通过职业体验、劳动实践，提升了自我认知，增强了学习动机，也扩大了对世界的认知，帮助学生真正从校园走向了社会。

1.在劳动实践中，融通多学科知识

经历职业扮演需要综合运用多学科知识。不论是医务工作者还是印刷厂的一名工人，不论是街道办事处的职员还是图书馆馆长，每一项工作都需要有专业技术能力和综合素养。

运动技能、数学能力、阅读和写作能力、学习能力、交往能力等缺一不可，结合时代发展，工种变化，对于通用技术、分析解决问题、工作场所人际关系等技能的要求也日益提升。由此可见，职业扮演中学生应具备多种能力。比如学生在学校义卖场中扮演小商人角色，就需要用到数学课程中关于人民币的认识，这个知识点对物品能做宣传介绍则要用到语文表达能力，做好活动策划、布置好场地则可能要用到美术学科知识。还有的职业体验，如当一回小农民，做一名东河水质测试员等则需要丰富的劳动常识、科学知识等。

2.利用拟真体验馆及社会职场，获得社会性学习

当今时代，学习模式正经历重大变革，学生可以足不出户，借助网络媒介，学习各种在线课程。这样的学习方式固然高效，但最大的缺陷是人机互动，大大缺乏了社会交往。除了自然属性外，社会属性是人有别于其他动物的重要指针。一个学富五车的人，从来没有踏足社会，长大后却要服务于社会，就可能会像"纸上谈兵"的赵括一样，在现实社会中无力招架。虽说"学校是一片净土"，但学习也不该失了"烟火味"。经历职业扮演活动，正好能弥补人机互动的信息化学习模式，真正拓宽学生的学习空间，比如参观工厂、企业，了解到社会工作的多样化，从学校走向拟真体验馆，走向真正的社会职场。

2015年修订的《中华人民共和国职业分类大典》与1999年版的相比，仍有8个职业大类，但同时增加了9个种类和21个小类，减少了547个职业。而在刚刚过去的5年中，又有一批新的职业出现在社会上，并吸引不少人去从业。这就意味着时代发展中社会职业的需求也在不断变化。由此可见，经历职业扮演符合人的个体发展需要，同时也符合社会发展的刚性需求。从小学阶段起，开展职业扮演，能促使学生在更早、更小的成长期植入职业理想与信念，从而产生真正的学习内驱力。

二、活动实施

(一)内容安排

学校开展的经历职业扮演注重从学生的角度出发，根据不同年级学生

的思维水平、劳动能力及对社会职业的接触度,开展职业体验、职业演练和职业探究。学生经历了从一到六年级、从简单到复杂、从个体到团队的职业尝试,有了一定的职业认识,职业理想也开始萌芽,在自我观察、自我认知和自我评价中架设起了自我与社会的桥梁,实现自我的充分成长(见图5-2)。

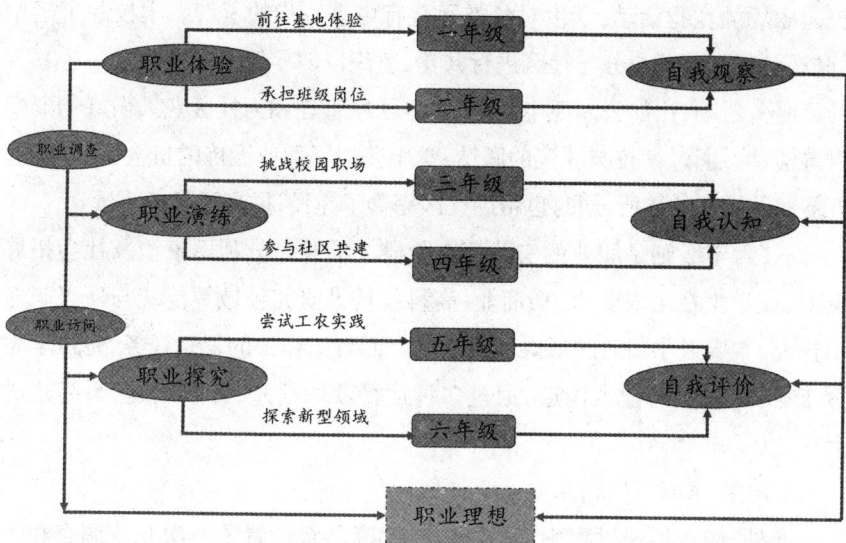

图5-2 经历职业扮演活动实施流程

1.体验、演练、探究,逐步认识百工百业

一、二年级开展职业体验活动。一年级,引入"职业"的概念时,学校首先采用的是形象感知、游戏体验的方式。通过前往拟真类职业场馆、职业基地体验,让学生有了扮演解放军、消防员、育婴员等各种职业的机会。从具象的活动中,学生第一次接触了不同职业,并留下了一定印象。二年级学生经过一个学年的学习锻炼,已经具备了一定的主人翁意识。教师在班级内创设小岗位,由学生担任"小花匠""班级小巡警""黑板美容师"等。通过岗位申报、群众督查、"最称职班级小主人"评选等方式,让学生在劳动中感受到责任与使命。同时,班级的岗位职级制并不仅仅流于形式,每学期班级内还开展"说说我在班级工作中的岗位和工作智慧"活动,开展同学间的职业体验分享。

三、四年级开展职业演练活动。"挑战校园职场"活动面向三年级学生发起招工启事。七彩舞台小主持、礼仪迎宾队员、红十字救护员、篆刻小艺人等校园职场精英都从中年段学生中选拔。想要入职的学生要对感兴趣的工作做好全面了解，更要准备好自己的小简历及相关才艺或特长展示。通过校园职场的竞聘活动，学生对各类职业有更进一步的了解。学校除了运用好校园资源外，还充分与社区进行共建，组织以四年级为主的大批学生参与社区服务活动，比如公园卫生督查、街道秩序管理和为社区老人做好物资配送等活动。通过学校与社区的联结，学生获得了职业锻炼的机会，有了就近开展职业演练的场所，同时也帮助社区完善了建设，提高了服务质量。

五、六年级则是职业的实践探究阶段。学校充分利用家校及社会拓展资源，让学生在工农业、金融商业、高科技技术研究领域等传统与新兴职业中探究，主要以小团队的形式经历活动。面对工作中的复杂任务，每位学生分工合作，积极与他人沟通，通过多种途径获取信息，分解问题，最终达成目标。

2.调查、采访、评价，从职业认识他人和自我

此外，职业扮演过程中，学校还在中、高年级设置了一次职业调查和一次职业采访。通过问卷单、讨论会、评价表等形式，让学生在职业体验之外，还以职业了解的方式，增进自我观察、自我认识、自我评价，给予每位学生多元化的自我认知机会。除了学业成绩外，学生能更好地了解自己其他方面的长处，培养职业意识。

(二)具体实施

经历职业扮演活动，通过多门学科的联结，拓宽学习场域，让学生在丰富的劳动体验中，将学习的知识和社会生活联结起来，让知识变活，让成长过程变得丰富。在职业扮演活动中，学生能提升自我认知，培养团队合作能力，增强综合素养，为指向未来的学习与工作奠定基础。

1.家人职业说：在采访中点亮成长梦想

每位学生的眼里父母即为"家长"，其实几乎每位家长也是一名社会职业人，这一身份往往被孩子所忽视。因此，学校专门开展了"身边职业调查"和"身边职业人采访"活动。

【案例5–7】 "职业大调查"活动实施

环节一:设计职业调查表

教师在课堂中进行职业初识教育,引导三年级学生开展职业调查讨论,询问学生是否了解父母的工作职业,对相关职业有哪些了解,特别感兴趣的是哪些问题。在集体交流、思维碰撞后,梳理成了职业调查表的形式。

职业调查表

被访者职业		年龄		性别		学历	
上学时的优势学科				爱好			
每天工作时间							
工作任务							
工作薪水							
最有成就感的事							
最烦恼的事							

环节二:模拟采访过程

教师与学生在课堂上模拟采访家长及同类职业人员的过程。首先,要挑选家长或被采访对象不忙碌的时候进行调查、访问。其次,在说话时眼睛要注视对方,语气要诚恳有礼。当对方填完问卷后,表示感谢。并针对对方填写的内容,补充一两个口头提问,这样的追问形式便于掌握更丰富的职业调查材料。

环节三:与实际工作者开启对话

学校三年级学生中每班都有近三分之一的家长为医务工作者。有一位父母做医生的小朋友,她在调查了父母职业后,对医生这个职业产生了一定兴趣,她也很想成为一名儿科医生。指导教师给出的意见是让她更全面地了解医生这个职业,尤其是儿科医生的特质,最好能进行更广泛的调查研究。于是,她借助父母的帮助,又对儿童医院的15位医生做了问卷调查。

通过问卷调查，这位女生了解到了儿科医生的实际工作情况，对该职业有了更直观而准确的评估。她在调查中发现儿科医生的工作时间通常比较长，平时不能准点下班。他们的薪水待遇应该说还算比较好，这些人绝大多数在小学阶段数理科成绩都很优秀，很多人提到最烦恼的事是不能获得病人家属的理解。主要原因是作为病人家属，心里总是特别着急，所以易发生矛盾。经过调查及统计，这位女生还是坚定了做儿科医生的职业目标，并在父母的帮助下做好了短期、中期、长期规划：加强数理学科的学习，有计划地读一些心理学书籍，增强沟通能力。同时锻炼好身体，每天运动一小时以上。

小学生的阅历有限，为了能帮助他们尽快建立职业意识，学校指导学生从身边的家人入手开始职业探索之旅。在调查和采访的前期，学生围绕"职业要素"设计调查表和采访提纲，并接受了访问礼仪、访问流程等系列培训。不少学生通过与身边人对话，对基本职业有了一定认识，像上述案例中的那位学生，她经过职业调查后，真正对儿科医生这个职业有了全方位的了解，结合自身的知识储备、身体素质等情况，及早做好了成长规划，用梦想点亮自己未来的学习之路。

2. 校园职场秀：在挑战中展现职业范儿

学校也是个小型社会，利用学校平台，设置多种多样的职场锻炼岗位，对于多人选择的职业，开启竞聘模式，聘任对应岗位的学生可获得培训福利，并获得职场秀展示机会。如学校的礼宾队、红十字救护队等工作，是每年炙手可热的职业工种。

【案例5-8】 礼宾队员职场秀

环节一：礼宾服务招聘启事

学校拥有一支享誉国内外的礼宾小分队。队员们经历过第一届世界互联网大会、G20峰会接机等任务。曾经的小队员们向当时的美国总统奥巴马、印度总理莫迪、土耳其总统埃尔多安等多国首脑献花，并用英语和对方交流。

根据礼宾队出席的活动规格,礼宾队的招募要求如下:礼仪形象佳,有良好的心理素质,普通话标准,有较好的英语口语能力,并具有吃苦耐劳的品质。

　　符合条件的学生自主申报,学校聘请家长代表和专业领域人员作为评委进行材料审核及面试,最后公布入选名单。

　　环节二:礼宾队员专业训练

　　学校邀请杭州少儿频道的专业教师来做礼仪指导,利用每周社团课时间,对礼宾队员进行专项培训,从着装到笑容,从站姿、步态到临场应变等,平时的礼宾课程丰富、细致。队员们在训练中有几点职业感悟:首先悟到的是"台上一分钟,台下十年功"的道理。其次心理素质要好,才能表现得落落大方。礼宾队员还有每周的绕口令、英语口语片段等训练任务。不能通过周期性考核的队员不能上岗。

　　环节三:高起点职场秀

　　在浙江省少先队建队70周年晚会中,青蓝小学的礼宾队员再次上阵。礼宾队员们举手投足间流露的仪态,都给到会嘉宾留下了深刻印象。像这样的高起点职业秀还有很多。在艰苦的职场训练过程和光鲜的职场展示中,队员们的意志得到了磨炼,综合能力也获得了大幅提升。队员们品尝到了苦与甜的味道,感受到了学习与生活的联结,感受到了劳动的辛勤与收获的快乐。

　　礼宾队、红十字救护队等都是学校的特色岗位,学校通过发布招募令的形式,对报名队员进行考核,选拔出最符合该职业气质的学生加入队伍中。学校与社会联结,为学生提供广阔的展示平台、职场体验平台,在活动中感受礼宾服务工作、医疗救护工作的辛劳,同时通过专业训练,学生也提升了职业素养,增强了自信。

　　3.社区联动站:在服务中培养职业精神

　　仅利用学校资源开展职业扮演活动是稍显贫瘠的。所以,学校通过与社区建立联动站的方式,第一时间利用社区发布的需求,组建服务小分队,为社区的卫生、环保、交通、生活等各个方面输送职业小助理。而社区也成了离开学校,又距离学校最近的真实职场。队员们在社区服务中培养了合作精神,增强了服务意识,在劳动中体会到了奉献社会的价值。

【案例5-9】 "桥亭长"社区职务历练

学校附近的太平桥是一座翻建的古式廊桥,桥上的人流量大,桥体遭受的日常损伤也大。社区招募"桥亭长"对太平桥做好日常维护。青蓝小学的一组学生通过自荐的形式,获得了上岗机会。学校语文教师、科学教师参与到活动中,通过一系列岗前培训,使学生从了解古桥文化、运用科学知识分析太平桥现状等方面入手,深入这项工作任务中。经过讨论,整组同学准备分成三个阶段、四个研究活动循序推进。

环节一:观察与思考。在日常观察中,走近太平桥,产生疑问,组内探讨,确定研究方向。

环节二:调查与分析。通过翻查资料、发放问卷调查、实地走访相关部门等多种方式研究太平桥,从桥体维护、行桥安全、桥面卫生、桥史文化四个方面来思考"太平桥与人"的关系。

环节三:反思与实践。根据研究发现,提出保洁、整治、维护、宣传等方面的举措并进一步实践,促使太平桥更好地为周围居民服务。

青蓝小学的桥亭长们通过三个阶段的研究,最终完成了与太平桥相关的四个项目的调查,使太平桥获得全方位诊断,继而又确定了整改方案,为保护太平桥做出一件件实事。

在职业探究的过程中,本组学生获得了老师、社区相关负责人的指导,学会了设计调查问卷、数据统计等新本领,在进行问卷调查时,几位学生也考虑到了周围居民是否愿意参与调查等问题,所以事先制作了印有东河太平桥画面的环保袋。这既是给太平桥文化做了宣传,也提醒着人们用好环保袋,不乱丢垃圾,提醒大家太平桥的卫生要靠周围每个人的努力。至于太平桥的卫生与安全,青蓝小学的桥亭长们也提出了策略,向相关部门的更高层级反映。这个职业项目的体验探究活动共持续了近半年时间,几位学生在活动中做了小结,进行了自我评价与组内互评。在活动中,学生发掘了自身的长处,也感受到了社会职业的复杂性,通过综合运用所学知识,他们逐渐解决了不少职场难题,不断获得了成就感,也开始构筑起职业梦想。

从职业调查、职业体验走向职业探究,这一活动的主阵地从了解身边的人,从学校搭建的职场平台延伸到了社区。学生的课余生活与社区发生着千丝万缕的联系,学校通过与社区的专项沟通,由社区设计了一系列适宜学生体验与探究的岗位。比如,学校毗邻一条河道,河上架设着一座座小桥;周边还有社区居民进行锻炼的体育设施等。在社区工作人员人手有限的情况下,邀请一部分学生成为相应公共服务区域的管理员、监督员、调查员等,既能解决社区的管理难题,也为学生提供了锻炼岗位,是一种双赢策略。

4.新星职业台:在实践中培育精英思维

充分挖掘校内外资源,打通校内与校外之路,联通学校与社会之门,除了把学生带出校外,去社会中体验职场工作外,学生更多时间是在校内,于是学校开启"新星职业台"项目,借助家长资源,把热点行业、新兴职业的专业人才引进学校,为有职业愿景的学生设立专门课程进行培训,让学生获得职业素养的提升。

【案例5-10】 "金贸新锐"职业探究

金融商贸课程的主讲师是家长志愿者,由在银行或知名企业担任高管的家长为学生授课。经讨论后,该项目的职业课程体验要素主要包含三个方面。

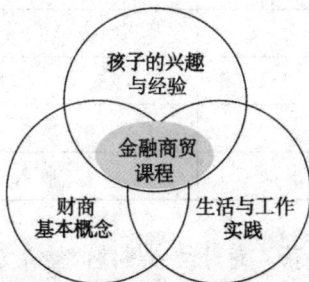

金融商贸课程体验要素关系图

切合学生兴趣,不脱离他们的实际经验,他们才容易理解和运用。要做好金融商贸类工作,首先必须得掌握财商概念,由金融领域的专业人士即家长志愿者进行深入浅出的授课,了解商品目录、账单、钞票、数字货币等知识,并用生活案例故事等启迪思考,在初步理解核心概念后,进一步做实践探索。学生参观知名企业,了解企业文化,开展圆桌会议:就如何赚钱开展讨论,设计一个小项目。

环节一:

小组讨论:钱从哪里来,如自己的零花钱、父母的钱等。

赚钱的方法和渠道是什么?

环节二:

小组策划:小学生可以怎么赚钱?

销售什么物品?

付出什么劳动?

怎么投资,怎么存款?

环节三:如何在红领巾贸易集市中赚到钱?

学生分组讨论,购买商品,制定价格,并用记账单记录。

贸易集市记账单

红领巾贸易集市记账单		
批发物品名称	支出金额(元)	实际卖出(收入)价格
食品类		
文具类		
用品类		
(　)类		
合计金额:		
收入:　　　　支出:		收入-支出=结余

环节四:总结活动收获。商讨结余钱款的储存方法及用途。

学生在多渠道专业培训中,增强了财商观念,在实践体验中,体会到了赚钱的辛苦,更懂得了统筹规划的重要性。

职业扮演需要有与时俱进的特点,在经济与科技高速发展的今天,关于金融商贸、人工智能等方面的研究是未来职业的热门领域。学校设计的经历职业扮演无论是职业类别的确定,还是体验活动的设计,在考量能力培养的同时,都把培养"劳动能力""社会意识"作为非常重要的元素。越是进入高年级,学生所体验或探索的职业越能展现对个人社会担当力的培养。因此在企业管理型职业、研究探索型职业的活动经历中,学生总是以团队为单位参与其中,在复杂任务面前合作分解任务,创造性地处理任务,社会化地解决任务,学与做有机融合。

三、活动建议

(一)为职业扮演活动建构完整的校本框架体系

经历职业扮演是一项贯穿于一至六年级的系列性活动。结合学校特色和学生年龄特点,首先要整体建构完整的校本框架体系,以避免在实施过程中出现活动重复或无序升级的现象。每个年段学生的成长经历不同,积累的生活经验也有差异,学校据此确立体现年级特色的职业扮演活动体系:进入一年级,学生在体验场馆及指定基地中熟悉社会岗位,在了解行业的基础上进行角色扮演、自我观察;到了二年级,承担班级岗位,体会职业责任感;升入三年级,从班级走向学校,学校在各类活动中为该年级学生积极创造职业体验和展示机会,培养学生探索职业世界的能力;四年级,由学校走向社区,接触职业现实,学生在经历中增强了自我认知;五年级,学生走向工厂、农村,真正进行社会实践,体验不同工种的劳动特点和社会使命;六年级,鼓励学生主动参与新兴社会职业体验,以团队形式完成系列工作任务,培养学生具有创新性的思维能力,为自己树立初步的职业理想,探索未来技术发展。

(二)让职业扮演在时代发展中年年"推陈出新"

时代在发展,社会的需要在变化,应运而生的职业门类也在悄然变化中。学校的职业扮演活动设计可以分为年段经典体验项目和机动加设两类项目。其中，经典体验项目如前文提到的承担班级岗位、社区岗位服务、学农学工社会实践等都属于常规型职业扮演活动，这些经典体验活动分布在不同年级，学生通过经历这些活动，链接了学习与生活，培养了相应能力。而机动加设项目则根据社会发展或资源变化，抓住契机，有计划、有目的地设计符合国家愿景的职业扮演活动。比如，经历疫情后，学校邀请了驰援武汉的医务工作者分享故事，激发学生的职业思考。再如，在人工智能技术迅速崛起的今天，尝试做一名小小软件工程师又是一种探索。在职业扮演活动中，既有保留性经典项目，也有新增的社会热点或时代特色项目，使小学阶段的职业扮演活动更能展现精彩过程，更能体现结果的实效性。

（三）在职业扮演中触发学生对自我的多元认知

经历职业扮演并不追求活动的外在形式，其最终目的指向学生的内在发展。所以在活动中，关注学生的认知变化尤为重要。在学生的职业体验记录单上加入"我的思考"一栏，在每次职业扮演中，让学生自己思考收获，发现自己的优势，丈量自我与职业之间的联系。这能使每位学生丰富对自己的认知。比如，有的学生在学习书本知识方面表现卓著，但可能会在职业体验中遭受挫折；而有的学生在学习中表现平常，但在某种技艺的掌握上却凸显天赋。通过职业扮演和自我观察与思考，学生能更多元地认识自我。因此，在职业扮演的过程中，教师应增加自我反思环节，也可以通过团队内互评，令学生了解自己的特点。同时，教师要对学生做好心理引导，比如在职业理想确定、职业体验失败时，要指导学生加强心理建设。要肯定普通学生在职业探索中表现的优点，通过鼓励与指引，让优点成为其发展的优势。

总之，经历职业扮演与生活相连，与学生的发展息息相关。学校要着眼当下，指向未来；要立足课堂，延伸课外；要融合多方资源，打造丰富多彩的活动，让学生在劳动中锻炼，在经历中成长，朝职业理想前行。

第三节　社会服务：在践行中增强公民意识

　　社会是另一个主要的学校和课堂，生活是另一类重要的科目和教材，实践是另一种重要的学习方法。社会生活和社会实践是包罗万象的书籍，对学生的成长和发展尤其重要。让学生利用已有经历投入社会服务中去，可以培养和锻炼学生的实践能力，促使学生加深对社会的认识，培养学生的社会责任感。

一、活动要义

　　"社会服务"是社区服务的进一步延伸和拓展，"社会服务"这个词进入中国大众视野是在三十多年前，但发展之快却是有目共睹的。这些也成为规划青蓝小学社会服务的参照。"社会服务"传统上主要是一个社会学的概念，目前贯穿于"综合实践活动"的课程内，要求在教师的指导下，走出小教室，参与大社会的活动，用自己的劳动创造出满足社会组织以及他人的需要，最终获取自身的大发展。

（一）界定

　　"经历社会服务"指学生组建志愿团队，确定服务对象，制订行动计划，完成实践任务，从而达成服务社会与提升自己的双重目标。在服务活动结束后，通过及时反思、主动交流、迁移运用，强化服务意识，增强社会责任感。

　　学校的经历社会服务育人活动也在不断发展，一到六年级的各系列社会服务活动，逐渐明晰公民的权利及责任，对提高学生的公民素质有着重要的意义。

（二）目标

　　通过经历社会服务活动，学生可以扩展知识，增加经验，提高社会适应能力和创新能力,融入生活,获得情感,形成健康向上的生活态度,增强公民意识和责任感,提高自觉服务社会、关爱他人、关爱社会的意识;亲近和关心自然,懂得如何与自然和谐相处,促进学生的自我认识,肯定自己的自尊,发展自己的兴趣和特长,形成对社会服务活动的团队意识和归属感,为将来进入社会奠定基础。

(三)特征

青蓝学生以社会实践活动为依托,以符合学生年龄特点的社会服务活动为基础,确保社会服务的有效性,不同年段的学生通过经历不同类别、不同内容的社会服务,提升了实践能力,扩大了对社会的认知,也让所学知识在社会服务中融会贯通、学以致用。

1.观察社会问题,找准服务点

社会的资源纷繁复杂,随着时代的变迁,社会问题也瞬息万变,时刻观察和及时捕捉社会热点问题成为社会服务的重中之重,把握好时代的脉搏,才能找准恰当的服务点,开展行之有效的社会服务。比如"找星星"关注自闭症儿童、阳光养老等。

2.在真实环境中开展社会服务

社会是人的聚合,所以服务的过程即是学生与社会产生联系。社会是一个实践场所,学生是走进真实的社会环境,通过实践活动了解社会、感受社会。学生在真实的社会里用真情开展服务,用真心温暖社会。从而在触摸新时代,品味新生活,创造新征程中增强了自身参与社会服务的意识。

二、活动实施

国务院在2004年2月26日颁布的《中共中央 国务院关于进一步加强和改进未成年人思想道德建设的若干意见》中提出:"努力培养未成年人的劳动意识""增强他们的动手能力""要积极探索实践教学和学生参加社会实践、社区服务的有效机制"。这表明了国家对社会实践活动的重视,提倡学生多参与社会实践,而社会服务正是与社会实践息息相关的一部分。2017年发布的《中小学综合实践活动指导纲要》提出,社会服务是指学生在教师的指导下走出课堂参与社会活动,利用自己的劳动满足社会组织或他人的需要,如公益活动、志愿服务、勤工俭学等,促进相关知识和技能的掌握,提高实践能力,成为履职尽责、敢于担当的人(见图5-3)。

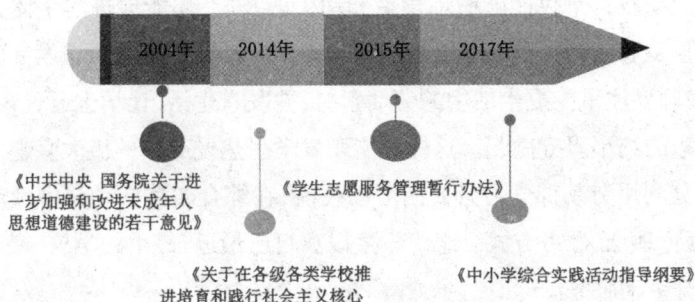

图5-3 我国中小学社会服务发展时间轴

(一)内容安排

学校开展了以劳动为载体的社会服务活动,分为点对线连续活动和点对点独立活动。其中点对线连续活动所指向的是集体活动,集众人之力持续参与公益环保、扶贫帮困活动。学校根据所处地理位置及学生年龄特点,打造了符合青蓝学生的环保和帮困活动。而点对点独立活动则指向具有鲜明杭州特色的小队活动,能独立且灵活地穿梭在杭城的大街小巷。学校及时准确地捕捉热点问题,为小队活动开辟了合适的服务点。让学生在参与社会服务中增强了自身的责任感,提升了综合实践的能力(见表5-1)。

表5-1 青蓝经历社会服务系列活动

年级	点对线连续活动		点对点独立活动
	公益环保类	爱心服务类	宣传推广类
一年级	垃圾宝宝找"家"		
二年级	清洁卫士靓"相"		
三年级		暖心托起"夕阳红"	
四年级		关爱牵起"同龄娃"	小莲花畅谈亚运
五年级	精灵使者蓄力环保		城市宣讲扬美名
六年级			旅游规划创新意

1.手、眼、心：循序内化服务意识

（1）低年级用劳动连接生活，在身边种下服务的种子

劳动教育不仅能够锻炼学生劳动生活技能，还能促进学生体力和智力的双重发展。特别是小学阶段的低年级学生正处于思维意识发展的重要时期，教师要注重挖掘生活中的劳动素材，并联系生活，让学生通过亲自实践，从身边的细小服务做起。这样更能激发学生热爱劳动的极大兴趣。因此学校充分利用劳动课学习必要的劳动技能，在综合实践活动课中确定服务对象、服务地点、服务方式。组织学生以离自己最近、最小的学校、家庭等为圆心展开劳动服务。

由此，学校组织开展了符合低年段的环保活动，让学生用稚嫩的双手拿起劳动工具，用所学的劳动技能为校园洁净服务。学校开展了"我为图书排排队""我为篮球洗个澡""我为垃圾宝宝造个家"等富有童趣的校园服务活动。

（2）中年级用观察助力服务，在社区萌发奉献的动力

随着年龄的增长，学生服务活动的视野将进一步扩大，对外界的观察和学习能力逐步提升，内心向往到更大的空间去发挥自身作用，而社区服务就在于把学生置于比课堂、学校更广的社会背景中，使劳动技能和社会实践得到更好的结合。这些恰巧满足了学生的需求，社区服务成为中年段学生活动的主要场所，能让学生在奉献中形成积极向上的生活态度，增强社会使命感和责任感。

为此，学校联系了社区，获取了一些适合中年段学生爱心服务活动的信息，架起社区与学校沟通的桥梁。为让学生用爱心温暖他人，学校开展了"遥控送餐车""阳光养老""星星相映"等用心、用情、用行的爱心助力活动。

（3）高年级用探究点燃服务，在社会凝聚少年的力量

高年段学生在前期的积累下，已经具备真正走入社会进行实地服务的能力，也由原先的集体活动逐步向更为灵活的小队活动转变。随着学生对社会时事新闻关注度的提高，逐步会用自己独特的眼光探究适合自己小队的服务活动，在服务活动中形成对自我、对社会负责任的态度和服务社会的情怀。

因此，经过学校的引领和筛选，逐步聚焦一些适合当下、符合年龄段的

流动宣传活动。开启宣讲的列车来到不同的站点进行服务，开展了"亚运莲花绽放杭城""杭州街巷深度游规划""地铁交通我来导"等宣传活动。

2.薪火接力与热点追踪：开展多类型服务

经历社会服务一般有两种不同类型的服务形式，有薪火接力式长期的服务活动和热点追踪式特定的服务活动。这两种服务形式循环着贯穿了整个小学阶段。

（1）在薪火接力服务活动中磨炼意志

薪火接力服务活动是指确定一个活动内容后，经历一年、二年甚至整个小学阶段的社会服务，有时候还需要找到志同道合的接班人，把手中的服务接力棒交接给下一个班级。薪火接力服务活动需要有长期的规划、长期的互动、长期的整改。坚持就成了服务活动的主心骨，在长期的活动中不能一成不变，活动的内容因为长期两字也要随之有所递增。因此，薪火接力式的长期活动不仅考验的是学生设计活动的进阶能力，更考验着学生始终坚持的意志力。

学校从一年级开始开展与四川凉山州雷波县海湾乡的麻柳村小朋友爱心结对活动。班级从一年级开始，开展"送冬衣，云传递"活动；二年级开展"闻书香，暖冬意"活动；三年级开展"暖心诉友情"活动；四年级开展"空中书信暖意浓"活动；五年级开展"暖心、暖衣、暖情"活动；六年级开展"寻暖、忆暖、聚暖"活动。每个学年都有相同内容的升级活动，让"温暖"真的刻在彼此的心里。

（2）在热点追踪服务活动中增强社会责任感

热点追踪服务活动是指社会活动有实效性、阶段性、特殊性等，服务活动经常跟着一些重大的事件，特殊的事情。虽然服务活动内容比较鲜明、比较独特，有强烈的社会主旋律特点，但是服务活动却不能因为时间的限制而仓促进行。因此在设计服务活动时需要合理安排时间，让服务活动紧扣主旋律和主题，热点追踪式的特定活动在特定的时间里散发光芒，从而进一步提升学生的社会责任感。

（二）具体实施

对于成长中的青少年儿童而言，贴近身边的服务活动最具价值，因此社会服务活动在实施过程中更要注重"劳动教育——责任担当——价值体认"。学校融入优化大师，推动时空对话，开启童心列车，让学生真正用自己的劳动满足社会需求，增强社会责任感。

1.争当优化大师，在劳动实践中美化环境

学校开展的环保类活动侧重于通过自身努力，组织参与保护自然环境和防止污染活动。用劳动技能在实践中为身边的环境增添绿意，从而在美化环境中净化心灵，提升公民意识。

（1）城市美容，助跑美丽杭城

卢梭说："劳动是社会中每个人不可避免的义务。"青少年是祖国的花朵与未来，能否拥有良好的素质至关重要，而拥有卫生公德是体现内在素质的一个方面。因此，学校为学生创设了"校园美容师""扮靓小红车""阳光除尘员""风雨清洁使"等根据不同年段，以生活圈为阵地安排了一系列服务活动，在清洁服务活动中关心公共事业，陶冶情操，塑造美好心灵，从而更加珍惜环境、珍惜家园。

【案例5-11】 "经历社会服务——小红帽扮靓小红车"活动实施

年级：二年级　服务内容：优化大师　服务对象：公共自行车存放点

背景：政府为了解决出行"最后一公里"的问题，在地铁、高铁等人群聚集的地方，都有"小红车"的身影，但由于人为的原因，这些公共自行车上存有不少顽固污渍，而且难以清除。

环节一：现状反思，清除红车污渍

为了维护小红车的日常清洁，学生妙用生活技巧，利用湿抹布打湿"牛皮癣"，再用小铲子清除小红车身上的"牛皮癣"，让小红车焕然一新。遇到有破损的情况时，学生主动找到修理员进行车辆的维护。他们在不断实践的过程中，耐心寻找解决问题的好办法。

环节二：服务反思，呼吁爱护红车

为了呼吁更多人爱车护车、绿色出行，学生通过头脑风暴，设计温馨提醒卡，发放给低碳出行的市民，提倡在低碳出行的同时一定要爱护小红车，并及时归还。还有的学生自发给公共自行车公司写建议信、设计标语。设计的标语如下：

> 如果你想要带走我，就请你轻轻地解开我的束缚（锁）；如果你不想让我被坏人带走，就请你把我安全送回家！
>
> ——"傅芷祎"牌自行车

环节三：行动反思，红车服务加码

在行动过程中，学生不断涌现新的想法，他们还是一如既往地清洁小红车，但是清洁的范围慢慢扩大；节假日争当临时的小红车管理员，协助调配红车的数量，尽可能解决市民借不到车的问题。

上述案例中的反思总结、学以致用的活动过程，提升了学生解决生活实际问题的能力。学生在真实的情境中集思广益，金点子层出不穷。回归家庭与校园后，学生爱护公共物品的意识明显增强，清洁环境卫生时更有办法，在迁移运用中完善自己的能力。

（2）垃圾分类，延续环保契约

随着时代的进步，环保问题尤为凸显，只有更好地进行垃圾分类，才能让环保得到更好的实现。城市生活垃圾分类，不仅关系到城市文明程度和城市形象，也对实现城市的可持续发展，创建节约型社会具有重要意义。因此，学校进行全员契约式"垃圾分类　我知道""垃圾分类　我能行""垃圾分类　我来倡"活动。三个年段循序渐进地推进活动的持续开展。每个年段签署环保契约。比如，一年级根据契约内容开展了"垃圾分类　我知道"活动，通过认识不同颜色垃圾桶的功用，然后通过垃圾图片进行模拟分类，再进行实物照片现场分类，最后进行快速抢答和教室垃圾桶检查；而二年级的"垃圾分类　我知道"则更侧重于实地考察，需要去更多的教室检查垃圾分类情况并及时纠错，从而进一步落实垃圾分类的基础。中、高年级则在递进中延续。

2.架设时空对话，在嘘寒问暖中连接你我

学校的帮贫助困类活动立足于人道主义精神，有助于构建和谐社会理念,稳定社会秩序,为人们创造一个和谐文明的社会环境,也有利于社会的健康发展。帮扶服务主要体现为奉献、友爱、互助、进步的服务精神。学生在经历帮贫助困类活动中提升奉献精神。

（1）心灵之约,温暖孤寂老人

曾经的大批建设者,逐渐进入暮年,意味着老年人越来越多,中国也将步入老龄化社会。因此老年人的服务也成为如今的热点问题。学校开展了一些"适老"服务,收集了目前老年人遇到的困难和问题,开展创新服务,做老人的"贴心小棉袄"。比如,"孤寡老人三连线",每周都会有两次线上聊聊天,周末一次上门解决小困难。"空巢老人秀才艺",每周都会与相同才艺的空巢老人一起才艺秀。"养老院里齐欢笑"的探访沟通活动。真心地为老人献爱心,让老人充分享受快乐。

（2）空间瞬移,牵手远方伙伴

爱心是美丽的心灵之花,拥有一颗爱心,就拥有一种奉献精神,能关爱和爱护他人。学校开展了"心中有他人"的教育活动,为学生搭建了多途径的平台,走入真实社会去牵手远方同龄伙伴奉献爱心,让学生在关爱他人的同时形成良好的情操。

【案例5-12】 "经历社会服务——冬日暖心,衣旧有爱"捐赠活动的实施过程

年级:三年级　服务内容:时空对话　服务对象:四川凉山的学生　服务地点:教室

背景:寒冬即将来临,开启了与四川凉山学生的时空对话,知道了那里的学生在寒风中瑟瑟发抖,双手都长满冻疮,如此情景让青蓝的学生感慨万千,于是决定帮助凉山的学生,让他们也能过一个"暖"冬。

环节一:现状反思,凉山孩子缺衣过冬

冬日临近,通过时空对话知道了四川凉山的学生因数九寒冬的到来而犯愁,因为贫困的他们没有能力买过冬的衣服。

环节二:服务反思,结对帮扶共成长

一次的帮助只能温暖他们的身体,而长久的关爱才能架起一座心灵的暖桥。结对服务,让青蓝拉起了凉山的手,贺卡的往来、语音的沟通、合照PS合成,结对服务让凉山的学生能获得更长久的"暖"。同时呼吁更多的人参与到为偏远山区学生送去温暖的活动中,让更多的学生享受到心的温暖。

环节三:行动反思,感恩珍惜助人为乐

通过送温暖活动,让学生知道不是人人都能过得那么的衣食无忧。看着凉山的学生穿着送去的衣服露出的笑容,不仅要感恩父母带来的幸福生活,而且也要珍惜现在的一切,更要经常帮助别人,做到助人为乐。

此案例的活动内容选择和活动方式呈现符合三年级学生的实际情况,从需要"暖"的真实场景出发,接着一路追寻"暖"的步伐,最后升华"暖"的内涵。环环相扣,暖暖相连,心心相印。

3.开启童心列车,在流动宣讲中引发共鸣

学校的童心列车途经之处,学生宣讲中都能正确引导社会舆论,丰富人们的生活,形成团结和谐的氛围。学生在经历社会宣传中,不仅提升交际能力,而且对杭州发展有了更深的了解,进而转化为对生活在这座美丽城市而产生自豪感。

(1)城市引导员,守护"人间天堂"的秩序枢纽

以杭州举办亚运会为契机,为了让文明的花朵在杭州怒放,青蓝的学生掀起了"文明引导员,街头引领新风尚"社会宣传活动的热潮。不仅在热闹的街道、超市、商场、地铁等场所倡导说文明话、做文明事、争当文明人,而且在确保安全的前提下,为初来杭州的人做一做向导,指一指方向,说一说文明。由于需要走出校园,植入社会,因此活动安排在高年级较为合适。比如,六年级开展了以亚运为主题的"人间天堂孕育亚运莲"系列活动,从"亚运之路我来寻"的书画展迎接亚运到来,接着从"亚运城市定格秀"的橱窗宣传入门,"亚运村与村的对比展""我与亚运心连心""亚运礼仪之声"到"亚运莲我来护"的城市文明宣传活动。通过这一系列活动提升文明素养,践行礼仪规范,向世界展示一个文明、开放、包容、有礼的杭州形象。

（2）旅游规划师，打造"拱墅专属"的定制服务

杭州是世界闻名的旅游城市，秀丽的景色吸引着无数游客前来游览，精品线路已经成为杭州游览的标配。但杭州的美不仅仅只有这些，一些远离精品线路的林荫小巷、廊坊建筑、名人古迹、山涧小溪等都等待着被熟知。因此，学校高年级的学生以身边的区域为半径，展开了一次别开生面的私人定制。

【案例5-13】 "经历社会服务——五彩拱墅跟我游"旅游线路规划的活动实施

年级：五年级　服务内容：童心列车　服务对象：来杭州旅游的人　服务地点：地铁

背景：属于杭州的拱墅区山绿水清，自然生态环境良好，历史人文景观丰富，形成了丰富的旅游资源。但由于来杭州旅游的游客都去西湖十景打卡，而忽略了杭州还有更深度的旅游资源，导致游客错失了优质的深度旅游景点，或者景点不能满足游客需求，游之乏味或知之茫然，甚至失望而归的现象时有发生。

环节一：现状反思，需资源分类着色彩

杭州的旅游持续升温、态势良好，作为杭州主城区的拱墅区，开发的景点和旅游项目品类较多，可相应的配套服务跟进与游客的实际需求之间存在较大的供需矛盾。一些项目特色不够鲜明，缺乏统一的游览线路规划和详细专业的景点介绍，为了缓解这种矛盾，依据景点特色规划为七大类，以适合不同游客的需求，分别为"金色拱墅、绿色拱墅、棕色拱墅、橙色拱墅、红色拱墅、蓝色拱墅、米色拱墅"。

环节二：服务反思，重搭配需求巧规划

为了让更多来杭州旅游的人能意犹未尽，不枉此行，可以随意搭配颜色选择旅游路线，也可以选择一种颜色进行深度游。例如，印上"红色拱墅"的旅游景点：杭州马寅初故居、大兜路历史街区、小河直街、毛泽东思想胜利万岁展览馆旧址、富义仓、江墅铁路遗址公园等有红色记忆的阵地。印上"金

色拱墅"的旅游景点:杭州香积寺、龙兴寺经幢、杭州天主教堂等信仰场所。印上"绿色拱墅"的旅游景点:半山森林公园、石塘公园等自然风光。印上"棕色拱墅"的旅游景点:拱宸桥、登云桥、通济桥、永宁桥、祥符桥等古桥文化。印上"米色拱墅"的旅游景点:浙窑公园、浙江自然博物馆、中国刀剑箭博物馆、中国伞博物馆、手工艺活态展示馆、中国京杭大运河杭州段等各类场馆。印上"橙色拱墅"的旅游景点:西湖文化广场、武林广场、运河广场等综合广场。印上"蓝色拱墅"的旅游景点:京杭大运河杭州段、中东河等水文化景点。根据提供的色彩名片,可以先让游人自由搭配色彩,再让同学帮助规划出心仪的旅游线路。可以是多种色彩搭配的五彩游,也可以是一种颜色的深度游。又如,"红色漫步游"线路:运河城市驿站—张小泉剪刀厂—江墅铁路遗址公园—杭丝联166园区。

环节三:行动反思,凝集思广益促成长

服务过程中,学生不断涌现新的想法,如受导航启发,准备设计一键式的旅游线路、最节约时间的线路、内容最丰富的线路、最轻松的线路、最能满足味蕾的线路等。

此案例在基于实际调查后设计制作出来的游览线路,对提高拱墅区知名度有着很大的益处。本次服务活动在深入了解区域的自然文化特色的同时,也增厚了对家乡的热爱之情,增强了我们建设发展家乡的责任担当。

三、活动建议

教师要积极参与社会服务活动的研究和探索,吸收新知识,完善能力结构,把握社会服务的特点,充分提高自身素质。教师观念的转变和本质上的重视是社会服务成功实施的基本保证。

(一)解决学生遇到的知识难题,促进基础知识向实际应用转化

社会服务活动中会遇到一些知识问题,教师要及时帮助,促进学生掌握基础知识向实际运用转化的技巧。如指导学生开展"自然博物馆小馆长"社会服务活动,发现最大的问题是学生缺乏对于自然博物馆不同楼层展馆内容的了解,此时需要教师引导学生去了解自然博物馆馆藏知识,使学生突破这方面的难题，在现场结合实际，自信地体验"小小讲解员"的角色，最终顺利地完成社会服务活动。

（二）指导学生做好服务过程记录，促进学生问题意识的培养

确定社会服务内容，按计划开展活动后，教师应根据学生活动的具体任务，引导学生进行活动记录，主要记录活动过程中的认识、体会和反思。

记录活动过程中的过程和方法。教师要引导学生随时记录活动主题的由来、活动方式和解决问题的方法。为了达到综合运用学科知识的目的，我们应该尝试引导学生通过各种呈现方式来记录这些过程和方法。

通过记录发现问题，让学生养成随时记录的习惯。可以记录问题过程、产生的情况和当下的感受。比如，学生可以用日记或周记等形式记录，并时常翻开这些记录，从而增强学生问题意识的培养。

（三）善于观察学生情绪波动，及时扭转积极性减退现象，促进学生均衡发展

因为社会服务活动的实施过程并不像解决学科课程中的一般问题那么简单，需要一定的时间和精力。并且，这个过程不总是一帆风顺的。学习方式的改变常常会给学生带来冲击，会有些许不适应，这就导致教师不知从何下手、畏畏缩缩、知难而退的现象。因此在活动中，教师需要多留心观察学生，及时发现学生在社会服务活动中心不在焉，小组讨论参与性不强，分配工作互相推诿，对待人物敷衍了事等现象，时常与学生进行交流，时刻掌握学生思想动向，尽早解除学生的不良感受及情绪波动。如指导学生参与"精灵使者蓄力环保"活动，包括活动前期的沟通联系、地点选择、确定内容、合作落实、服务分工等，有些考虑不周全的学生对合理安排有困难，很容易成为一个跟随者，此时，教师就需要跟这些学生进行沟通，让他知道环保不只是前期的充分准备，还有更重要的现场随机应变，如环境的整洁程度与预估人数是否相符、预设服务分工人员比例是否符合等，鼓励他发现自己的优点，积极参与到接下来的环保活动中。

（四）随时发现突发问题，及时快速提供有效帮助，提高学生应变能力

教师要观察学生活动的每一个环节，善于时刻捕捉信息。学生在活动中可能会遇到很多困难，如果不及时帮助解决，就会影响学生主动的持续服务活动。因此在活动实施过程中，教师要随时关注学生服务活动的进程，了解学生活动过程中遇到的困难，随时给予帮助和引导，使学生的思维活动得以深化，思路历程得以开阔，真正有价值的问题得以拓展和深化。如指导学生参与"浸润心灵之旅"活动，前期通过倡议，学生纷纷进行了捐书，看似风风火火，可与实际需求差距较大，大部分学生捐书以杂志为主，还有一些书籍的种类过于单一，都以文学类为主，而且低年龄读物较多。此时需要及时引导学生发现这些问题，并快速调整方法，倡议捐符合自己年龄的书籍，并在书的扉页写一句激励的话，调整后的捐书活动变得有序且有意义。

第六章

慧脑行动:在经历中迈向未来学习

　　随着全球化发展和技术快速进步,教育迎来4.0时代。教育目标将从"知识传递"走向"心智发展",未来"智本"将代替"知本","学力"将重于"学历"。在"十四五"开年之际召开的科学家座谈会上,习近平总书记强调了加快科技创新的重大战略意义,还着重提出要大力弘扬科学家精神。而不论是科学家还是其他领域的专家,纵观他们的成长成才路径,几乎都包含了以下几个特质:少年时就具备强大的好奇心,具有积极的探究力,更在实践中有不断创新的意识。因此,学校基于《中国教育现代化2035》的要求,结合《中国学生发展核心素养》和《21世纪核心素养5C模型》的学生培养方向,设计慧脑行动,通过疯狂创想活动,点燃学生好奇心;通过自然探秘活动,助推学生探究力;通过未来改造活动,触发学生创新力。经历这些丰富的活动,能提升学生的智慧,获得面向未来的学习能力,在各类活动中掌握学习的核心密钥。

第一节　疯狂创想：点燃童年好奇心

爱因斯坦说："创造力比知识更重要，因为知识是有限的，而创造力几乎概括了这个世界的一切，它推动技术进步，甚至是知识的源泉。"如今，创造力将会是未来职业的三大重要技能之一。好奇心促使人思考，好奇心、求知欲会推动我们向目标前进。创造需要坚持，需要不断克服压力。少年儿童是想象力最丰富的一个群体，对世间万物都充满了兴趣，因此教师要呵护好他们的好奇心，激发并培养他们的创想意识，从小就为未来的学习和生活积累必要的能力。

一、活动要义

创想与创新、创造一脉相承，但后两者更注重物化的表现，更倾向于成人世界，而创想更注重创造前的思维孕育，更多的是一种思维方式，更适合儿童。学校设计"经历疯狂创想"活动，尝试营造新颖的环境和氛围，提供可探索的材料，引发学生的好奇，在好奇心驱动下让学生经历创想的过程，种下创新的种子。

（一）界定

"疯狂创想"就是基于青蓝学生的兴趣、需要及精神生活，为学生提供最佳的创想场所，创设各种创想境遇，设计各类有趣的创想活动，让学生于互动和游戏中成长，激发学生的好奇心和幻想力，刺激他们去探索和开拓。

1.在新奇事物中引发创想

小学生的好奇心一般来自外界环境的刺激，他们对陌生的世界充满好奇，那些具有神秘色彩的事物和现象更容易引发他们的好奇心。"疯狂创想"

要挖掘新奇的事物或现象,刺激学生的感官,激发学生的好奇心,使他们积极主动地投入观察、操作中,从而就能自然地引发学生的思考和创想。

2.在趣味活动中深入创想

"疯狂创想"为学生搭建玩乐的平台,设计趣味活动。创想学习活动的开发立足于国家课程,根据教学内容精心整合活动资源,借助活动增加学生具身参与的机会,促进他们探究,进而培养他们的创新能力,推动创想活动走向深入。

(二)目标

通过疯狂创想活动,改变学生大脑中的固化印象,激起学生的好奇心,促进学生在活动中产生奇思妙想,利用新的想法创造新的作品,让学生享受创新带来的惊喜与愉悦,从而激起学生内心深处创意的潜力,体会自身的无限可能性。

(三)特征

1.通过富有创意的材料,点燃好奇心

对于小学低年级的学生来说,好奇心是没有明确方向性的,它指向周围环境中学生感兴趣的新鲜事物,好比一个塑料袋、一片树叶都能成为引发他们好奇心并进一步探索的原因。因此,疯狂创想活动要为学生提供富有创意的材料,让学生置身于感兴趣的材料中,他们就会很专注地去认识。当这些创意材料成了他们好奇的对象后,他们就会积极去探索,点燃好奇心。

2.通过天马行空的创想,催生好奇心

孩子生来对这个世界充满了好奇,他们有着天马行空的创想。"疯狂创想"活动就是要呵护、延长学生的这颗好奇心。"疯狂创想"活动中,教师会蹲下来倾听,走进学生内心,鼓励他们大胆表达自己的想法并加以引导,让学生在宽松愉悦的氛围中催生好奇心,产生更多有意思的创想。

二、活动实施

学生有一定的创新性思维,但其丰富性、独创性、精致性还有待提高。基于此,学校在一到四年级开展经历疯狂创想活动,这些活动以呵护学生好奇心、培养学生想象力和创新能力为目标。活动中,初步感受创意带来的乐趣,播撒创意的种子,逐步提升创意思维。

(一)内容安排

设计疯狂创想活动时,学校依据6～10岁儿童的认知特点,设计了日常类创想、融课程创想、主题化创想三类活动。三类活动有各自的侧重点,日常类创想侧重于激发学生好奇心,培养创想意识;融课程创想旨在呵护学生好奇心,训练创想技能;主题化创想指向增强学生好奇心,发扬创想精神。

三类活动又有共同的目标指向——点燃童年的好奇心。随着学生年龄的增长,好奇心会逐渐减弱,而好奇心是人们学习的内在动机,是一种非常重要的学习品质。因此,学校通过疯狂创想活动引发学生好奇心,并用心呵护这些好奇心,燃烧出智慧的火焰(见图6-1)。

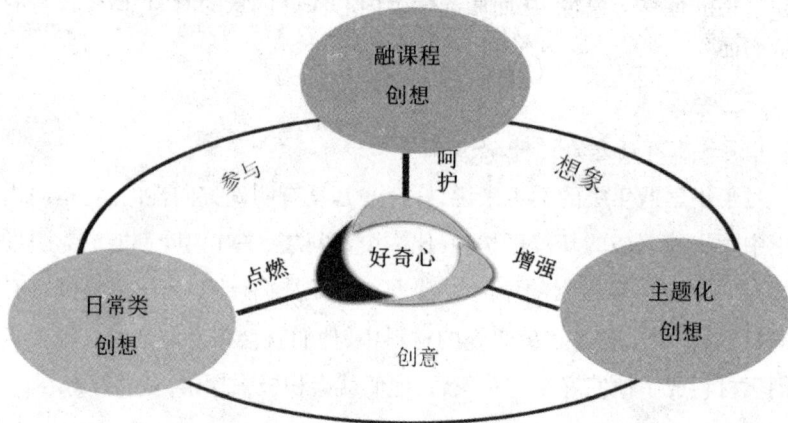

图6-1 疯狂创想活动设置架构

1.日常类创想:点燃好奇心,激发参与

日常类创想活动是从生活中非常细小的现象入手,把这些生活现象进行适当的包装、改造,激起学生的好奇心,进而激发他们积极参与到观察、想象活动中,逐步培养小学生乐于对生活中的细节进行观察和思考的习惯。如"疯狂泡泡"创想活动,教师为一年级学生提供各种各样新奇的吹泡泡工具,学生的好奇心被点燃,然后主动地参与到创作的活动中,利用身边的各种材料去制作自己独一无二的吹泡泡的工具,并用吹泡泡的方法来画画,让学生体会创想的快乐。

2.融课程创想:呵护好奇心,萌发想象

创想活动的设计需要基于多门学科的资源融合。教师要精心开发和设计适合儿童创想的内容,用开放的视角整合课程资源,增强学生具象学习的机会。如"护蛋行动"活动融合了数学、科学、美术等资源。教师指导学生给鸡蛋做件衣服,得知道鸡蛋的表面积有多大,学生大胆进行想象,想出了许多估算表面积的方法,但实际操作与想到的会不一样。在此过程中,教师要关注学生的好奇心,肯定学生每一次想象的过程,用好奇心点亮学生想象操作的心灯。

3.主题化创想:增强好奇心,迸发创意

当学生已经具备了一定的观察能力、想象能力,学校的疯狂创想活动也进一步升级。此时的创想活动目的是激发学生的创意,学生在主题化创想活动中有自发的创新精神。这个阶段,教师需要增强学生的好奇心,具备了好奇心,学生才会全情投入活动,创意的火花才有机会迸发。如"创意发布会"花样发型活动中,教师提问创意发型可以有哪些元素?鼓励学生自己去寻找答案,学生根据自己的经历与特长,设计了丰富的发型。有的学生根据自己喜欢的美食设计出了可乐、星巴克、甜甜圈等发型;有的学生根据自己喜欢的运动设计出踢足球、冲浪发型;还有的学生根据自己喜欢的角色设计出了美人鱼、蜘蛛侠、木乃伊、小黄人等发型。学生创意在实践中得到实现,创意给学生带来了无限的快乐与成就感。

(二)具体实施

1.进入创想教室,在丰富的材料中激发灵感

培养学生的创新思维需要营造一个民主和谐、生动活泼的学习环境。青蓝小学的每一间教室都会开辟不同的功能区,为学生玩耍、交往、阅读、探索提供了充分的可能,有助于促进学生表达、交际、理解、创造等能力的发展。除了丰富常规教室外,学校还开发了如"设计研究院""创意美术室""户外活动空间"等各类创想场馆,为学生能够充分想象、动手探究创造机会,营造了浓厚的创造氛围。如创意美术室,相比其他美术教室,它的活动场地更大,活动材料更丰富。教师带领学生用各种方式进行创造,泡泡画、水果画、鸡蛋画等,学生好奇心一次次被点燃。再如户外活动空间,教师为学生提供

了各种各样的活动设施,为学生提供了一个更加开放、亲近自然的学习环境。

【案例6-1】 疯狂泡泡

学生利用两节美术课的时间,来到创意美术室开展创想活动。

环节一:花样吹泡泡

【活动任务】自创一个吹泡泡的工具。

【活动材料】铁丝、扭扭棒、小珠子、吸管等。

【活动流程】

1.播放视频,让学生了解各种各样可以吹泡泡的工具,激发学生好奇心。

2.学生之间关于吹泡泡的工具进行讨论交流。

3.动手尝试,交换互玩。

【活动意图】学生们脑洞大开,利用创意教室的各种材料制作吹泡泡工具,并在组内交换工具吹,尝试比较怎样的工具最适合。

环节二:泡泡作画

【活动任务】用彩色泡泡做一幅创意画。

【活动材料】吹泡泡工具、颜料、白纸。

【活动流程】

1.教师示范用吹泡泡的方法作画,引起学生的好奇心和实践欲。

2.在调试好的泡泡液中加入自己喜欢颜色的颜料。

3.吹泡泡,让彩色泡泡落在白纸上。

4.利用泡泡落在白纸上的色彩创作美术作品。

5.小组中互相介绍自己的作品。

【活动意图】每位学生喜欢的颜色不一样,泡泡的落点不一样,形成的画面各不相同。学生们在泡泡图的基础上进行适当装饰,形成一幅幅各具特色的创意画。

这是一次与泡泡的亲密接触。在创意教室里,学生通过欣赏一幅幅神奇的泡泡创意画,萌发了好奇心,产生了实践欲。在讨论、制作等活动中,学生脑洞大开,进一步感知泡泡的形态美和色彩美,体验吹泡泡和泡泡作画的独特趣味。

2.联系生活实际,在快乐的游戏中发挥想象

疯狂创想活动中,教师引导学生积极联系生活,细心观察身边的人、事、物,在观察中点燃学生的创想意识。好的游戏不仅可以激发兴趣,还可以发展智力,更好地培养创新意识。疯狂创想活动引导学生以游戏的形式发挥自己的想象力,不断去尝试。在游戏中,教师为学生提供表现的空间,引导学生根据自己的兴趣去大胆自由地创作,创新的点子就会不断呈现。在创造性游戏中,材料是学生最好的、最直接的老师。教师为学生准备新奇有趣的游戏材料,根据学生需求和搭建主题的倾向性后,教师基于学生情况选择适当的主材及辅材,帮助学生更好地实现自己的创想目标。

【案例6-2】 神奇光影

环节一:影子和涂鸦

【活动准备】各种物品、白纸、水彩笔。

【活动流程】

1.微课欣赏:Vincent Bal是比利时电影导演,他喜欢喝咖啡。有一次他独自一人想着电影的构图,忽然被杯子的影子吸引住了,涂涂画画后有了一张可爱的图画。后来,落叶、水果、杯子……各种影子,都被他赋予了不一样的精彩。

2.动手尝试:规定物品进行创意——以自己喜欢的物品进行创意。

【活动意图】涂鸦是低年级学生日常生活中很喜欢的活动,一个个影子通过学生的创意想象,变成了一张张妙趣横生的图画。

环节二:手影游戏

【活动准备】

1.手电筒若干。

2.白卡纸背景板。

3.手影谜题卡。

【活动流程】

1.4人为一组，由组长从8张手影谜题卡中抽出一题，开始闯第一关。

2.根据抽取的题目，小组内进行合理分工合作。组员须在2分钟内通过讨论，做成手影图案。

3.组员在白卡纸背景板前开始手影表演，表演成功的小组成功通关，获得第一枚章。

4.组长从剩余的7张手影谜题卡中抽出一题，开始闯第二关。

5.根据抽取的题目，小组内进行合理分工合作。组员须在2分钟内通过讨论，做成手影图案。

6.组员在白卡纸背景板前开始手影表演，表演成功的小组成功通关，获得第二枚章。

7.如果快速做出手影，在余下时间内可以创意出另一种方法的，可以获得第三枚章。

【活动意图】手影游戏主要是依靠手指灵活的变化，创造出多样化的造型。在游戏活动中，教师发现：手部的灵活性和思维的发散性相结合产生的作品是非常有创造性的。

在这场光影盛宴中，处处可以看到学生灵动的身影、迸发的好奇心和无限的创意。创意涂鸦活动可以激发学生的好奇心。手影游戏可以让学生在游戏活动中展现与发展自己的观察能力和想象能力，这对学生好奇心的开发有着重要的意义。

3.组建活动小组，在融合的课程中激发创想

创想活动经常以小组为单位开展，在小组合作的创想中充分发挥学习自主性和创造性，培养团队精神和协作能力，促进学生的全面发展。"创想活动"小组一般由4～6名学生组成，从学生的学习能力、兴趣、性格、性别等方面出发，遵循"组间同质，组内异质"的原则，实现小组内的优势互补，让学生在组内交流的过程中互相启发、互相补充、互相激励。学生的创新思维和想象在讨论交流中一旦被触发，有如激流奔放，甚至可以形成汹涌的创新思维浪潮。

【案例6-3】 护蛋行动

环节一:我为鸡蛋做新衣

【活动任务】测量鸡蛋的表面积,为它做件新衣。

【活动材料】鸡蛋、各种纸、双面胶等。

【活动流程】

1.每位学生独立思考,创想测量方法。

2.交流方法,方法相似的成员组成活动小组,把创想付诸实践操作。

3.全班交流分享:有的把鸡蛋壳敲碎,再把碎蛋壳拼成一个规则图形。有的在鸡蛋外面包双面胶,再把双面胶外面一层撕下来,计算撕下来双面胶的面积就是鸡蛋的面积。有的在鸡蛋壳上包彩泥,等干了以后切割下来,拼成规则图形。还有的在鸡蛋壳上画1平方厘米的小方格……

4.选择合适大小的纸为鸡蛋做件新衣服。

【活动意图】该活动设计与校内课程紧密结合,活动中充分让学生在思考、操作中体会化曲为平的思想,从而对面积概念的理解更完善。学生创想极为丰富,这次创想活动并没有固定标准的答案,重在学生的这份创想经历,在尝试、否定、再尝试……的过程中发散思维,对面积的认识也更具象。

环节二:鸡蛋撞地球

【活动任务】将一枚普通生鸡蛋连同装置由四楼抛到水泥地面半径为150厘米的圆形区域内,保证鸡蛋不破损。

【活动材料】鸡蛋、各种制作护蛋工具的材料。

【活动流程】

1.以小组为单位,进行护蛋方法创想并设计样图。

2.根据样图,制作护蛋装置,把创想付诸实际。

3.全班交流分享:有的想到降落伞型装置,利用降落伞,增大空气阻力,以使鸡蛋连同整个装置平稳落地;有的想到外包装型,用较多的减震材料将鸡蛋严严实实地包裹起来。比如泡沫、棉花、各种填充材料等。通过这些材料的缓冲作用,达到保护鸡蛋的目的;还有的想到气球型,将鸡蛋放在一个气球中,充入一定量的空气,在外面再套一个气球,充入适量空气。这样两层气球之间就会形成一个气垫,会使鸡蛋免受地面的冲击……

4.实践比赛,在蛋壳不破裂的前提下,作品装置的质量越轻者,名次越靠前。

【活动意图】该活动是基于科学课学习内容开展的,在设计、实施的过程中锻炼了学生严谨缜密的科学思维能力,而且拓展了知识视野,激发了想象创作热情,培养了学生的创新创意素质。

鸡蛋撞地球,怎样才能令鸡蛋不碎? 这一问题既富有科学性,又具有挑战性,极大地引起了学生的认知性好奇,促使学生对知识进行理解和探寻。在融合多门学科,设计多种护蛋装置的尝试过程中,学生通过讨论、设计、制作、实验等环节,创造性地对材料进行重组和加工,培养了动手和动脑能力。

4.展示创想成果,在智能的评价中再生好奇

儿童具有强烈的表现欲望,如果发现自己的创想成果被大家所欣赏、认可的话,那么就可能产生更多的创造力。因此,教师要给学生展示创想成果的平台,让学生畅所欲言,互相启迪。同时对于创想成果的评价,应建立目标多元、方法多样的评价体系,通过智能评价来发现学生在创想活动中存在的各种问题,并积极提出改进的方向,让他们在多元评价中更好地改进自己,不断再生新的好奇,进一步探究与发现,产生独创的思路和见解。

【案例6-4】 创意发布会

环节一:"创"之发——一个创意发型

【活动任务】以小组为单位,围绕最喜欢的一项事物,利用自然材料和生活材料设计一个最有创意的发型。

【活动流程】

1.观看中国发型发展史的纪录片片段。

2.以小组为单位,选择最喜欢的一项事物,思考一个富有创意的发型,并画出草图。

3.利用自然材料和生活材料进行动手操作。

【活动意图】俗话说,改变从头开始。人们平时看一个人注意力大部分放在人的面部以上。因此,此次专属发布会的设计也从"头"开始。而这次创意发布会是有一定难度的,所以以小组为单位,学生能力可以互补,学生天马行空的想象力在活动中得到充分发挥,利用材料的特点,创造出属于自己的专属发型。

环节二:"创"之装——一套创意服饰

【活动任务】以小组为单位,根据发型主题,进行二度创意服饰设计,设计与之相匹配的活动场景,即将场景设计成服饰,使发型和服饰成为一个整体,具有场景感。

【活动流程】

1.观看服装的基本色系微课。

2.绘制草图,设计与发型匹配的活动场景,如设计美人鱼发型的学生可利用蓝色垃圾袋设计一条裙子成为海洋;设计鸟窝发型的学生,可利用树叶设计一套大树服装。

3.精心制作,利用不同的材料进行整合,打造一套创意服饰。

【活动意图】该活动以多元化的内容,启发学生以独特的视角去创作适合发型的服饰,在提高学生动手动脑能力的同时,也能提升学生的眼界,感受到创意设计与服饰造型结合的奇妙乐趣。

环节三:"创"之秀——一场专属发布

【活动任务】开展创意发布会,以小组为单位,在舞台上进行创意形象的专属发布。

【活动流程】

1.发型及服饰设计完毕后,学生进行三度创意设计,准备个人形象设计的专属发布,可以介绍自己的设计思路,也可以介绍自己形象的特殊功能,还可以围绕自己设计的形象展开想象创编故事。

2.通过小组互相投票和专业教师投票,最终评选出最佳创意奖、最具人气奖、发型创意奖、服饰创意奖等。

【活动意图】创意发布会是整个活动的提升与总结,学生以小组展示的形式进行一场主题秀，形式不限，鼓励创新，既锻炼了学生的团队合作能力，又将团队凝聚的创新力提升到新的台阶。

同理性好奇需要学生不断地深入思考，并且为之付出更多的探索和努力。创意发布会需要学生的相互协作，在合作中，学生首先需要定位好自己的创意，继而通过同质组合或异质组合的形式，将团队的创意最大化，发展同理性好奇。

三、活动建议

（一）创设良好的物理环境，而不是凭空想象

疯狂创想活动要为学生创设一个开放自主、丰富有趣的物理环境，创设的情境应形象生动、贴近生活；提供给学生的材料要新颖奇特、色彩艳丽；呈现的现象应奇异独特。这样能刺激学生的感官，激发学生的好奇心，让学生在真实的、充满奥秘的环境中探索发现。

（二）呈现适当的梯度难度，而不是过度拔高

小学生的好奇心一般来自外界环境的刺激，当他们已有的知识与外界环境提供的知识存在一定的距离时，学生就会想要不停地去探索，但这个距离一定是基于学生的最近发展区。因此设计疯狂创想活动需要制造出一点"知识缺口"，只有呈现适当的梯度难度，学生才会有信心一直专注于自己未知的领域，从而产生长久的好奇，最后带来解决问题的愉悦感和满足感。

（三）提供良好的心理支持，而不是施加压力

在疯狂创想活动中，教师要为学生创设一个温馨良好的心理环境，让学生能无所顾忌、自由自在地进行探索活动。教师要从学生的角度去了解他们的思想、兴趣、需要和知识水平，继而真正地理解、尊重、认同和信任学生，切忌以成人的思想去约束学生，同时给予学生足够的自由和权力，让他们想自己所想，思自己所思，问自己所问。这样，他们才会愿意去释放自己的好奇心。

第二节　自然探秘:助推学习探究力

自然界充满了无限奥秘,每位学生都是天生的探秘者。学校充分挖掘和开发学生的经历,以学生宝贵的自然探秘经历为基础,培养学生对自然的兴趣和好奇心,丰富对自然的认知,让每位学生关注身边的自然,利用观察、调查、比较、分类、分析资料、得出结论等探究方法,发现自然的规律,并且利用规律来参与一系列的探究活动,助推学生的探究力发展。

一、活动要义

"自然探秘"植根于小学科学学科,教师们在活动操作过程中充分挖掘内涵,设定不同年级目标,明确该经历的特征,让每个年级的学生都能在经历自然探秘中得到真实成长。

(一)界定

"自然探秘"是指青蓝学生将日常和学习生活中获得的自然科学规律应用于教师们经过反复实践论证、改进的一种有价值的自然科学活动。它不仅能够点燃学生的探究欲望,更能在活动中发展学生的探究能力,并通过活动参与、经历反思,使学生的知与行得到有效链接。

1.在自然中点燃探究欲望

大自然的每一个领域都是美妙绝伦的。对于大自然的探秘,人类从未止步。也正是因为人类最初对于大自然的观察,才有了科技与社会长足的发展和进步。引导学生结合学科教育优势,走进自然的怀抱开展探究,不仅是人类研究最初的状态,也是点燃学生探究欲望的最佳方式。神奇叶画、蚕茧探秘……教师带领学生开展一系列的科学研究,从这些普通而又不平常的自然事物中发现问题、寻求规律。

2.在活动中发展探究能力

探究真理比占有真理更为可贵。"经历自然探秘"就是以大自然为研究对象，包括自然界和人工改造后的大自然，围绕大自然提出科学的问题或目标，通过收集资料、实地观测、实验操作、成果检验、解释分析、评价或改进等步骤去发现规律，探究自然真理。在这个活动中，学生进行深度学习和研讨，不仅发展了学生的高阶思维，更培养了学生的探究能力，为学生开展终身学习提供了强有力的工具。

（二）目标

人类的天职在于探索真理。"自然探秘"为学生精选了大量的自然探究活动，让学生在活动中认识自然，保持对万事万物的浓厚兴趣；让学生在活动参与中深度思考，培养研究能力。同时，学生在乐于并坚持参加科学探秘活动的过程中，能积极解决活动中出现的一些问题，不盲从他人观点，能够从事实出发，进行合理的反驳，尊重他人的情感和态度，形成良好的科学态度。学生在经历自然探秘活动中，能够运用归纳与概括、演绎与推理、模型与建模、批判性思维等解释他们的研究，发现规律，能综合科学、技术、社会与环境四个方面理性对待他们的发现和研究成果，并能将成果应用到各项创新活动中，发展理性的科学思维。

（三）特征

1.探究的问题隐藏规律，链接真实世界

从学生生活的真实世界提出问题，这样的问题可探究性更强。"自然探秘"所开展的活动都是围绕真实世界提出的科学问题展开。例如，给你一个咸鸭蛋，你能提出哪些科学问题？学生可能提出：咸鸭蛋好吃吗？把鸭蛋浸泡在盐水里残忍吗？为什么咸鸭蛋的蛋白总是比蛋黄咸……仔细分析第一个问题，发现这个问题基本没有固定答案，因人而异；第二个问题，这是价值观问题，答案也五花八门；第三个问题，咸鸭蛋的蛋白的确是比蛋黄咸，不存在个人喜好等问题，问出了普遍规律，这才是科学问题。所以，科学问题的典型特征是具有普遍规律，不会因人、因时间、因地域不同而答案不同。

2.探究的过程充满挑战,注重亲力亲为

探究过程的挑战包含很多方面,如探究方法的调整、探究工具的更换,可能伴随不断的失败,也可能意外发现新的问题,伴随多个问题的发现与解决。如在养蚕宝宝的过程中,教师要求学生记录养蚕宝宝的发现,直到蚕蛾死亡。在进行分享时,很多学生都忽略了观察蚕茧里蚕蛹的变化,甚至认为如果蚕茧剪开了,蚕蛹会死去。他们没有亲自剪开进行研究,而是觉得理应如此。在此基础上,教师当面将一个蚕茧小心地沿边缘剪开,引导观察,鼓励学生回家后也学着老师的样子持续观察剪开蚕茧的蛹。他们的思维这样打开后,随后又提出了很多其他问题进行更加深入的研究。因此,探究过程中一定要打开学生思维,鼓励尝试一些具有挑战性的探究,强调学生亲力亲为。

3.探究的资源多元丰富,强调多方支持

小学生对这个世界充满好奇心。一滴水、一块石头,都能引起他们的注意。因此,针对小学生的探究资源丰富且多元。如探究恐龙灭绝的原因,一年级的学生会有各种意想不到的解释。随着年级的递增,孩子们通过书籍、电视、博物馆或者一些课程的学习,逐步接受恐龙灭绝的原因可能是小行星撞击地球,但是不能排除孩子们关于这个问题还会保留自己的一些观点。因此,家人、教师、朋友成为他们倾诉的对象。只要能获得别人对他们观点的认可或支持,那么他们可探究的资源就会涉及更广的领域,不会因为年龄增长而逐渐失去探究的欲望。

二、活动实施

小学生对于自然的好奇心是与生俱来的,但知识储备却有限。这就容易产生自己感兴趣的内容可能没有能力进行研究的问题。因此,自然探秘内容的选择既要保证科学性,又要保证难度适当,贴近学生的最近发展区,让他们能够有足够的兴趣一直持续到问题研究结束。

(一)内容安排

内容的选择主要来自三大板块,教材拓展的活动可以促进校内外科普活动的参与质量,校内外科普活动又能提升学生学习科学的热情,它们彼此

独立但又相互联系，共同促进学生科学探究能力的发展，如图6-2所示。

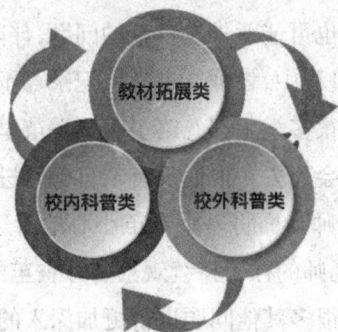

图6-2 自然探秘三大板块关系图

1.教材拓展类

教材拓展类自然探秘主要集中于低中段。国家课程标准对于课内的学习都有一定的内容要求，但课堂时间是有限的，而学生的学习却是无限的，包括时间、空间。因此，自然探秘活动的开展，就是基于课堂向外的延伸。这样，学生的探究欲得到了满足，而且对教师的要求也适当降低，方便教师实施这块内容。

2.校内科普类

校内科普类活动自然探秘在低段和高段均有。由于是在校内开展的活动，教师需要持续关注和指导。这些活动有难度，但又是最接近学生的最近发展区，有挑战但是能胜任。基于现象背后的探秘，需要不断改进和创新，才能取得一定的成绩，因此用竞赛的方式展开，有趣且驱动力大。

3.校外科普类

校外科普类活动自然探秘在六年级开展是很有必要的，它需要各项探究能力的灵活运用，涉及学生的自我管理及小组的有效合作。这些活动很多是基于对自然和生活的观察所发现的问题，有些可能来源于教育行政部门设置的各类比赛。五年自然探秘活动的经历锻炼，不仅夯实了学生的基础，更搭建了进一步学习的框架，为他们自主学习和探究提供了模式与合作基础。

(二)具体实施

自然探秘活动中的教材拓展类自然探秘、校内科普活动类自然探秘和校外科普活动类自然探秘的内容与形式各不相同,实施方式也会不同。因此,自然探秘以开放主题、面向全体、项目化个性实施为主要方式,引导学生在活动参与中获得不一样的经历体验,培养自身的探究能力。

1.甄选:教材拓展,打好探究力基础

教材拓展类自然探秘内容来源于教材,同时又高于教材。因此,可供选择的内容很多,为了不加重学生的课业负担,同时保证学生的好奇心和求知欲,学生感兴趣的内容才是首选,这样才能保证人人参加,打好学生探究能力的基础。因此,每个单元学习完成以后,学生们会根据单元内容或相关的内容,写出自己最想继续研究的内容交给各班科学教师。教师们在活动选择中不仅关注内容的趣味性,还会关注每个活动对学生某个探究能力的着重培养。"神奇叶画""蚕茧探秘""面粉变魔法"是目前开展较好的三个活动。

【案例6-5】 神奇叶画

"神奇叶画"活动同步教育科学出版社小学《科学》教材一年级上册"植物"单元内容。

开展本活动之前,有的学生可能做过叶画,也有的学生可能是初次接触叶画。因此,这里的师生对话可以使部分学生回忆起以往的经历,暴露困惑和知识盲区,为叶画制作打下基础。让学生接触真实叶画,通过细致观察,了解叶画中的组成元素与颜色。学生在此过程中了解到叶画中的树叶形状是多种多样的,不同形状的树叶可以用在图画的不同部位,不同的颜色可以代表不同的事物,知晓合理利用叶片的重要性。

环节一:叶画欣赏

教师在教室内布置一个叶画作品展,教室四周放置真实叶画,多媒体屏幕上滚动播放精美的叶画图片,黑板上书写活动主题"叶画作品展",引导学生欣赏叶画作品,在此基础上唤醒学生已有经历,共同交流叶画制作过程中可能遇到的困难。

环节二：探索与展示

让每个小组重点观察两幅真实的叶画作品。要求：仔细观察，数一数每幅叶画中用到了几种树叶，有几种颜色，学生小组合作进行观察，并按要求填写记录表。完成观察后进行交流与展示。

叶画观察记录表

	叶画①	叶画②
树叶种类		
树叶颜色		
树叶颜色可以用彩色笔填涂表示		

观察是有目的地看。因此需要借助教师对观察能力的指导以及必要的记录单作为支架，辅助学生完成探究活动。一年级学生是第一次学习系统的科学探究，所以安排了基于教材拓展的"神奇叶画"，熟悉探究的流程，尤其是观察能力的培养。有了良好的观察能力，学生对周围的关注度会提升，他们会对周边更加敏感，保持探究的原动力。叶形描绘是否真实、细节是否关注、能否归纳同一种叶形的特点等，都是探究力的具体表现。

【案例6-6】 蚕茧探秘

"蚕茧探秘"活动同步教育科学出版社小学《科学》教材三年级下册"动物的一生"。教师根据实际情况对教学活动进行了再设计，对主题内容进行了开放式的研讨设计，旨在纠正学生的一些错误认知，从而达到对学生进行正确的生命价值观教育的目的。

环节一：设计自然探秘活动方案

根据自己小组感兴趣的问题设计方案。

设计自然探秘活动方案

提出的问题	猜想	研究步骤
问题1:一般蚕茧里只有一个蚕蛹,有的蚕茧里会出现两个甚至更多蚕蛹吗	一个蚕茧里会有几只蚕蛹呢?一只,那是肯定的。会不会有两只,应该不可能	1.上网查阅资料; 2.班级里进行调查; 3.整理相关资料,准备汇报
问题2:蚕宝宝成熟后都会作茧自缚,有没有不把自己裹起来的蚕宝宝	你见过蚕宝宝只吐丝不结蚕茧吗?都说作茧自缚,我想肯定没有	1.上网查阅资料; 2.班级里进行调查; 3.整理相关资料,准备汇报
问题3:用剪刀剪开蚕茧的一侧,蚕蛾会从剪开的口子出来,还是自己另寻出路	已经剪开的蚕茧,你猜猜看,它会直接从剪开的口子爬出来,还是继续重复着其他蚕蛾的出茧动作:从一端吐出具有腐蚀蚕丝的液体,从而卖力地从蚕茧里爬出来?当然是从剪开的地方爬出来,多省力呀	1.上网查阅资料; 2.班级里进行调查; 3.整理相关资料,准备汇报

环节二:实施自然探秘方案

根据上表发现,几组学生研究的步骤是一样的。方案实施中,用到了观察技能,从外观大小上来初步判断哪些蚕茧里可能不止一个蚕蛹;应用了测量技能,来测量一般双宫茧的大小;用到了比较技能,来比较单宫茧和双宫茧的不同;利用分类技能,将单宫茧和双宫茧分开;运用归纳与概括的思维,发现从一侧剪开的蚕茧,蚕蛾基本还是从一端分泌腐蚀蚕丝的液体,奋力爬出来;利用推理能力,从一个蚕宝宝没有作茧自缚推测这样的现象是有的;利用批判性思维审视人类的一些行为是否人道。

环节三:展示自然探秘成果

师生分别从"蚕宝宝的异常行为""蚕蛾傻吗""人类人道吗"三个方面进行研讨。经过研讨,同学们几乎认同了几点关于生命的秘密:每种生命,当环境改变后,因为不适应,会出现一些异常行为;每种生命都有它存活的法则，即使环境改变，它们依然会遵循法则；人类杀死蚕蛾满足自身对于蚕丝的需求，这也是人类改善生活的一种方式，但是人类可以利用科技制造出更多其他替代材料来减少蚕丝的使用。

研讨是否能够有效开展取决于学生的认识是否有所改进。在以上环节中，学生借助一系列的探究技能对所关心的问题进行了深入学习，使他们有了很多感性和理性的认识。而且组间在进行交流时，能够汲取别人的认识，以此来补充自己的认识。因此，研讨对于小学生思维能力的提升帮助很大。学生对生命进行了一系列的思考，引导他们更加理性地对待生命。

【案例6-7】 面粉变魔法

"面粉变魔法"同步教育科学出版社小学《科学》教材四年级上册"呼吸与消化"单元内容。本活动主要是指导学生学会从面粉中提取面筋和凉皮两种食材的制作原料，并尝试设计、烹饪美食。

环节一：聚焦问题

教师出示面筋和凉皮两种美食，提问：这是什么，你们吃过吗？组织学生分组讨论：推测制作面筋和凉皮的原材料。

环节二：分辨面粉和米粉

面粉和米粉分别装在1号杯、2号杯中，教师引导学生利用看、摸、听、闻

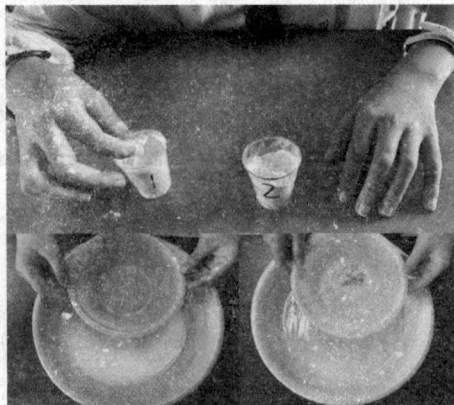

等方式尝试比较出两者不同之处。再通过视频学习水洗的方法,发现面粉团洗好后会留下面筋,而米粉团则洗没了。

比较能力是判断探究力的一个维度。如果平时乐于观察且接触过面粉或米粉的学生,也许可以区分开,但大多数学生是没有这样的生活经验的。因此,当学生在辨识面粉和米粉上出现困难的时候,并不是直接告知学生答案,而是通过出示资料的方式,让学生对面粉和米粉在颜色、气味、手感等方面的差异有更深入的了解,这就是在训练学生比较的能力。同时,比较还有其他方式,如水洗,让学生体会比较方式的多样性。

2.体验:校内科普,注重探究力落实

传承指的是活动或成果随着时代发展可以更换或迭代。校内科普活动的对象是二年级和五年级学生,主要以比赛的形式开展。因此,材料要易得、便宜;制作工序相对难度不大;受欢迎程度几乎是全校性的;不能占用学生太多课外时间;制作周期不要太长;制作形式可以体现个性化;制作的物品可以迭代更新,不断改进。学校开展了很多有趣的活动,保证挑战性,落实探究力发展。"玩转纸飞机"和"奔跑吧,赛车"是学校自然探秘的传统保留活动。

【案例6-8】 体验失败:玩转纸飞机

每班自行组织初赛,决赛选出一位选手参加校级比赛。组织者提供A4打印纸三张,纸张只能折叠,不能撕裂、粘贴、切割、装订、悬挂重物或填装其他物品。在10分钟内现场制作两架纸飞机,在每架纸飞机上写上班级和姓名,每架飞机有两次飞行机会。按飞机从起飞线到落地(飞机头部)的直线距离计算成绩,以最好成绩计算。若成绩相同,参看其他几次成绩好坏决定名次,若仍然相同可加赛决定。

环节一:明晰规则,自主探究

教师将纸飞机的十二种折法发在班级群里,学生自主学习。他们折出了各种造型的飞机,有些难度较大的,可以请老师和父母帮忙指导。

环节二：有效失败，总结规律

比赛必有失败。同龄人之间的失败是有激励价值的。小科同学由于总是折不好，后来变成了捣乱分子。班长是一名有耐心的学生，在老师的授意下，一步步教他，甚至不惜将自己的成功秘诀教给他。经过多次试飞和调试，在交流经验时，教师请小科进行分享。他介绍到但凡飞得比较平稳的飞机结构都比较对称。如果这个飞机飞得不好，建议微调，千万不能再打开重新折，重新折后的飞机一般都飞得不好。折得越多、实践得越多的学生，他们会发现更多好飞机的标准：厚重的前端设计，可确保飞机飞行稳定；重心位置应该靠前，防止飞机摇摆；机翼角度应该向上，从前面看，飞机呈"Y"形……再结合到真实的飞机，他们就能理解飞机设计的一些基本理念。

面对失败的态度是探究力品质的表现。学生只有在充足的时间里面对具有一定挑战性的任务时才能够体验失败。当失败时能够寻求帮助，或者通过释放负面情绪等获得成功的体验，这恰好体现了小学生的探究力在发展。好飞机的标准是通过大量的飞行试验和学生们经验的一种总结而得出的，这其实就是一种科学理性思维的培养。

【案例6-9】 体验迭代：奔跑吧，赛车

提供统一套材，保证四边形框架及大小统一，其他材料任选，利用重力、反冲力、弹力作为动力，可以单动力或多动力驱动赛车，使用气球、橡皮筋、重物、螺旋桨等提供动力，自由组队，一周时间准备，需要完成活动规划表。比赛当天，先检查赛车是否符合要求，符合要求的车辆有三次机会，按赛车从起点到终点的直线距离计算成绩，以最好成绩计算。比赛结束后上交活动手册，最终成绩以活动手册上的记录为准。

环节一：完善活动手册

以小组形式开展，讨论如何完善活动手册，人员分工、进度表、设计图、成品图、成果分享形式等。

<h2 style="text-align:center">"奔跑吧,赛车"活动手册</h2>

人员分工安排	设计与制作团队	
	材料保障团队	
	宣传团队	
	调研团队	
活动进程表	时间(　　　)	任务:
	时间(　　　)	任务:
	时间(　　　)	任务:
	时间(　　　)	任务:
初步设计图(正面、侧面、上面,手绘)		
改进后设计图(三视图,手绘)		
实际成果展示(照片,可多角度拍摄)		

环节二:以赛促改

对照下表"奔跑吧,赛车"活动评价表的五项标准,给自己小组打分。

<h2 style="text-align:center">"奔跑吧,赛车"活动评价表</h2>

项目	3分	2分	1分
小车设计	方案合理,设计图能够展示不同侧面且有名称、尺寸等标注	方案较合理,有较细的设计图	方案不太合理,有简单的设计图
小车制作	各部件连接合理,小车结实,制作时能及时发现问题、解决问题,有详细改进记录	制作工艺一般,基本没有零件脱落,对于出现的问题部分能解决,且有部分记录	制作工艺差,对于出现的问题不能解决,且没有记录

项目	3分	2分	1分
小车功能	能够基本按直线行驶，行驶距离长	能够行驶，行驶距离不长	不能行驶
团队分工合作	分工合理，人人参与，在活动中能够根据需要更换分工角色，团队协作顺畅	有简单分工，合作较为密切，但对出现的分歧不能妥善解决	有简单分工，但合作较少
展示讲解	讲解清晰，能够针对自己小组出现的最大问题详细讲解解决过程以及创新之处	对设计和制作过程展示较完整，讲解较清晰，能够突出本组特色	对设计和制作过程展示不完整，讲解不流利

"奔跑吧，赛车"小组得分汇总表

项目	小车设计	小车制作	小车功能	团队分工合作	展示讲解
得分					

环节三：总结反思

参与一场比赛，肯定少不了一次次的总结反思。不仅仅是方案和设计图的反思修改，更要花大力气去迭代作品，这样在比赛中才能获得比较理想的成绩。同时，每次比赛，经验分享很重要，成果总结更重要，需要通过一定的方式介绍推广成果，可以借用PPT、海报等。下图就是学生在比赛中经过三次迭代后的海报作品。

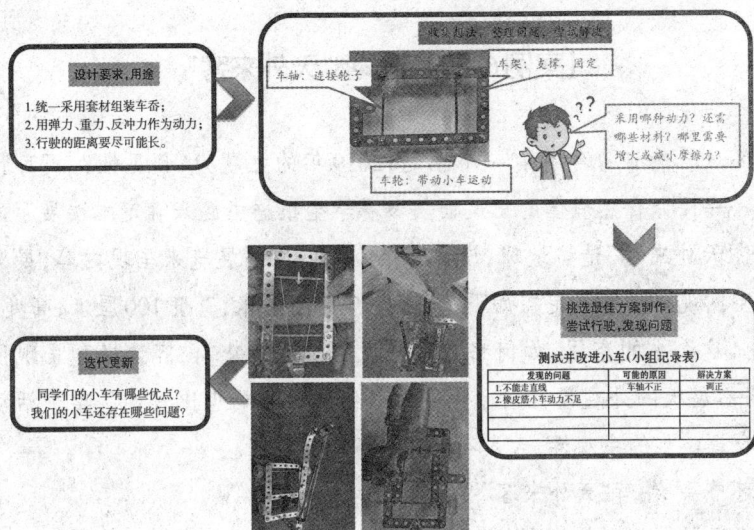

"奔跑吧,赛车"活动过程图

探究的过程有时顺利,有时会面临很多挑战,比如根据设计图制作赛车,对于每个参与的学生来说都有一定的挑战性。而要将这些设计付诸实施,又有很多不确定性,学生在整个活动中要不断进行反思,反思促速度、保质量。如他们在分享大家最不愿意做的重力赛车时,分享了如下经验:首先,小车在制作过程中,车身要平整、牢固,要让四个轮子同时着地,受力均匀。其次,在制作架杆时,架杆不能太长,也不能太短。太短,小车开不远;太长、太高,会严重影响车身平衡,小车就会翻倒。再次,为了使小车能产生向前的动力,架杆需要向前倾斜60°~70°。最后,重力也要适中,轻了小车开不动,太重了小车轮子会原地打滑。

3.创新:校外科普,提升探究力质量

创新是学生思维不断发展的动力。校外科普活动每年的内容都会有所不同,主要来源于各类科技创新大赛等,因此它是不断变化的,唯有不断创新才能提升探究力质量。以2019年参加环球自然日比赛为例。学校在5月11日的杭州市预赛中获杭州市二等奖,在6月8日的浙江省决赛中获浙江省一等奖,在7月20日的环球总决赛中获全球一等奖。以本活动来介绍,比较有代表性。

【案例6-10】 解密"天外来客"

环球自然日每年都有一个主题,2019年的主题为"预见性? 不可预测性? ——探究自然规律的正反面",参赛学生根据主题来确定本次展示的内容:当"天外来客"造访地球,设计一个小型的原创展览来呈现内容,展览作品的空间规格必须限定在如下范围内:长度75厘米,宽度100厘米,高度180厘米。这么小的空间,如何将自己想说的表达清楚,内容选择和呈现很重要,当然展板的外观设计对于比赛的最终成绩影响也比较大。整个活动中要求发挥学生的主观性,大人不允许参与比赛过程。

环节一:寻解"天外来客"

通过精读科幻小说《三体》丛书,观看《流浪地球》电影,激发学生对"天外来客"的兴趣。再借助网络资源库,收集"天外来客"的形成以及造成的后果,对数据进行分析,对看似不可测的小天体运行轨迹进行预判。

环节二:经历天文观测

观测过程中,学生不断调整望远镜镜头,仔细观察月球表面,交流自己的发现。在教师的引导下,他们想到地球也可能面临撞击,对后续难度较大的探究做好了情感铺垫。

环节三:制作研究展板

经过前期大量的调研与天文观测,学生对小天体运动的"可预测性"和"不可预测性"进行了分析,并确定了研究内容,先后制订了多套展板设计方案。

环节四:实战更新迭代

擂台赛是学生展示研究成果的平台。通过比拼,学生可再次对展示物品进行修改,如选用的材质从简单的彩纸平面展示,升级到塑料篮做底、超轻黏土做陨坑,再到用废报纸做底的最终版本,不断优化改善。

解密"天外来客",是一次与科学知识紧密相关的探究活动,它所包含的四个子活动分别对应资料收集、实地观测、分析制作、成果检验,是整个探究活动的重要组成部分,共同促进了学生活动能力、策划能力、合作能力和组织协调能力的提升。在这个活动中,创新主要反映在内容选择、展板设计、呈现形式、材料选择方面。只有将一系列创新融合,才能使整个展览充满看点。

三、活动建议

在活动实施中,教师始终要作为学生的伙伴,在学生遇到瓶颈时,适当地助一把力,使他们能在最近发展区解决问题,习得知识和技能。同时要特别关注活动实施的目标,是为了让学生形成良好的科学态度,培养理性的科学思维,使学生掌握一些基本的科学技能,抓紧目标不放松,从而提升学生的科学素养。

(一)把关活动选择,确保量优质优

自然探秘是每位学生都要经历的。在选择的内容上,难度要适中,教材内容针对全体学生,而作为教材的拓展,每位学生至少都有一些基础,保证了普及性;校内科普活动的开展,引入了竞技的精神,可以提升学生的积极性。这样普及性的竞技比赛,也能够保证每位学生都参与,增加他们更丰富的阅历。课外科普活动的加入,是为了让优秀的学生能够更进一步,搭建更广的平台,培养学生视野的广度和深度。因而,教材拓展类自然探秘、校内科普活动类自然探秘和校外科普活动类自然探秘的搭配,让每位学生都能经历自然探秘,为培养探究力助力。

(二)明晰学生需求,提供必要支架

自然探秘需要大量的材料和工具支持,活动才能开展下去。如在进行赛车框架制作时,由于有个小组领到的螺丝刀是坏的,因此他们的车架总是拧不紧,导致制作进度大大下降。还有一个小组,由于赛车的喷气口太大,导致喷气速度太快,因此很快,反冲力就没有了。动力没有了,赛车肯定跑不远。因此,有个小组就想到了改变喷气口的大小,老师给他们提供了粗细不同的吸管后,他们就顺利地解决了小车跑不远的问题。同时,教师要传授给学生探究活动的基本路径和技能。探究活动的基本路径是提出问题,进行猜想和假设、模型建构、控制变量、观察测量、比较分类、交流合作、结论解释,其中就涉及提问技能、假设技能、识别与控制变量技能、观察技能、测量

技能、比较技能、分类技能的训练。

(三)关注活动开展,进行适时干预

教师要关注学生活动进度。活动开展都需要一定的时间,由于一些人为或者技术、工具等方面的因素,会导致每组活动进度有所差异,教师要及时判断影响进度的主要原因,并给予解决。比如在"神奇叶画"活动中,有位学生因为叶子带少了,但是他比较内向,所以迟迟没有完成叶画的制作。当老师发现他没有完成叶画时,首先要调整好自己的情绪,并询问什么原因,利用这样的方式拉近与学生的距离感,迅速找准问题,给予解决。此外,还要关注学生活动参与度。小组合作,有些组合是因为兴趣相投,有些组合则是因为迫不得已。所以在分组时,教师要留个心,哪些小组可能会出现问题。在巡视中,多关注小组每个人的参与度,这样可以很好地调控探究进度。比如,在"蚕茧探秘"活动中,有两个学生因为个性问题,最后只能分在一组,因为要调查其他小组的数据,而其他人怕他们捣乱,见到他们都敬而远之,因此没有得到任何数据。教师在这个过程中持续关注他们,当发现他俩的情绪有点不对的时候,及时干预,带着他们去各组调查,终于顺利完成了调查活动。

第三节 未来改造:激发内在创造力

学校在全面贯彻落实素养教育时,将"五育"并举融入其中,为学生搭建科技体验与实践改造平台,并开展一系列指向未来的改造活动,将学校打造成一片充满个性与快乐的成长沃土。创造力是培养现代化人才的重要因素,《国家中长期教育改革和发展规划纲要(2010—2020年)》明确要求在对学习者培养的过程中注重学思结合、知行合一及因材施教,从而建立起创新人才的培养模式。因此,学校开展经历改造活动,以培养学生的合作力与凝聚力,让学生在互相合作中参与项目改造活动,从而提高学生的合作能力、动手能力、审美能力与创造能力。

一、活动要义

创造力是指产生新思想,发现和创造新事物的能力。它是成功地完成某种创造性活动所必需的心理品质,如创造新理论、新作品、新技术等都是创造力的表现。

(一)界定

1.基于现状放眼未来促创造

创造灵感是人类创造性认识活动中的一种奇妙的精神现象,未来改造活动需要立足于真实的现实生活展开。学校着眼于现状,通过组织学生进行观察、学习、反思、讨论等不断积累生活经验,使学生将知识信息和具体经验转化为意识并沉淀在大脑中。同时,学校还应培养学生具备放眼未来的眼界,从而为创造灵感的闪现提供来源与渠道。在开展未来改造活动时,学生从课本走向生活,走进周边各大市场,了解最新的设计方向;同时走进科技馆,触摸未来发展轨迹,从而不断激发思维力、想象力和创造力。

2.融合学科运用技术成创造

改造设计基于解决实际问题,涉及美术、信息技术、科学等多个学科,让学生在多学科知识学习的基础上产生交叉联结,从而达到融会贯通的效果。学生将创造性思维与信息技术相融合,并利用信息技术的优势,对身边的物品或公共活动空间进行改造,从而体验改造带来的乐趣。

(二)目标

创造力在未来改造过程中起着重要的作用,创造力与个性思维的开发是学生学习成长过程中不可或缺的一部分。学校开展未来改造活动旨在通过激发学生的内在创造力,实现对生活的改造。

小学阶段是个人成长过程中极富创造力的时期,也是审美、鉴赏能力形成及发展的关键期。未来改造活动需要学生手、眼、脑并用。因此在设计与制作创意产品、打造创意空间时,需提升学生的工程力学知识与美学知识;在制作过程中,需提高学生感受美的能力;在创意改造过程中,需提升学生的动手能力;在讲述创作想法和欣赏他人创意作品的过程中,需增强学生的语言表现力,并点燃他们的创作灵感。

(三)特征

1.以变旧为新为目标,激发创造潜能

创造活动来源于生活。学校借助未来改造活动,让学生提高环保意识,从而对旧物进行改造与创新。同时,教师应鼓励学生寻找身边的废旧材料,了解各种材料的形、色、纹理等特征,并利用切割、拼接、涂色、二次包装等手段,把变旧为新的作品应用到生活中,从而实现变旧为新的真正价值。

2.以信息手段为支撑,接轨未来能力

面向未来的创造活动起点高于生活。教师可引导学生想象自己具有红外光感知能力,并学会利用这种超视觉能力创造新生活。比如,我们可以穿上轻便的飞行服,在空中飞翔,不再受道路拥堵、距离远近所影响。现实生活中,互联网改变了我们的消费方式,人工智能改变了我们的生活方式。比如,网络通信的发展改变了书信作为重要媒介的旧时代,而5G网络的出现,将人与人之间的距离拉得更近了。科学家预言,未来可以将

某种操作系统通过电路下载到沙发上,从而实现人机对话、监测生活习惯等功能。而且,未来的人工智能家居可依据主人心情的变化调节灯光的亮度。

未来的学习不仅是在使用信息技术产品,也是在创造信息技术产品。我们戴上智能手表,让它记录心跳数据,在使用产品的同时也为产品的更新换代提供大数据资源。因此,学校在开展未来改造活动时,应积极倡导学生进行自主合作探究,重视问题的生成与解决,展开动手实践,从而强化个体与群体的交互,引导学生在做中学,在做中想。

3.变奇思妙想为现实,实现未来创想

创造力灵感来源于生活,并服务于生活。学生的想象力丰富且不受约束,他们经常产生各种奇思妙想。学校应为学生搭建各种交流互动平台,改变纯粹以参赛或获奖为目的的学习方式,让学生在提出问题、分析问题、讨论问题中构建知识结构体系,梳理知识的逻辑关系。通过学校社团招募、成立课后兴趣小组等方式,让更多的学生参与、实践、体验各类活动课程。美国学者埃德加·戴尔的"学习金字塔"理论指出:"我听过的我会忘记,我看过的我会记得,我做过的我才会理解。"因此,动手实践能力与思维创造力是实现未来创想的重要途径。

二、活动实施

针对不同学生的基础和需求,学校设置了丰富的未来改造活动。通过对未来校园的设想、材料多样性以及社交互动体验性的初步探索,学校为学生构建了一个轻松、欢乐,能够激发其内在创造力的环境。以下是经历未来改造活动安排。

(一)内容安排

在经历未来改造活动时,高年级是主要的参与对象。从未来改造的萌发创想到未来改造的动手实践,学校全方面、多途径地为学生拓展学习平台,坚持"引进来"与"走出去"相结合。"引进来"的是社会专家资源与家长资源,"走出去"的是鼓励学生以小队的形式带着调查问卷去实地市场调研,如走进科技馆了解前沿科技,走进改造工厂当志愿者。活动内容主要以旧物升级和智能空间创想为主,目的是激发学生创造的内驱力,让理论知识活起来(见图6-3)。

图6-3 未来改造活动安排

1."慧"创新品

学校学生在教师的带领下,通过阅读大量科技知识书籍、欣赏优秀改造案例、模仿经典案例等多形式的知识学习,激发学生的创作力。从头盔的设计原理、太阳能热水器的设计原理到学校未来智能图书馆的设计,都锻炼了学生的思维能力。

活动创新需要立足于真实的生活,提高学习的趣味性,注重学生在生活中的真实体验。因此,学校引导学生从课本走向生活,参与实地调研和学习。例如,学生走进周边各大市场,了解最新的设计方向;面向教室,观察上课时同学间合作的方式;走进科技馆,观察信息技术的日新月异;走进家具工厂,观察不同材料的造型。这些真实的场景体验,将丰富学生的经历,提高学生的学习效率。

2."智"造空间

未来改造活动的开展需要基于生活和知识。改造活动涉及校园图书馆改造、校园生态农场建设等。学校图书馆是全校师生学习、活动、成长的综合场所,尤其对于一至六年级的小学生来说,更是伴随自己六年成长的地方。因此,熟悉的环境为学生思考未来图书馆改造奠定了基础。改造活动的小组人员各自分工,通过走访调研,了解到每个年级学生的身高差异、观看书籍的主题差异、阅读方式的差异等情况,并通过数据分析绘制相关草图。最后,在教师及相关专家的引导下,实现从草图绘制到方案模型呈现的全过程。在这样的情景代入中,学生学会了如何站在使用者角度思考问题,并获得了主动探索新事物的勇气和方法。

(二)具体实施

讨论、交流、合作评价并形成学习成果是未来学习的方式。师生共同学习、师生合作、信息共享,多样化的学习对学习环境提出了新的要求。

1.成立创意改造空间,提供未来改造新素材

"创意改造空间"是学校专为创意改造小组设置的场所。创意改造空间需要具备不同的功能分区。为了适应不同的功能分区,实现多种学习方式,营造轻松、高效的环境,学校对创意改造空间的灯光、色彩以及座椅的摆放等进行弹性处理,在创意改造空间的前后位置均设有一块方便更新的展示空间,用于展示学生作品,同时达到装饰空间的效果,也为后续活动的开展奠定了基础。

创意改造空间的功能区包括科技创新区、3D打印区、智能机器人区、DIY区等,并分区配备3D打印机、智能机器人套件等设施。在科技创新区,学生可以在这里进行草图大师的头脑风暴。学生绘制方案后,组长从设计物品改造的创新性对组员的方案进行数据统筹与分组,最后以模型的方式呈现。根据年级安排,学校每周开展创意改造活动。以下是创意改造空间活动记录表(见表6-1)与太阳能热水器设计的具体案例。

表6-1　创意改造空间活动记录表

玩转创意改造记录表					
姓名		班级		学校	
改造方法		上课时间		上课老师	
改造工具					
创意名称:					
创意方案:					

【案例6-11】 加油！太阳能热水器

学生根据自己所学知识和技能做了一个太阳能热水器，但他们交上来的作品几乎都是对书本的简单模仿，缺乏新意，且升温不明显。于是在教师的引导下，学生打算进行持续研究和改进，致力于打造一款深受消费者喜爱的太阳能热水器。

环节一：问卷调查了解消费者对太阳能热水器的需求

学生选择用调查问卷的方式对不同职业、不同年龄的人员展开调查。学生通过平板电脑"调查问卷资源包"进行自主学习调查问卷的问题设置方式，共同编排访谈问卷。调查结果反馈如下。

医生：太阳能热水器的储水箱不能经常清洗，用水卫生得不到保障。

宾馆从业者：太阳能热水器的储水箱比较小，有时候不能满足所有顾客同时洗澡的需求。

饭店从业者：太阳能热水器的加热太慢，不能满足即用即达的要求。

青年：太阳能热水器安装不方便，阴雨天气不能用，十分不方便。

中年：太阳能热水器在刚开始时需要放掉大量的凉水，导致用水量大大提升，造成浪费。而且如果不是住在顶层，还要花费大量的钱财安装水管，不够经济实惠。

老年：太阳能热水器在操作过程中可能会被烫伤，存在安全隐患，希望提升太阳能热水器的安全性能。

环节二：绘制太阳能热水器设计图并优化

学生根据设想绘制集热器、储水箱等结构的细节与解剖图，并标注尺寸、文字说明等设计图要素。教师引导小组从"是否有部件可以被替代""哪些部件可以合并""这一部件是否还有别的用途""有没有地方需要调整""是否可以去掉多余的部分""部件的形状、颜色是否可以改变""相对的位置是否可以改变"七个方面进行反思，从而进一步优化自己小组的设计图。

环节三：制作太阳能热水器并测试迭代

依据修改后的设计图,组员就自己擅长的领域开始制作,组长合理分工并填写制作核对表。教师分组进行指导,提醒学生注意安全。对于需要测试的小组进行测试指导,针对测试结果引导学生进行记录和改进。

制作核对表

具体制作内容	材料及费用
保温水箱	
集热器	
连接管道	
支架	
控制系统	
安全(安装是否牢固、卫生)	

创意与想法是否能够有效开展是物品升级的关键。学生在教师的带领下从一开始对热水器外观的盲目模仿到通过七个反思,优化多种设计方案,并根据自己的专长,制作多种功能的热水器。这些思维碰撞与动手实践为学生创作作品的多样性奠定了基础,也为后续研究新的创意产品提升了内在创造力。

2.利用VR智能手段,培养思维梯度创新力

人工智能时代,信息更新加速,大数据影响了人们的学习与生活方式。因此,对学生思维创新能力的培养显得尤为重要。学校将利用人工智能的发展优势,通过大数据的整理分析,引导学生完善问题解决方案,形成一个完整的"微智能"生态圈。越来越多的物品加入人工智能的时代队伍,给人们的生活方式带来巨大的变化,如软件监测到笑脸会进行拍照、录音笔能将语音快速撰写成文字等,思维的梯度直接决定了改造的高度。因此,从智能性、可行性、科学性、艺术性、团队合作等方面设计未来改造规划方案评价表(见表6-2)。

表6-2 未来改造规划方案评价表

效果方式	设计方案	团队组建	设计模型	规划方案
智能性(30分)				
可行性(20分)				
科学性(15分)				
艺术性(15分)				
团队合作(20分)				

下面以"未来'智慧'头盔设计"为例,讲解VR技术对现实场景进行重新还原的显著影响。

【案例6-12】 未来"智慧"头盔设计

学生根据实际生活中的观察与体验,改进现有头盔的缺点,设计一个安全头盔。

环节一:通过VR创设情境,体验戴头盔与不戴头盔的真实感受

任务:通过VR技术,学生以第一视角进入体验场景。通过对道路、头盔佩戴的不同选择依次进入两种骑行模式,最后体验车祸发生时刻的震撼与可怕。通过两次VR体验,学生真实感受戴头盔与不戴头盔的巨大区别,从而激发学生思考:为何头盔有这么大的作用,如何让更多人愿意戴上头盔呢? 同时,启动下一阶段的学习。

设计意图:通过真实情境,学生感受到让电动车驾驶员戴上头盔的重要性和迫切性,这既激发了学生的探究欲望,也培养了学生的安全防范意识。

环节二:探索头盔的内部结构,自主学习,尝试绘制头盔草图

任务:学生主动探索头盔的内部结构:帽壳、帽体、护目镜、缓冲层、安全束带、帽檐、气孔和旋钮,对头盔有了比较全面的认识。学生利用"问卷星"微信小程序进行问卷调查。通过数据分析,他们发现了市面上头盔存在的主要问题,并结合网络上收集的信息绘制思维导图。教师引导学生进行头

脑风暴,对现有头盔提出改进意见,绘制设计草图,设计了更舒适、更实用的头盔。

设计意图:通过问卷调查收集和数据分析,学生充分了解头盔的使用现状和主要问题,从而对现有头盔提出更具有针对性的改进意见。在这一过程中,学生的学习主动性大大提高。通过探索发现获得知识,极大地培养了学生的探究能力和实践能力。学生将所有知识绘制成思维导图,可将所有的经历外化,用于后续学习。同时,教师引导学生结合美术知识绘制草图,对学生的合理布局、色彩搭配等方面也提出了要求,从而培养了学生的综合能力。

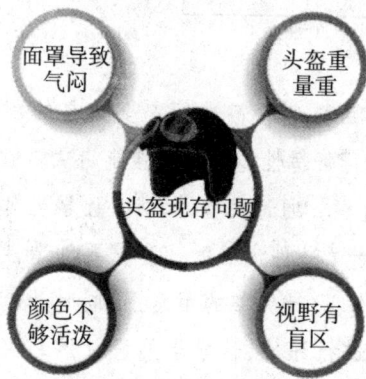

头盔现存问题分析

序号	一代头盔设计草图	设计亮点
1 朱奕萱小组		在头盔周围加了气囊,在发生剧烈碰撞时可自动弹开,起到防撞缓冲的作用。头盔顶部增加了透气孔,改善气闷的问题
2 倪浩清小组		在头盔顶部增加了报警装置,在遇到危险时,可及时提醒骑行人员。用散热器和通风口增加头盔的散热件。还在头盔上增加了反光装置,使自己更加显眼,提醒其他人注意避让
3 王奕涵小组		头盔最大的创新是在面罩上加入导航系统和反光镜。这样就不需要去看手机导航和电动车上的反光镜了,使行车更加安全
4 时一帆小组		在头盔上添加了加速器装置,成为头盔的动力装置,头盔可以直接带人前进,戴上后骑行可起提升速度的作用。顶部加入避雷针装置,防止骑行过程中的意外伤害。甚至还加了防毒装置,用于现在日益严重的环境污染

头盔设计草图

环节三:经历迭代更新,进行头盔产品测试

任务:设计草图完成以后,用"画廊走"的方式开展小组间互评,各小组根据其他小组的意见对设计草图进行修改,绘制第二稿设计图。第二次设计时,各小组更注重头盔的实用性和安全性功能。有的小组以塑料作为主要材料,头盔更轻便了;有的用到了铝合金,头盔更坚固抗摔了;甚至有小组

215

结合丰富的课外知识用到了"聚脲"这种材料，大大提高了头盔的抗压性和自我修复性功能。

序号		二代头盔设计草图	迭代设计
1	朱奕萱小组		第二代头盔将面罩制作成感光变色玻璃，使视野更为清晰，同时，增加了语音播报的功能，解决了戴上头盔后视听受限的问题
2	倪浩清小组		第二代头盔增大了通风口的面积，以起到更好的通风作用。面罩改为双层设计，外层为透明，主要用于阴天或夜晚；内衬为黑色，主要用于阳光较好的白天，两层面罩可根据需要选择
3	王奕涵小组		第二代头盔的改进主要在整体外壳上改为蜂巢状的结构，增加了透气性，也减轻了整体头盔的重量
4	时一帆小组		第二代头盔去除了加速装置。在"画廊走"评价中，其他小组普遍认为，加速器装置会给骑行驾驶员带来安全隐患，还大大减轻了头盔的重量

头盔设计图二稿

第二稿设计图成型后，学生根据设计图自选材料进行安全头盔的制作。最后，学生将制作好的头盔带到学校进行舒适性能和安全性能测试。

设计意图：学生经历了头盔制作的全过程。通过头盔的设计，让学生对原本异想天开的想法产生了具体表象，知道了一件产品的产生需要创造性的设计。通过可行性的实际制作，分工合作、设计完整的示意图，同时开展过程性评价，对创意模型与安全性等方面进行评价，让学生的设计落到实处，提高了学生的工程思维和创新意识。

头盔创意改造的有效开展取决于学生的认识是否有所改进。VR的运用，使头盔变得更加具有科技感，从实用性与安全性角度为使用者带来更好的体验。因此，生活中的真实体验与创新，对未来改造活动的开展是十分重要的。虽然学生的创意还处于模拟阶段，但是为他们后续的创意改造建立了良好的开端。

3.运用大数据分析,研发校园文创作品

信息高速发展的时代,人们运用大数据了解客户需求,创新生活方式,提高生活品位,这已成为一种必要的学习手段。而将大数据运用到学校的建设与发展中,也已成为一种势不可当的趋势。学校信息组、美术组、德育部门的相关教师发起校园文创活动,首先通过学校智慧投票系统了解学生的需求,确定活动主题;然后招募学生文创设计师,有针对性地设计符合大多数学生需求的文创作品;最后在全校范围内展示、交流,并选择优秀的文创作品进行推广。

以"畅想未来校园"为例,学校通过智慧投票系统了解学生心目中最喜欢的文创作品,最后根据大数据分析得出:餐盒、书签、青青蓝蓝帽子。

【案例6-13】 一起玩文创,寻找具有百年青蓝历史的现代表达

根据前期全校学生投票的大数据得出,60%的学生希望得到具有青蓝百年历史文化元素的文创作品。2020年是我校建校115周年,为了让更多的学生了解百年青蓝的历史,在老师的带领下,对"一起玩文创,设计一款具有百年青蓝历史的文创产品"的活动进行研究,更好地了解学校的历史文化与办学理念,加深对学校文化的认同。

环节一:收集校史资料

学生利用课余时间去学校图书馆翻阅有关学校的发展史和校园的照片。学生对照时间的先后顺序,整理出各个阶段具有代表性的故事。

环节二:绘制草图,将校园文化作为创意来源

校园文创产品设计创意来源于校园文化,文创设计中采用不同的主体并设计出视角不同的产品,从而更好地展示百年青蓝的文化,其中设计主体可分为三大类:校园建筑、校园生活及校园的历史文化。草图中主要把学校的校训、校标和学校的办学理念作为设计的重要元素,使人们快速了解学校的文化,加深对学校的印象。

环节三:制作帽子、书签、布袋、笔记本等

学生选择在自己擅长的领域开始制作,有的采用绘画的方式进行,有的

采用刻制橡皮章与印制版画方式进行结合。在逐梦系列手帕中，学生采用画、粘、缝等方式把设计的图案与手帕结合起来；还有的在设计中，把学校的logo与"青青蓝蓝"形象放入橡皮的设计中，结合了红领巾的元素，让橡皮更有学校的特色。

校园文创产品不仅仅是一个简单的物件，它蕴含了校园内在的文化内涵，这才是文创产品真正吸引人的地方，要将学校的优秀传统文化融合到文创产品中，这样的文创产品才能深入人心，并更好地宣传学校。

4.运用多样化的信息手段，打造智慧空间

智慧空间的设计需要学生发挥团队的力量，通过学科知识整合，对设计改造项目进行创意添加。在日常使用中，学生发现现有的图书馆存在较多的问题。因此，学校面对现实问题，着眼改造富有童趣，学生喜欢，又体现科技创新特点的图书馆。以"悦"读空间——学校"云"图书馆改造创意过程为例，项目实施的具体细节如下。

【案例6-14】 "悦"读空间——学校"云"图书馆改造创意过程

现存问题：

1.学校图书馆面积有限，学生数量不断增加，图书馆可容纳的学生已达上限。

2.图书馆电子阅览区的设备陈旧，无法满足学生日益增长的阅读需求。

3.不同年级的学生身高存在差异，学生对座椅高度与阅读方式有着多样化的需求。

4.公共阅读空间区域小，阅读区域划分不清晰，书柜设置高度混乱。

5.信息时代，电子网络"云"阅读的方式需要提升。

实施方式：

1.开发图书馆潜在阅读空间，让阅读自然快乐地发生。考虑到大多数小学生心智尚未成熟，设置阅读游玩区域，如增加小沙发、地毯等，让学生可以席地而坐，快乐阅读。

2.增加校园户外阅读小型区域，如操场、走廊、爱心角等。天气好的时候,学生可以舒适地坐在操场上进行阅读,富有创意的阅读空间就这样产生了。户外小型阅读区域的设置可以激发学生对阅读的热情,培养热爱阅读的兴趣。

3.在设计改造时,需要体现人文关怀。设计的服务对象主要是小学生,需充分考虑学生的实际使用情况,将模块化的座椅材料进行重新组合。学生可以根据自己的身高与动作选择合适的高度进行阅读,如可以站立、盘腿坐、蹲着等。在私密性与灯光的布置上也可以考虑小型包间或卡座的设计。这些不同的设计让阅读变得更加愉悦,也让学生的不同需求得到满足。

4.重新规划阅读功能区域。根据学情进行分析,一方面从阅读阶段上进行区分,7~13岁的学生在接受能力、知识面、阅读需求等方面各有不同,一、二年级学生正处于自主阅读的初级阶段;三、四年级学生正处于自主阅读的成熟阶段;五、六年级学生正处于自主阅读的高级阶段。另一方面图书馆根据不同年级学生的身体特点划分书籍规划的区域,将五、六年级学生的书籍设在书架高处,将三、四年级学生的书籍设在书架中部,将一、二年级学生的书籍设在书架底部。

5.信息技术的发展,互联网助力图书馆的建设。学校设置自助还书机,学生可以在学校任何一个角落还书。同时,学校成立"天天学知识、天天阅读书籍"等课外阅读工作室,形成全校学生人人爱看书、人人感受书香的浓厚氛围。

从效果图、计划书到真正动手打造,中间还是有一定距离,需要智慧、毅力与坚持!但每一位小小设计师都全力发动、团结身边的一切资源,促进梦想实现。

三、活动建议

(一)关注教学材料的拓展丰富,让改造充满创意

为了紧跟社会发展的步伐,教师应不断更新教学理念,善于发掘或丰富教学材料,如纸、木头、铁、塑料、纳米等,以帮助学生了解每种材料的使用特性,让未来改造更富有创意。比如,人们印象中的教室、图书馆仍是由普通

桌椅、简易书架以及简单的电子设备组成。但经过创意改造后，新时代的智慧校园实现了线上线下混合式教学以及跨教室、跨校区的互动教学新模式。如智慧教室中纳米触控背板的使用，可以不需要安装任何软件，就可以支持手机、平板电脑、笔记本快速投屏。

经历伴随成长理念一直倡导学校、家庭、社会的有效合作与交流。在设计方案的同时，教师要鼓励学生学会倾听、讨论。在实施改造方案时，学生要学会分工合作，如有的学生擅长数学，就可以在设计外形比例、大小方面多多努力；还有的学生比较擅长美术，就可以在外观形状、颜色搭配、功能区分等方面展开设计。教师把更多的选择权交给学生，尊重学生的个性与发展，相信学生之间有效的合作与交流能够保证未来改造项目的顺利完成。

(二)加强支持系统的更新升级，让改造成为可能

随着"互联网+"时代的到来，学校要充分拓展教育资源，在校内开展各项主题创新改造活动，让学生在经历中实践，在经历中获得成功。同时，学校要依托校外资源，建立与科技馆、博物馆、美术馆的合作，利用包括人力、物力、财力及一切能够推动拓展创新、未来改造的方式，帮助学生经历更为丰富的活动。学校在每个阶段都邀请相关领域的专家进校园，帮助指导修改"未来改造"图纸。通过经历改造课程，学生能够对知识碎片进行梳理，如制作计划、观察能力的培养以及经历改造中的观点与其他学科之间的联系，同时引导学生理解科学的概念性框架，并对难点项目提出更好的解决途径。学校积极争取校外各类资源，如家校联动、校企合作，让学生的部分改造项目得以实现。这些活动助力学校打破教学与生活的隔阂，让学生在经历中感知生活，在学习中健康成长。

(三)注重学习空间的优化重构，让改造创生价值

未来改造活动有些是设计图纸方案，有些是制作模型，有些是实际改造，不论哪种形式，学校都要为学生优化学习空间，利用学校公共展示区、网络平台、校外场地等为学生搭建展示平台，并通过点赞、投票等方式进行评价，以此激发学生改造的热情，达成最终的活动效果。学校的改造活动课程，从设计到创新实施再到展示推广，都与科技并进，与时代共发展，也更加适合学生的成长与发展，促进学生在"科技创新"的教育中快乐成长。

第十章

评价创新：架起经历与成长联结的桥梁

　　全面、有效地评价每一位学生，才是对生命的真正关爱。继"经历伴随学习"评价之后，学校把"五育"融合的理念融入学生评价体系中，尊重学生成长的内部诉求，创新了指向成长的评价内容、评价主体和评价功能，探索出一套更适切的综合素质评价实施载体。学校通过融入学生经历，实现了评价目标、评价功能、评价内容、评价实施及评价载体等方面的创新。

第一节　指向成长：评价体系的构建

《深化新时代教育评价改革总体方案》对各教育阶段、各教育主体提出了不同的改革方向，其核心是"改进结果评价，强化过程评价，探索增值评价，健全综合评价"。同时，该方案再度强调要着力破除唯分数、唯升学、唯文凭、唯论文、唯帽子的顽瘴痼疾，以建立科学的、符合时代要求的教育评价机制。而要实现改革的目标，教育系统需要守正创新，同时也需要社会与文化的系统性变革。基于此，学校从评价目标、评价功能、评价内容、评价实施四个角度切入，建构了指向成长的评价体系。

一、指向成长的评价目标定位

传统的学业评价主要通过排名、记分等方式检测学生的学习成就。这种评价方式往往固化僵硬，较难改变，其主要目的是检查学生获得的知识情况。而青蓝小学的评价方式融入"经历伴随成长"的十二种经历，评价目标的指向更广泛与深入，评价内容的角度更加多元与丰富，将成长评价改革与学生实际情况和能力相结合，从学生个体成长与发展的视角出发，从德、智、体、美、劳五个方面全面确定评价目标，兼顾适切性与超越性。

（一）正向更迭：让五育实现深度融合

指向成长的评价应坚持以德为先、能力为重、全面发展，将学生经历融入评价。坚持面向人人、因材施教、知行合一，坚决改变用分数给学生贴标签的做法，让五育实现深度融合。

1.树立科学成才观念

在经历伴随成长活动中，教师努力设计与领域素养有关的任务情境，让学生大脑中静默的理解转化为丰盈的情感和自觉的实践行为。将经历作为一种路径,在真实情境中解决实际问题,从而实现成长的终极意义。因为只有甄别与发展的实践交融,才是对学生评价的尊重,也是学生评价目标定位的应有之义。

2.完善各类德育评价

学校根据学生不同阶段的身心特点,在融入经历的评价中科学设计学校的各类德育目标,引导学生养成良好的行为习惯,形成正确的思想道德品质,传承红色基因,增强"四个自信",立志听党话、跟党走,立志扎根人民、奉献国家。同时,通过信息化等手段,探索学生、家长、教师以及社区等参与评价的有效方式,客观记录学生品行的日常表现,特别是践行社会主义核心价值观情况,将其作为学生综合素质评价的重要内容。

3.强化专项体育评价

学校在融入经历的评价中还将体质监测和专项运动技能测试结合其中,并改进传统体育测试的内容与方式。建立日常参与、体质监测和专项运动技能测试相结合的考查机制,以达到国家学生体质健康标准要求作为教育教学考核的重要内容,从而引导学生养成良好锻炼习惯和健康生活方式,并锤炼坚强意志,培养合作精神。学校借助评价单,客观记录学生日常体育参与情况和体质健康监测结果,定期向家长反馈,实现家校共促,督促学生为增强体质而不断努力。

4.改进美育鉴赏评价

学校把小学生学习音乐、美术、书法等艺术类课程以及参与学校组织的艺术实践活动情况融入"经历伴随成长"的评价体系之中。通过学生喜闻乐见的活动形式,如优雅生活、传统节日、戏剧盛宴等,通过点赞板、鉴赏会等评价载体,促进学生形成艺术爱好,增强艺术素养,全面提升学生感受美、表现美、鉴赏美、创造美的能力。

5.加强劳动教育评价

根据《大中小学劳动教育指导纲要(试行)》,学校结合不同学段、不同年级劳动教育的目标要求,借助"健康生活"系列活动,建立指向成长的分层分级的劳动实践评价,将劳动实践与过程性评价相结合,引导学生崇尚劳动、尊重劳动，让学生在实践中养成劳动习惯，学会劳动、学会勤俭。

（二）反向助推：让学生成为真正的主人

既然学生评价目标已超越甄别而实现发展定位，其角色是否也该有新的表征？学校反向助推，重构学生评价的角色认同和实现学生评价的角色期望，对指向成长的评价角色转换做出理性回应。

1.重构学生评价的角色认同

人们总是习惯采用喻说（用比喻来诠释学生评价）的方式使某一事物的本质诠释更加形象，角色表征更加清晰。传统的学生评价被喻说为不同角色。例如"筛子喻"，强调金字塔式的顶点选拔性评价；再如"跳杠喻"，强调跳高式的标准参照性评价。此时，学生评价的角色更接近"工具说"，评价作为"筛子"或"跳杠"履行自己的职能。此类认识的缘由在于学生评价更多地被定义为教育的后续环节，用以"定义"教育的效果。这样的角色表征实际上是一种"被工具"，因为其效用的发挥依赖教学标准而非自我标准。

改革后的学生评价更新了喻说。例如"窗户喻"，强调观察式的真实评价；再如"相册喻"，强调展示式的成长评价；又如"舞台喻"，强调活动式的自我评价；还如"镜子喻"，强调反馈式的反思评价。此时，学生评价的角色更像"媒介说"，评价自身不起决定作用。此类认识基于否定"工具说"而兴起，实际上也是一种"被媒介"。"媒介说"虽尝试摆脱教学标准的外部规定，但同时也放弃了自身功能的发挥，沦为教学的单纯展示。

因此，评价必须基于对自身独立性的考虑与解释，重构角色并达成角色认同。承认自我价值的学生评价与教学就像一枚硬币的正反两面，相互交织，但都有自己的独特诉求。学生评价的角色，定位于促进教学发展并使其指向学生智慧成长的一种资源。只有学生评价的资源性角色得到成功重构与彻底认同，其效用才能获得自身的意义与生命。

2.实现学生评价的角色期望

随着课程改革的全面深化，人们期望的教育已经是大视野下教育活动的全方位整合，而不是各种教育活动的简单组合。基于此，评价真正的价值诉求在于观照学生与教师的生命成长。因此，实现学生评价的角色期待，必须率先改进两个关键环节。

（1）保证学生评价环节完整。按照信息传递理论，学生评价环节应该是评价主体间发出、接收、处理、反馈评价信息的双向环形轨道，但现实中的学生评价，常常是教师作为信息主宰者的单向评价，评价戛然而止于学生给出答案后，缺乏师生用心处理信息后的生动交流。这样的评价，自我功能完成得苍白无力。如果每一次评价都最大力度地完成所有环节，形成翔实的环形路径，那么评价就会自然演化为学生成长的一部分。

（2）保证学生评价内容全面。教育部颁布的《基础教育课程改革纲要（试行）》规定了课程标准"应体现国家对不同阶段的学生在知识与技能、过程与方法、情感态度与价值观等方面的要求"。学生评价理应重点观照三维目标指向的学习内容。但目前存在的问题是，真正实施的评价被窄化为知识与技能评价单独进行，过程与方法评价可有可无，情感态度与价值观评价在学业结束时点缀一下，这种无意识的割裂使学生评价显得刻意而枯燥，从而导致学生评价呈散点状。因此，评价内容内部要和谐，即从知识与技能中洞察学生的思维、情意发展等，从情感态度与价值观、过程与方法中固化知识技能，以便为教评合一提供基础。

二、指向成长的评价功能导向

为更好地验证评价实施前后，学生是否获得有效的学习，教师需要建立及时反馈和全面反馈的通道，既要有惯用的三方评价（教师、学生、家长），也要有基于技术的数据追踪，让有效的反馈发挥导向、诊断、改进等作用，实现评价为学生成长服务的目的。

（一）基于自我发展，制定目标"导航仪"

每学期开始，学校为每位学生统一制定一个表格，即《杭州市青蓝小学"十二种经历"目标导航仪》，表格中的项目既有由学校统一规定的，也有由学生自主填写的，一般包括政治启蒙、审美养性、健康生活、慧脑行动四个方面，学生结合自己的情况填写个人发展具体目标。目标一旦写入"导航仪"，便是学生自己许下的承诺，随后必须朝着目标努力践行。在这个过程中，班主任和家长进行督导与引领，促进孩子不断成长。

这样的目标导航仪，全校学生人手一份，目标大小不一，内容多少不同，关键是由学生自主选择，比较符合学生实际，适合学生个性。评价办法同样是学生自己日日对照、周周反思、月月评价，通过自主评、同桌评、小组评、家长评、教师评来完成。如果目标提前实现，那么学生可以重新确立新目标；如果到了预定时间目标没有达成，那么学生就要在连续的目标导航仪上继续填写之前的目标，直到目标达成为止。

（二）基于活动特点，评价思维"闪光点"

对小学生而言，其思维能力主要表现为对阅读材料的理解、对问题的分析、对样本的比较以及对事物的抽象概括、综合认识和做出判断的能力。语言是思维的外壳，思维能力可以通过语言的转化变得可视、可触、可感。

学校实施的思维能力评价主要采取抽测样本的方法进行，即同年级每班抽出同样序号、同样数量的学生样本，结合活动特点在相应学科内实施。学校质量检测中心组成"学生思维"教师评价组，统一制定评价标准，通过一对一测试，对样本表现进行评价打分。在具体检测时，主要是给出生活中需要思考解决的问题，让学生通过分析，进行抽象概括、比较综合、推理判断，画出思维导图，再把自己的理解和观点按照自己的思路讲述出来，评价者通过可视的思维导图、可感的学生讲述，依照标准做出等级评价或分数评价。

（三）基于经验反馈，互动评价"有张力"

学习者个体以及同伴、教师、家长等群体往往是活动中主要的评价主体，他们从多角度共同对学习者的探究过程进行评价，再通过对话交流、表单呈现、语言记录等互动形式，将评价后的结果传递给学习者，这样的过程即基于互动的主观反馈。

这类反馈交互性强，重视评价者与被评价者的互动，重评价过程的民主化和人性化；这类反馈经验性足，反馈的同时夹杂着评价者的主观经验和情感；这类反馈及时性高，随着活动的进程，学生能够立即接收到评价信息，做出调整或反思。这类反馈的优势在于具体且有张力。

（四）基于数据反馈，客观评价"有价值"

随着信息技术与教学的进一步融合，评价反馈也由原先的经验型判断逐步走向与数据支持相结合，通过数据平台、智慧软件的跟踪录入，生成学生个性化的学习轨迹。这类反馈客观准确，由信息技术作为支撑，对学生的知识应用、思维变化、情感态度等信息进行收录、加工和整理,将生成的数据详情传递给学生。这些音频影像资料、合作学习记录等数据与实证,能实时形成电子成长档案,智能分析与诊断学生的技能状态和能力水平,对教师而言,收到反馈后可以更好地对学生的成长过程做出科学诊断与建议。

三、指向成长的评价内容设计

学生的发展不仅指知识和技能的发展,同时还伴随着情感、道德、自我意识等的发展。因此,评价应从过分关注学业成绩转向对综合素质和能力的考查。指向成长的评价内容应突出过程化、情境化、童趣化与发展化的特点。它是学生开展"经历伴随成长"活动的方向标,既要指向活动本身,又要观照关键能力的发展。多维度、多形式、循环性的评价内容和方式可以指导学生每一阶段的学习,帮助他们在学习过程中进行自我对标和及时调节,强调实践性和发展性,使学生在体验中发现、感悟,从封闭到开放,使经历呈现永久的活力(见图7-1)。

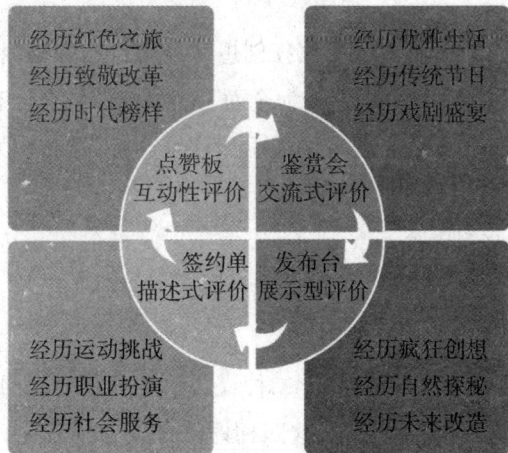

经历红色之旅
经历致敬改革
经历时代榜样

经历优雅生活
经历传统节日
经历戏剧盛宴

点赞板
互动性评价

鉴赏会
交流式评价

签约单
描述式评价

发布台
展示型评价

经历运动挑战
经历职业扮演
经历社会服务

经历疯狂创想
经历自然探秘
经历未来改造

图7-1 多方评价模型图

(一)评价内容导向

评价内容的导向得到充分发挥,可以使学生学习变得更加积极主动,人际交往能力和合作意识也会大大增强,从而真正促进学生的健康成长。

1.承接四种评价载体

十二种经历被划分为四种不同的类型，根据每种类型的特点，学校采取了适切性的评价方式。如图7-1所示，从左至右看，上面两种经历素养分别是"政治启蒙"和"审美养性"，下方两种经历素养分别是"健康生活"与"慧脑行动"。这四种经历素养对应的评价方式如下所述。

(1)坚持以德为先的评价导向，"经历红色之旅""经历致敬改革"和"经历时代榜样"这三种政治启蒙类的经历以互动性评价为主，并采用点赞板这一载体展开评价，从而帮助学生体会革命精神，传承红色基因。

(2)结合审美养性，"经历优雅生活""经历传统节日"和"经历戏剧盛宴"以交流式评价为主，并利用鉴赏会作为载体展开评价，引导学生初步感受传统文化魅力，增强文化自信。

(3)在健康生活中，"经历运动挑战""经历职业扮演"和"经历社会服务"的真实体验性更强，活动强度大、耗时久，因此，主要以描述性评价为主，并借助签约单这一载体展开评价，从而帮助学生提高自理能力，提升劳动素养。

(4)在慧脑行动板块，"经历疯狂创想""经历自然探秘"和"经历未来改造"活动中学生的各项能力构建较为全面、完善，能够结合已有经历，探索未知经历。因此，这一板块主要采取展示型评价，并以发布台为评价载体，帮助学生培养创新意识与创造能力。

2.开展内部环形评价

四种评价方式既相对独立又相互融通，内部呈环形结构，四种评价方式可在十二种经历活动中交互使用。

(1)紧密相连。四个板块的十二种经历活动分别对应四种不同的评价方式和实施载体。从整体来看，这四种评价方式各为其主，特点鲜明。但是，在实际评价过程中，四种评价方式又是紧密相连、你中有我、我中有你的关系。交流式评价是审美养性板块的主要评价方式，但互动性评价、描述式评价和展示型评价依然会用到这种交流、沟通的评价方式。反之亦然。

(2)环形发展。对每一个学生个体来说，适合他的评价方式都不是单一的，也不是固定在某一种活动中的单一模式。因此，这四种评价方式还存在环形关系。即在学生的十二种经历活动中,四种评价方式可循环使用,层层推进,以此将学生的前期、过程性以及结果性的评价内容相互交流、对比,以推动学生得到更加全面、完整的评价,获得具有内在力与生长性的成长助推剂。

(二)评价呈现方式

数据可视化大屏系统是目前在可视化领域非常热门的一个话题,该系统也是学校智慧园区内非常重要的一个组成部分,一个优秀的数据可视化大屏系统是在功能、模块、布局、色彩、图标、动效等各个方面的灵活综合运用。与传统的二维数据报表相比,交互式的数据可视化大屏有着许多优势。因此,将数据可视化大屏应用于学生的评价中便可提高效率。

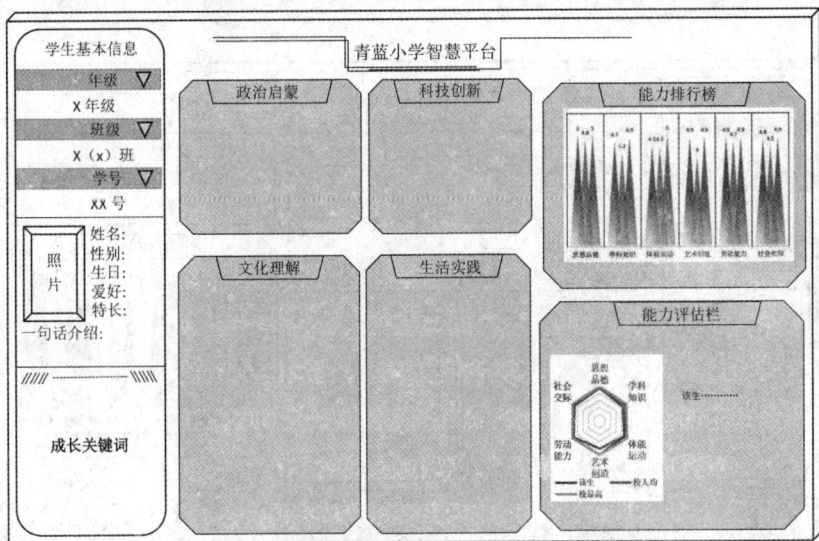

图7-2　智慧平台概念图

智慧平台分为四个基本板块(见图7-2)。左边一列是学生基本信息,按年级、班级、学号进行检索,点击子目录即可调出学生的基本信息。基本信息包括学生的个人信息,如姓名、性别、生日、爱好、特长和一句话介绍。下面还设计了同伴、家长和教师给出的"成长关键词",旨在从多元角度评价学生的能力和综合素质,从而让人物形象变得立体且丰满。

平台中间实时呈现学生一至六年级四种素养的经历情况与成果，让人直观地感受到学生在"经历伴随成长"下的收获与成长，习得能力的情况与等级。同时，分层级动态化呈现各年段与各学段的经历情况，可以清楚地看到各项经历此起彼伏的状态，引导学生关注过程性。

右边一列是通过柱形图和雷达图形式，帮助学生总结自己"经历伴随成长"下习得的各项能力水平与整体的能力评估。帮助学生了解自己整体和局部的"经历"，帮助学生认识自我、建立自信，从而激发潜能，为学生的终身发展服务。

这样的可视化评价技术新颖，色彩丰富，能更好地激发学生的兴趣。以三（2）班李倩同学为例，具体讲述可视化智慧大屏的评价呈现方式。图7-3是对李倩同学三年来成长经历的评价。

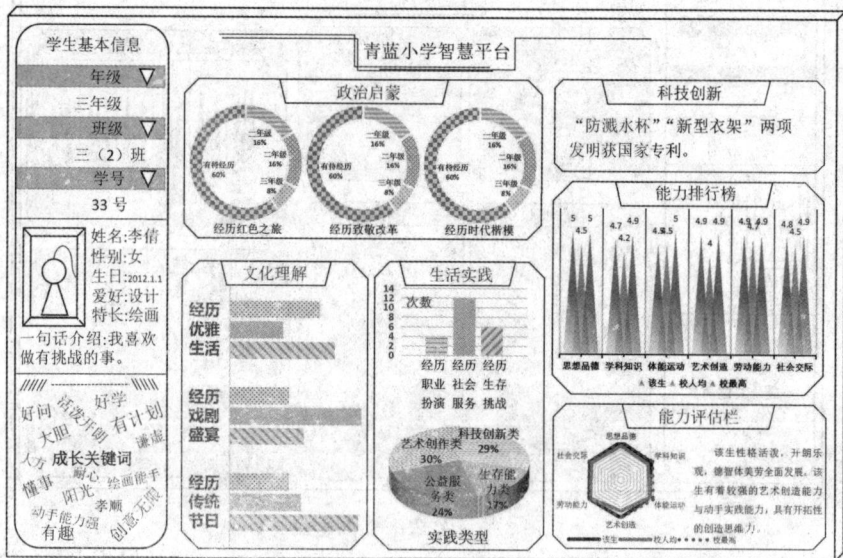

图7-3 智慧平台实例

通过检索学生的年级、班级、学号，我们可以看到李倩同学自己填写的个人信息以及同伴、家长、教师给出的系列关键词，由此可以让我们以最快的速度对李倩同学有初步了解。

在屏幕中间呈现的"政治启蒙""审美养性""健康生活"与"慧脑行动"四大板块，将根据每个年级经历的成长历程实时呈现。点开对应的板块，会更详细地呈现该生对应的具体经历内容、数据变化及分析报告。以"健康生活"为例，点击"健康生活"四字，智慧屏幕中间将呈现该生一至三年级具体的时间内容：经历的职业扮演、社会服务和生存挑战的种类、数量与类型以及一份简要的分析报告，从而让人更完整地了解到该生在健康生活中经历的成长和收获是什么。

除了可以分板块具体了解学生的十二种经历，我们还能通过右侧"能力评估栏"清楚地了解到学生的"思想品德""学科知识""体能运动""艺术创造""劳动能力"和"社会交际"方面在学校同年级学生中的大致情况。"能力评估栏"通过呈现雷达图和简要的分析报告，可以全面地了解到学生的综合能力。

智慧平台不仅能够了解到对学生的多方评价，还能呈现整体和部分成长经历。这样的评价可以让学生在原有的水平上更好地提升，真正做到评价促进学生发展，让整个评价活动真正"活"起来。想要得到更加优化的教学方案和活动策略，教育者就必须深入了解学习者的诊断性评价内容，并熟练掌握这一基本实施步骤。将诊断性评价的实施分为四个阶段，分别是资料收集阶段、信息分析阶段、诊断发布阶段和优化提升阶段。

四、指向成长的评价实施流程

指向成长的评价内容循序渐进，全面展开，从而确保内容的完整性与准确性。因此，要将经历伴随成长的评价内容分层实施，精准把握，具体可以分为四个层次，如图7-4所示。

第一层是资料收集层，即以政治启蒙、审美养性、健康生活和慧脑行动四种经历指向为本，对学生的历史底蕴、职业意识、创新意识等相关数据进行采集或收集；第二层是信息分析层，即对收集的信息进行分析追踪，主要采用问卷分析和面谈等动态追踪的形式展开；第三层是诊断发布层，即以"五育"融合为理念，通过横向比较和纵向比较，得出分析结果形成测评报告；第四层是优化提升层，即针对测评报告，调整活动策略，优化实施。

图7-4 四步评价实施流程

这四个层次从低到高,循序进行,每一层次的完成都促成了另一层次的完善与优化。四个层次促成了诊断性评价过程的实施,但它的实施过程是在现有指导基础上更加细化的操作过程。

(一)资料收集阶段

活动的有效性必须建立在对学情充分调查的基础上。十二种经历涉及的活动面广、涉及的学生人数多且差异性大,那么到底选取哪些经历才能真正助力学生的新成长呢? 带着这些问题,学校设计了经历成长的调查问卷,并通过诊学单、访谈的形式辅助调查,丰富资料的收集。以"健康生活"板块为例,经历调查诊学单如表7-1所示。

表7-1 "健康生活"经历调查诊学单

序号	年级	姓名	性别	健康生活类型	实践次数	备注

首先，对学校每个年级的每位学生下发经历调查诊学单，要求每位学生在诊学单中备注自己的年级和真实姓名，并根据四种不同的经历指向填写不同的诊学单。如表7-1所示，在调查健康生活这一板块时，学生依次填写自己开展的健康生活类型以及实践次数。健康生活一栏形式多样，有参加社会实践的，有参与家庭劳动的，还有参与学校劳动实践的，学校可根据填写情况，合理优化社会实践项目。

其次，编制并收集自我经历调查问卷。问卷设计以测评学生的知识技能、情感态度以及实践情况为主，包含历史文化底蕴、实践创新能力、职业认知等方面。问卷只填写年级，不填写实际姓名，以年级为单位进行下发和收集。

最后，结合诊学单和问卷调查的内容，选择性地对学生进行访谈交流。一方面，可以弥补资料收集过程中出现资料缺失的情况；另一方面，面对面的交流，教师更能判断学生反馈信息的真实性。

（二）信息分析阶段

针对第一阶段中收集到的相关信息，教师应随即展开针对性的整理和分析，明确哪些信息是有价值的，哪些信息是异常的，并进一步评估异常信息的真实性和准确性。同时，在对诊学单、问卷和访谈记录的信息进行分析时，也可以结合课堂提问、活动观察等动态监测的方式进一步补充信息，评估信息的准确性。

（三）诊断发布阶段

经过对收集资料的整理和分析，学校已对学生的先前经验有了一定的了解。这时，再通过学生自评、教师考评和家长助评的方式，多方位比较信息的有效性，从而对学生的已有知识、情感和实践经验做出精确反馈，得出诊断报告。

（四）优化提升阶段

指向成长的评价需要勾连活动背景，根据评价需要，构建起涵括评价的环境氛围、内容呈现、结果呈现等因素的教育场。情境的营造让评价不仅情趣十足，而且富有挑战性，令学生乐享其中。以"经历传统节日"的项目为例，通过模拟真实场景、构建情境任务获得浸润感。

1.模拟真实场景，让情境中的评价有体验感

为了增添评价的趣味性，教师紧扣每一个项目活动的主题，从场景布置、穿着打扮等方面创造趣味性十足的评价情境。活动前，师生共同将教室布置成富有大自然气息的活动现场，在松软的沙发、芳香的花束、舒缓的音乐等烂漫又诗意的氛围中活动，通过实时对话和现场评分，获得更为接近真实状态的评价。因此评价要与项目情境相契合，让学生在完整的学习过程中体验评价，完成评价。

2.构建情境任务，让情境中的评价有整体感

指向成长的评价可以构建统整性的评价任务，引领学生在整体牵引中完成多个子任务的评价。例如，了解"二十四节气"这一活动，包含了"什么是节气""节气从哪儿来""节气时间表""节气对生活的影响有多大""节气谚语""节气诗词"六个子活动，因此建构了"探宝式"的情境任务。教师将所有活动的评价设计成一张藏宝图，学生在富有趣味的活动中完成评价，每完成一项，便能在寻宝图中打卡，从而边学边评，还能够检验阶段性的学习效果。这相当于一种项目化、任务驱动性的评价方式，架构起了零散评价间的关联。

第二节　载体创新：关注经历的评价实施

2020年10月13日，中共中央、国务院印发了《深化新时代教育评价改革总体方案》，并发出通知，要求各地区各部门结合实际认真贯彻落实。其中，评价载体是使评价内容真正落地的必要媒介，要具有较强的可操作性。关注经历的评价，要根据评价的需求和评价的内容，设计形式多样、趣味无穷的评价载体，激发学生的评价兴趣，避免形式单一，华而不实。学校关注"经历伴随成长"的十二种经历，在"五育"融合背景下，精心设计经历伴随成长的评价载体，积极落实"改革学生评价，促进德智体美劳全面发展"这项重点任务。

一、点赞板：互动性评价载体

为激发学生自我认知的发展热情，学校基于"政治启蒙"板块，设置了"点赞板"这一具有互动性的评价载体。"政治启蒙"板块相对于"健康生活""慧脑行动"板块，离小学生生活的年代更久远一些，因此学生较难产生学习兴趣。但"点赞"这一方式将传统评价载体与现代信息技术融合，充分提高学生的参与热情，让每位学生享受到同伴、教师、家长对自己政治启蒙经历的认同，从而实现经历政治启蒙，快乐成长。

（一）"点赞板"的要义

1.概念

"点赞板"即同伴、教师、家长依据一定的主题和标准，在认可学生根据自身经历物化的成果后，依托电子平台，以点赞的方式互动评价对方的平台。"点赞板"中的点赞项目需细化点赞类别，设计多元内容，引导学生分项点赞。为了促进学生能积极探索政治生活，"经历红色之旅""经历致敬改革""经历时代榜样"的点赞项目，需要聚焦学生经历中的感受和经历后的感悟，鼓励用自己的方式理解政治生活。如图7-5所示，这三种不同的经历活动可以对应三种不同的点赞对象展开互动评价。

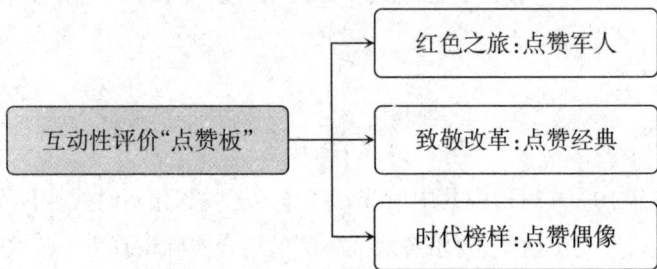

```
                              ┌─────────────────────┐
                         ┌───▶│ 红色之旅:点赞军人     │
                         │    └─────────────────────┘
┌──────────────────┐     │    ┌─────────────────────┐
│互动性评价"点赞板" │────┼───▶│ 致敬改革:点赞经典     │
└──────────────────┘     │    └─────────────────────┘
                         │    ┌─────────────────────┐
                         └───▶│ 时代榜样:点赞偶像     │
                              └─────────────────────┘
```

图7-5　互动性评价分类图

"军人""经典""偶像"既是学生成果展示的对象，也是大家需要点赞的对象。学生根据主题选定讲解的对象，依据点赞的具体子项目规划讲解的形式与内容。学生在经历中将自己的体验与感悟融入讲解之中，以文本、图片、音频、视频、小报等形式在"点赞板"上传自己的作品。其他学生、家长和教师均可以欣赏每位学生上传的作品，并在自己认可的作品后点赞予以鼓励。

2.特点

"点赞板"这一互动性评价重在体验沟通交流中的民主性，通过同伴、家长和教师的三方评价，学生更加全面地认识自己，能准确地了解到自己与他人的长处和不足，从而更有针对性地加强某项品质或技能的学习和训练。

（1）双向互动

"点赞板"改变了以教师为评价主体的单一模式，建立了学生自评与他评的交互评价模式，加强了评价者与被评价者之间的互动。在"点赞板"这种新的评价方式中，每位学生都可以参与评价，其他同学与展示同学可以相互点赞。因此，学生不再是被动检测的客体，而是主观能动的主体。这种交互模式提高了学生的主体地位，促进学生主动参与、自我反思、自我教育、自我发展，形成了积极、平等与民主的评价关系。

以"经历红色之旅——点赞军人"为例,每位学生都会精心地准备一位军人进行讲解,从了解到讲解的过程就是一次了解一位军人的经历。但是在"点赞板"上,学生可以看到其他同学精心准备的介绍对象,也有可能是与自己相同的介绍对象。这时,学生就会自行进行比对、反思与学习。在互动性评价的过程中,学生也了解了其他军人,同时对自己以后的作品会有新的灵感或更高的要求。这种双向点赞的活动形式新颖有趣,不仅充分调动了学生的兴趣,还在点赞投票中培育了学生学会发现并赞美同伴的优良品质。

(2)符号简洁

"点赞板"符号简洁,互动评价过程快速,却不失内涵。人的本性容易被这种新奇又便捷的方式所吸引,在一定的场景中展示,符号有着比语言更为丰富的意义。因此,学校设计的点赞板符号十分简洁,如笑脸表情、大拇指形象等。虽然表情是一种非言语动作,但可以跟言语发挥着类似的作用,如表达一定的信息、传递情绪、提供反馈等。从某种意义上说,赞美表情这一表达方式更具个性化、情感化与趣味化,不仅可以缩短点赞者与被评价者的距离感,还可以更好地表达自己的情绪。

学生可以通过"笑脸"或"大拇指"直观地感受到别人对自己或别人介绍的"军人"或"偶像"的认可。实时更新状态也体现了学生与点赞者之间即时互动的最大优势。整个评价过程快速又明晰,可以清楚地了解到有多少人认可自己的作品,也可以明晰地了解到大家普遍认可的作品。

(3)反馈及时

在点赞过程中,学生可看到实时的点赞情况,能够对自己的作品和他人的作品有一个基础的反馈。因此,在全部学生点赞结束后,学校可利用现代信息技术,一键生成投票结果,快速编辑成图文,从图片、视频、文字等不同形式反馈点赞的情况,让学生对自己和其他同学的作品有一个更全面的了解。比起教师评价,这样的评价也更贴合学生的自我意识,能够让学生在观察同伴作品的同时自省吾身、取长补短,在模仿中完善自己的品格,在学习中提升自己的修养,激发更多的潜力和能量,从而培养学生自主、合作、探究精神,有利于学生学习主动性的调动。

（二）"点赞板"的设计标准

"慧脑行动"源于创新思维。创新思维一旦产生，就对实践具有指导作用，并能通过创新实践活动改造客观对象，从而创造出体现创新目的的新对象。这个新对象最初是存在于观念之中的，但是在创新实践的过程中可以转变为实在的对象。从观念的对象到实在的对象的转化过程就是创新创意成果的物化过程。根据"点赞板"的特点和学生的心理特点，学校基于以下几点设计标准确定"点赞板"的设计原则。

1. 标准显性

从设计者的角度而言，"经历红色之旅""经历致敬改革""经历时代楷模"都需要充分调动主观能动性，结合原有的经历进行探究与创新，将主观意象孕育的成果物化。他们的成果大多是通过文字说明与图片、视频便能清晰展现的。因此，对于点赞者而言，这样的成果展示方式既有共性又有个性，既有普遍性又有特殊性。因此，点赞评价适用于能够物化成果的活动。这类活动需既能充分体现设计者个性的探究意识和创造能力，又能让点赞者感觉到统一性与可比性相结合的价值判断标准。

2. 操作简单

"点赞板"的初衷是实现简化版的评论，方便学生互动。而它的便捷性也决定了它的唯一性。点赞只能用于表达单一的正面情绪。"点赞板"的点赞功能通常会和排序结合起来，点赞数据作为筛选与评定的依据呈现在首页。点赞数作为评定的重要指标，但我们只能了解其内容深受欢迎，但为什么吸引用户点击则需要进一步的评论才可以了解。因此，"点赞板"更适用于在短时间内能够了解作品内容并做出选择的场合，如绘画、音频、文本、视频等展示形式。

3. 双向点赞

为了让点赞功能最大限度地发挥效用，应设计双向点赞，既可以点赞，也可以取消点赞。这样可以方便点赞者思索，从而更好更确切地选择。不但如此，学校设计的点赞功能还应该加入更多的限制，如一份作品一个用户在规定时间内只能点赞一次，或是用户一天内只能点赞一次等。点赞时间也需要设定在规定的时间内，这需要设计者根据活动开展的需要，提前设定好。而且，每位用户点赞时，系统都需要记录用户点赞的时间。如果超时或者还未到点赞时间时的点赞，视为无效。

(三)"点赞板"的操作运用

"点赞板"这一具有速度快和内涵丰富的互动性评价方式，其展现形式就像是学生、教师、家长共同可见的"朋友圈"。学生可以选定主题和对象，发布自己理解的内容，而其他人都可以在"点赞板"上用点赞表示认同。学生在观看他人作品时学习他人对政治生活的理解给他人点赞。同时也能从点赞数中了解到其他人对自己作品的认可。"点赞板"互动性评价将从点赞前、点赞时和点赞后三个时间段介绍操作及运用方法。

1.确定主题，设置具体项目

在点赞前，师生需要先设计好呈现在"点赞板"上的内容。例如，需要考虑到点赞用户的身份及登录状态、点赞对象的选用与介绍、点赞图标的选择、点赞时间的设置与记录以及为点赞功能设计限制等。

(1)教师需确立点赞用户身份、时间与图标：点赞行为产生时，系统首先要识别点赞人的身份。只有符合参与点赞的人群在规定时间内才能使用点赞功能。在校园点赞时，更倾向用图像简单且意义明晰的图标，如笑脸和大拇指。例如，在"致敬时代楷模"给"偶像"点赞时，学校可将偶像职业相关的小物件设计成图标。

(2)学生需确定上传作品：第一步，学生需要确立主题。以"经历时代榜样"为例，学生需要在本活动中围绕"时代榜样"选定介绍目标。第二步，学生需要通过参观文化场馆、阅读书籍、查阅互联网来丰富自己对介绍榜样的了解。第三步，学生需要明确自己的展示形式，以视频展示为例，则需要写好视频脚本，并对自己收集到的已有信息进行分类与整理。第四步，学生根据驱动任务展开创作，充分调动主观能动性，结合原有的经历进行探究与创新，将主观意象孕育的成果物化。

2.享受点赞，提升评价趣味

"点赞板"作为评价的载体，并不是简单的交互。为何不使用传统的纸质投票功能，而是运用互联网技术，就是要让学生在点赞过程中享受独特的交互体验。学生在点赞时，能够更好地了解和学习被点赞者的优点，被点赞者能够通过被他人点赞而获得成就感,这样才能最大限度地让交互应用体现其特性。我们可以让点赞操作触发自定义特效。学校每一次点击点赞图标时,根据学生的性别弹跳出青青或蓝蓝不同的卡通形象,可以是向其竖大拇指的表情,也可以是开心捂脸的表情等。如关于红色之旅的主题评价,学校以制作青青蓝蓝讲解军人事迹、介绍老物件等动图,提高了学生点赞的趣味性,丰富点赞的体验。

3. 附赠留言,明晰努力方向

用户点赞后,并不意味着点赞这项交互行为的结束,点赞后的很多小细节也可以打动用户,从而让用户对下次的点赞充满期待。例如,可以以"刮刮卡"的形式,在学生点赞后,随即弹跳出灰色方框,学生用手在屏幕上刮去后可以得到一句与"经历伴随学习"相关的励志名言,如"每一次经历都是走上成功的一阶"。这将大大提升学生点赞的期待感和参与感,同时为他人点赞,自己也能有别样的收获。通过触发简短的文案,也可以让用户产生感情共鸣,"感谢你真诚的赞""谢谢你,相信我""感恩今日份点赞,我们明天再见"……简单的一句文案设计比"点赞成功"要更为暖心。

"点赞板"这种交互性评价方式让评价的方式不再停留在一张投票的卡片上,而是更加关注双方经历的过程。"点赞板"的设计能够更加直观地体现被点赞者的成长经历和个性特点,也能为学生提供更多的展示平台,从而提高学生对校园学习与生活的信心。该评价活动需要确保每位学生都行使自己的"点赞权",成为校园学习与生活的小主人,丰富评价经历。趣味又有意义的点赞,能让活动最大限度地体现评价的互动性,让每位学生都对"点赞板"充满向往与期待,争取做"点赞板"上的小达人。

二、鉴赏会:交流式评价载体

文化所涉及的内容涵盖面广,不是讲解传授可以穷尽的。基于审美养性的经历注重形象认知和多重体验相结合,注重情操陶冶和行为落实相结合,形式多样、互动及时的交流式评价更能迅速地检验学生的经历成长,而其中最有代表性的是文化鉴赏会这一交流式评价载体。

(一)"鉴赏会"的要义

1.概念

文化鉴赏会是融合文化体验过程和文化素养效果的交流式评价,它以分享、沟通的形式丰富学生的文化储备,检验学生的文化收获。为了促进学生的审美养性,"经历优雅生活""经历传统节日"和"经历戏剧盛宴"要关注学生的体验感与内化效果。如图7-6所示,这三种不同的经历活动分别利用创意体验馆、习俗展示会和视听舞台秀三种方式展开评价。

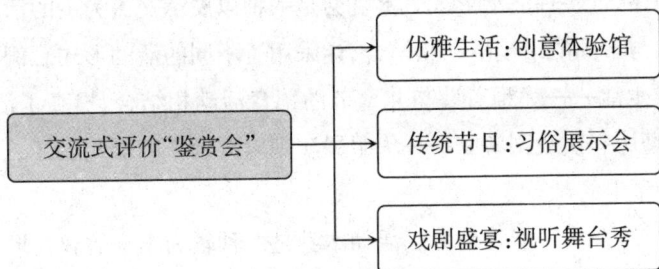

图7-6 交流式评价分类图

创意体验馆、习俗展示会和视听舞台秀都是文化鉴赏会的一种表现形式,遵循同一种实施框架,让学生在自主学习、互动交流、深度体验和展示评价的过程中丰富文化见识,加强审美养性。鉴赏会不仅是提供展示和交流的活动形式,更是利用分享和沟通的形式对学生进行具体评价的方式。

2.特点

鉴赏会将不同的主题内容与课堂活动、德育比赛、课外拓展等活动形式相结合,增加了活动的可操作性和体验性,让学生在现场的观赏和交流中学习与评价。据此,我们认为,鉴赏会这种评价形式有以下三个特点,分别是体验度高、融合度大和互动性强。

(1)体验度高

第一,翻转课堂,充分发挥学习自主性,延伸体验长度。鉴赏会是一种自主性较高的活动形式。活动前期,教师会提供以教学视频、文化场馆为主要形式的学习资源,学生在活动前观看视频、学习相关内容,或到专门的文化场馆进行实践调查,并由此进行文化渗透,初步体验文化的魅力。

第二，形式多样，真正提高活动吸引性，增强体验深度。有趣的活动形式是吸引学生参与的美丽外衣，而有意义的活动内容更是提高学生参与度的最强助力。在创意体验馆里展示优雅着装、优雅谈吐和优雅餐饮等，在习俗展示会上分享习俗故事、体验习俗活动等，在视听舞台秀上欣赏戏剧表演、展示造型文化等，每一种活动形式都从外而内引导学生层层参与、交流评价，每一场活动都争取获得最高浓度的体验感。

（2）融合度大

第一，融合多种活动形式。鉴赏会是一种以展示交流为主的活动，但不同的主题与不同的学校活动相结合，遂采用了不同的活动形式。例如，经历一次优雅生活——优雅着装与儿童节的德育活动相结合，提高了活动的参与广度；经历一次戏剧盛宴——华服展演则以舞台秀的形式展开，一场视觉盛宴加深学生的参与度。

第二，融合多种能力培养。活动本身是一种较为丰富的教育形式，开展一次完美的活动也是对学生进行全方位的能力培养。翻转课堂和自我评价等活动流程提高了学生的自主学习能力，而师生活动、生生活动充分培养了学生的交流合作能力，在对文化的深入学习和创作过程中，学生的创新力、文化理解力及审美力也于无形中得到提高。

（3）互动性强

第一，生生现场交流，开展动态交流模式。在文化鉴赏会上，每一位学生都会将活动前的学习所得与本次主题相结合，发表自己的看法。不仅如此，根据观点的不同，学生将形成不同的文化小组，各抒己见，展开讨论。整个过程，确保人人参与，动态互动。

第二，教师即时点评，进行反馈式互动。发布活动任务，提供学习资料之后，教师在整个活动过程中起引导性作用，如根据学生的参与度和即时表现进行提问与引导，提高生生互动和师生互动的强度。在活动后期，教师将进行反馈式评价，保证活动顺利完成。

（二）"鉴赏会"的设计标准

经验是永久的老师。"鉴赏会"的设计将小学生的成长特点和活动体验特点相结合，开展了各具特色的经历活动。因此，"鉴赏会"的评价方式也将学生自我评价、生生互动评价和教师指导评议相结合，进行交流式评价。

1. 学生自我评价为引

经历过视频学习、文化场馆参观、作品制作等过程后，学生已基本形成特定的文化认知，拥有初步的文化评定标准。因此在文化鉴赏活动中，学生将用不超过十句话对自己作品的优点和不足进行阐述，以此为引，为下一步的互动交流做好准备。

2. 生生互动评价为主

思维碰撞出火花，集体讨论助成长。学生进行自我评价之后，以小组的形式开展组内评选和组外交流。组内评选时，进行集体讨论、欣赏作品、逐级点评和作品推选。组外交流时，学习不同作品风格特点和文化韵味，并点评和学习他人的学习态度等。在生生互动过程中，学生的评价层次更深、评价内容更广、评价质量更高。

3. 教师指导评议为纲

在活动过程中，教师更加注重学生的自我感受和创作，充分发挥与培养学生的自主精神和自评能力，尊重学生的个性。但作为教育的主导性力量，教师的指导评议尤为重要。因此在学生自评、互评的基础上，教师根据学生的前期学习情况、活动即时表现和对文化作品的理解等维度进行评价，为活动评价确定方向。

（三）"鉴赏会"的操作运用

"鉴赏会"这一趣味性的分享交流式评价，有效激发了学生参与活动的兴致，提升了学生学习优秀文化的动力。学生在品味、鉴赏中加深对优秀文化知识的理解，在自主拓展中获得更多元、更广博的文化，提高了文化修养与综合素质。鉴赏会评价形式的开展一般包含三个步骤。

1. 理解任务，明确交流方向

第一步，组建鉴赏团队。学生以"鉴赏员"的角色，选择同伴并分析各人员的优缺点。以"经历优雅生活"为例，在本活动中，驱动任务为：围绕"雅行""雅学""雅赏"三个维度，先说一说心目中的优雅着装是什么样的。

第二步，罗列鉴赏理由。学生在明确自己心目中优雅着装的标准后，以备忘录的形式记录理由，为后一环节的小组讨论做好准备。

2.交流分享,记录活动内容

学生继续深入问题情境,通过"活用资源、比较鉴赏"等策略,收集并处理各类信息资料。同样以"经历优雅生活"为例,学生在小组讨论后,通过集体评议,针对同伴们"优雅着装日"当天的穿着,确定同伴是否符合"优雅"的内涵,以促使评价更为客观。

第一步,分享鉴赏导图。学生以情境角色,分工合作收集所需信息,并用日志、备忘录等形式对鉴赏理由进行整理归类,无论是分享信息还是记录探究过程,实质都是在生活中、在活动中进行言语实践活动。

第二步,绘制思维导图。通过组内合作交流,对获取的信息材料进行筛选、比较、重构,将合作成果绘制成思维导图。这实则是一次评价听说读写能力综合训练的过程。

3.综合考评,完成评价流程

审美养性是一个由表及里、循序渐进的过程,在评价时可以考虑长期的、关注过程的积累式评价。学校的鉴赏会以集章为媒介,鼓励学生在文化的熏陶中自觉了解文化,主动理解内涵。集章主要依托"定章、考章、颁章"的系统考评方式,以指定奖章的获得和累计,促进学生不断达到审美养性的小目标,提高学生参与文化体验活动的内在动力(见图7-7)。

| 春节"感恩章" | 清明"爱国章" | 端午"强身章" | 中秋"和谐章" |

图7-7 四大传统节日特色集章

如"经历优雅生活",根据维度,分设着装优雅章、言谈优雅章、用餐优雅章等;"经历传统节日"设计了感恩章、爱国章、强身章、和谐章等。学生完成指定的鉴赏活动后,就可以获得相应的特色章,在自己的集章卡上留下更丰富的印记。争章的形式促使学生积极参与到三种经历活动中来,充分发挥了评价的积极作用。

"说""议""评"三个步骤从个人作品的展示和介绍到现场交流讨论,最后推选星级作品,步步紧推,让学生在交流式评价中获得深度体验。

三、签约单:描述式评价载体

描述式评价不仅关注体验的过程,也关注效果的达成。而签约单作为一张书面评价单,将经历过程变得可观,评价内容变得可描述。而学校基于健康生活的部分经历具有持续性的特点,因此,这三种经历主要围绕"签约单"开展描述式评价。

(一)"签约单"的要义

1.概念

签约单是一种将经历的过程和结果通过外在的、文本性的东西展示出来的书面评价形式。将签约单与学生评价相结合,就变成了教学过程中的描述式评价。在经历伴随成长的活动过程中,这种描述性的评价方式主要被应用在"健康生活"板块中。如图7-8所示,经历一次运动挑战,利用技能考核书展开评价;经历一次职业扮演,利用就业合同书展开评价;经历一次社会服务,利用心灵契约书展开评价。三种评价方式在实施过程中的具体操作略有不同,但其依照的目标,遵循的规律和形式相同。

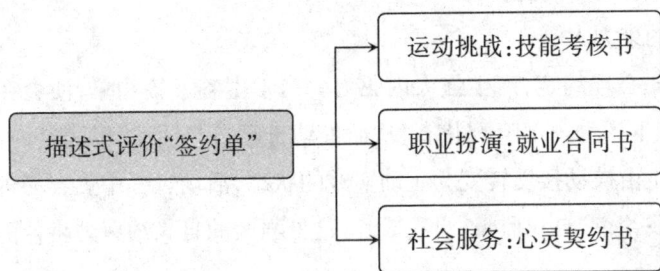

图7-8　描述式评价分类图

不论是技能考核书、就业合同书还是心灵契约书,都围绕一种形式展开,即经过多方考核诊断后,学生参与起草与设计,且学生与自己签约,并在活动中和活动后,检查自我的契约履行度,再配合教师与家长的补充记录,从而完成评价,将被动执行转变为主动实践的过程。这样既培养学生的合作意识,又培养他们的理性思维和自我管理等能力。

2.特点

签约单的设定像一份"三方协议",但这种签约其实就是一种心理上的约定,这种心理约定反映了双方共同的心理期望。因此在师生共同起草、共同参与记录和评价的过程中,我们为签约单这种评价形式提出三个特点,分别是认可度高、约束力大和描述性强。

(1)认可度高

第一,学生全程参与制定与记录。签约单是学生与教师共同起草制定,且项目预期与项目内容的记录都是学生一手完成的。签约单设定的活动内容能够链接学生的已有经验,唤醒学生参与挑战的兴趣,记录成果所获得的成就感也会促使学生建构更强的内驱力,从而主动完成活动记录与评价。

第二,集体签约,仪式满满,心理认同度升高。仪式感是相对于人的心理需求而催生的一种心理产物,它对于人的作用十分巨大。一笔一画填写活动预期,端端正正签上姓名,小心翼翼按上红手印。通过这些仪式,让学生真切感知自己的心理、行动以及对未来的预期,从而产生极强的心理认同感,激发内在的驱动力。

(2)约束力大

第一,心理约定,产生强大内驱力。当学生签下签约单,便会在需要的基础上产生一种内部唤醒状态,从而推动自己参与活动,以满足内在需要。此时,学生由被动接受转变为主动实践的状态,活动过程中更容易进行自我修养、自我约束、自我监督、自我成长,这种强大的自我约束力将伴随学生完成项目活动。

第二,家校协同,共促成长。在"心灵契约记载表"中,学生、教师与家长共同参与,学生是记录的主体,教师和家长则根据观察补充记录学生的表现,并对完成情况进行评价。当学生的自我约束力减弱时,来自外界的督导作用开始发挥效力,并督促学生完成项目活动。

（3）描述性强

第一，实施前后对比，直观感受项目变化。在经历伴随成长的项目活动中，三种签约单都分为签约单和记载表两种形式。学生在签约时，填写自己的项目内容及项目预期，在结束后，记录自己的项目成果并参与评价。这种前后的对比观察，直接描述了项目活动的实施过程。

第二，多角度记录，增强项目的可描述性。签约记载表并不是学生一人完成，而是需要学生、家长和教师三者合力完成，最终结合签约内容和记载表，对学生的项目完成情况展开评价，更加注重学生在项目实施中的成长变化。因此，签约单评价具有极强的描述性。

（二）"签约单"的设计标准

"签约单"的设计根据小学生的成长规律和项目活动的特点，采取"学生自主、教师督导、亲子督促"三方联动的方式，带动学生完成项目清单，并合理记录内容。其中，以学生自主为主要力量，教师和家长的督导为辅，开展客观评价。

1.学生自主驱动

以签约单为载体，依据制定的项目目标和学生书写的项目预期，把项目任务通过签约的形式进行换位操作，调动学生的自主驱动力，让学生全身心投入，去制定目标、去招募团队、去实施计划、去记录过程、去参与评价。当学生拥有更多自主性，就会激发更大的创造力。

2.教师督导促动

经历伴随成长是让学生在有指导的情况下创造新经历，收获新成长。在项目开展过程中，教师的力量不可忽视。教师在项目前进行调查与指导，引导学生明确项目目标；在项目中参与观察和帮助，促成项目的顺利完成；在项目结束后展开记录与评价，完善项目内容与评价，从而达到全程参与，实时督导，又不破坏学生自主性的效果。

3.亲子督促带动

学生的成长经历离不开家庭的陪伴与督促。在项目实施过程中，家长的参与会为学生的成长锦上添花。在十二种经历中，通过亲子交流与探讨，能帮助学生创造更多的间接经验；通过亲子合作挑战，引导学生培养科学探究精神；通过亲子实践与服务，引导学生学会生活技能，向善向德。家长履行签约单的第三方义务，起到督促和榜样作用，在增进亲子感情的同时，更能带动项目的实施。

（三）“签约单”的操作运用

签约单评价形式的开展一般包含四步策略，从起草签约书，签订契约并填写项目预期，到实施契约，最终记录评价，四个步骤环环紧扣，步步推进。以“经历一次社会服务——小红帽扮靓小红车”活动为例，具体讲述签约单的实施策略。下面即为该项目的“心灵契约”（见图7-9）和“心灵契约记载表”（见图7-10）。

心灵契约

项目组成员签订日期： 2018年4月2日

项目名称： “小红帽”扮靓小红车

1. 项目预期结果：

◆维护公共自行车的日常清洁；

◆影响更多的人参与到擦车的队伍中来，懂得爱护小红车。

2. 项目需要完成的任务：

◆清洁长庆街道和双眼井巷两个站点的公共自行车。

◆设计温馨标语，呼吁更多的人爱护公共自行车。

3. 预期持续时间

4月-11月，为期8个月，每周六上午8点-11点。

4. 完成任务所需的知识和技能

劳动技能；沟通交际能力等

5. 项目评价标准

◆每周坚持擦车；

◆擦车过程中尽心尽力，能够维护小红车的日常清洁；

◆乐于服务，积极参与。

学生签名： 黄玙瑄
家长签名： 洪 芳
老师签名： 蔡 静

图7-9 心灵契约

心灵契约记载表

项目组成员： 黄玙瑄、傅芷祎、陈可茗 **日期：** 2018年6月5日

1. 社会服务项目已达成目标：

我们小队每周六固定时间清洁小红车，已经坚持了整整两个月啦！

2. 项目执行时遇到的问题是什么？

车篮里有许多难以清洁的“牛皮癣”。

如何让每一位杭州公民也拥有同样的意识？

3. 到目前为止，项目组各成员分别做了什么贡献？运用了哪些个人能力？

黄玙瑄：设计并制作温馨标提示卡发放给市民，呼吁更多人爱护小红车。

傅芷祎：给公共自行车公司写信，提出一些更好的便民建议。

陈可茗：通知小红车修理员，报修破损车辆以及相关地点。

家长补充：

擦自行车是一件提倡低碳出行的举措，但绝对不仅仅限于这些，通过这样的活动，孩子们拥有了责任感，学会了坚持与团结合作。这个活动我们家长非常支持，不管对于社会还是对孩子的成长都起着重要的作用，我们为孩子能在这样一所具有社会责任感的学校就学而感到骄傲。

教师记录：

自从成立“小红帽扮靓小红车”雏鹰假日小队后，每逢周末，长庆街道和双眼井巷街道总有我们班小队员活跃的身影。我也总是陪着孩子们一起擦洗自行车，一声感谢，一次握手，都让我们幸福满满。在这个过程中，队员们学会了环保，学会了合作，学会了很多在课堂上无法学到的知识。很多孩子在活动后也写下了自己的感受，纷纷表示要参加更多的公益活动。

图7-10 心灵契约记载表

1. 活动诊断，起草签约书

教师与学生均参与活动诊断过程。教师进行学情诊断，判断活动项目指向，明确项目推进的方式。而学生则参考教师提供的建议和策略做出自我诊断，并结合已有经验，进行自我诊断分析，从而初步确定适合自己的项目方式。

当学生在自我诊断分析的基础上,并结合教师提供的目标确定项目内容时,即可根据自己的实际情况,起草签约单。签约单的形式可以根据活动项目的不同,进行各具特色的美化补充。

2.签订契约,填写项目预期

通过自我诊断、分析,教师、学生、家长对签约单进行三方协商无异议后,学生可以立即班内组队,并进行团队交流,商讨项目内容,达成一致后,填写项目预期。如图7-9所示,学生分类填写项目预期结果、项目需要完成的任务、预期持续时间以及项目评价标准等。

但是,正式签约活动是集体进行。以契约精神为前提,以经历伴随为核心,坚持完成项目活动,认真记录并评价。当所有人伴随着激昂的音乐声签上自己的姓名,按上红手印时,契约签订完毕。学生进入契约实施环节。

3.实施契约,开展生活实践

签订仪式后,学生需要根据契约上的安排,计划和履行项目承诺,获取和利用有效资源,定位和参与项目系统,同时按照时间完成所分派的任务。在项目实施中,不能仅仅关注项目的达成度,更要关注个人能力的提升和团队的进步。

同时,在实施过程中,学生接受教师和家长的督导,也可寻求教师及家长的帮助。而教师在此过程中,要随时监测项目的实施情况,从而有计划、有目的地实施推进,帮助学生顺利完成经历体验,塑造自主探究、自强不息的意志,以达到经历伴随成长的目标。

4.补充记录,评价项目结果

在项目实施的最后阶段,需要及时更新契约记载表内容。记载表以学生的记录为主体,辅以教师和家长的补充记录,记录内容更加关注项目实施过程中所获得的能力提升、意识培养和道德修养。同时,关注项目完成过程中的团队协作能力和解决问题能力,从过程中发现学生的成长与改变,从而开展最终的描述性评价。

签约单这种描述性评价方式不再仅仅关注学生最终的成绩或者项目的完成效果,而是更加关注经历的过程,强化学生收获的能力成长、内心体悟,从而深化学生体验,在经历中学习与锻炼,确保活动的效果达成,实现学生的新成长。

四、发布台:展示型评价载体

学生在经历慧脑行动时,常常会在丰富多彩的畅想活动中形成许多颇具创造力的科技成果。展示型评价为学生提供及时展示自己活动过程中形成的观点、经验、成果的途径。因此,学校围绕"慧脑行动"的三种经历,采用"发布台"的形式进行展示型评价。

(一)"发布台"的要义

1.概念

"发布台"是一种帮助学生分享观点、经验、成果等学习要素的交流展示平台,在"经历伴随成长"的活动中主要应用于"慧脑行动"板块。这一评价方式真正关注到个体参与全过程的各项能力,关注到学生的科技创新能力,让合作学习的成果得以分享、表达,提高交流能力和评价能力。如图7-11所示,经历一次疯狂创想,利用成品宣讲会展开评价;经历一次自然探秘,利用揭秘演说台展开评价;经历一次未来改造,利用创意改造秀展开评价。三种形式的成果发布针对不同经历活动的特点在操作上略有不同。

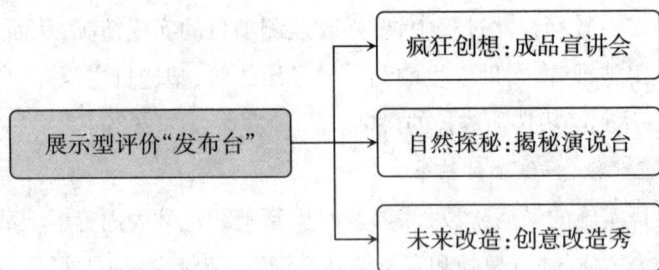

```
                              ┌──────────────────┐
                              │ 疯狂创想:成品宣讲会 │
                              └──────────────────┘
┌──────────────────┐         ┌──────────────────┐
│ 展示型评价"发布台" │────────▶│ 自然探秘:揭秘演说台 │
└──────────────────┘         └──────────────────┘
                              ┌──────────────────┐
                              │ 未来改造:创意改造秀 │
                              └──────────────────┘
```

图7-11 展示型评价分类图

成品宣讲会更多地指向对制作出的创意成品进行介绍,让参加宣讲会的观众更加清楚地了解其性能、使用方法等。揭秘演说台是将自然探秘过程中的发现和收获进行整理,利用PPT演示、展板展示等方法进行演说,演说内容要清晰易懂,新颖有趣。创意改造秀注重对改造物品的演示,通过全方位的展示或情境中的表演让观众明白改造的价值以及物品的用途。

2.特点

无论是哪一种展示台的形式,成果的展示都离不开师生共同组织参与,在评价活动的开展过程中,我们发现展示型评价主要具备以下几个特点。

(1)激趣性强

成果的展示交流是整个经历活动的重要组成部分,在同伴互评和观众点评的过程中,学生有了进一步学习知识、发展能力的契机。为了让成果得到大家的认可,他们会积极整理和运用所学知识,大胆地在群体中进行分享和交流,获得更多的知识、增长更多的经验。在展示过程中,面对大家提出的建议,学生也会积极思考和接纳,从而为了进一步改进作品投入新一轮的学习中去。

(2)互动交流性强

学生在作品完成前,经历了较长时间的探索、创想和改造。为了能够更好地展示出作品的创新之处,学生需要创造性地将自己探究和实践的结果表达出来,在展示中思考怎样的表达更新颖生动,如何互动能够让大家对自己的作品更加了解。这样的表达需要充分站在观众角度考虑,锻炼了学生整理思路、发表见解和提出创造性成果的能力。

(3)具有可发展空间

学生在展示成果的过程中,树立信心、消除紧张心理十分重要。只有在演说、宣讲时充满自信,沉着冷静,才会有良好的表现。因此,学生们需要不断学习其他小组的做法,进一步提炼自己的展示内容,进行多次排练,并在实际的展示过程中逐渐克服胆小、懦弱的心理,用大胆、自信的表达赢得大家的掌声。这样一个展示平台有助于学生逐步形成自己鲜明的兴趣爱好,培养自信心,为未来的发展奠定基础。

(二)"发布台"的设计标准

"发布台"的设计要考虑"慧脑行动"的主题类型、学生的个性化特征、形成成果的功能性特性三个方面,帮助学生找到适合自己的展示方式,并能最大化地展现出成果的优点。

1.根据主题类型，针对性展示和评价

教师要根据不同类型的主题特点，指导学生采用不同的展示形式并设计相应的评价。在经历自然探秘时，学生会选择自己想要探秘的主题，形成小课题。如蜜蜂传递信息的方式，雷电的产生过程等，这类主题就可以采用实验展示、调查报告、观察日记等配合演说进行展示和评价指导。在经历未来改造时，学生们会自行成立项目小组展开改造设计，如厨房用品的改造，这类主题可以采用模型、小发明、设计图等进行展示和评价指导。此外，还有现场制作、播放照片视频、文艺演出等展示方式。教师根据不同形式的展示设计评价方式，如观众打分，选出"探秘演说家""改造小达人"等。

2.根据学生特点，个性化展示和评价

成果展示和评价时，要考虑不同学生的特点，采用个性化的展示形式尽量让每位学生都能拥有成功的体验。教师在指导前，应充分了解每位学生不同的个性特征，如让表达能力好的学生多用演说的方式介绍，动手能力强的学生多在展示时进行动手演示，美术功底好的学生可以自己制作宣传海报和展板等。同一主题下的小组展示可以发挥每位学生不同的优势，合理分工，合作完成。在展开评价时，也要考虑每位学生在小组内发挥的作用，根据不同个性进行评价。

3.根据成果材料，最优化展示和评价

根据成果材料的性质不同，教师应指导学生采用不同的展示方式。如成果材料是静态的模型、物品等，可以通过成品展览的方式呈现；如果成果材料是一个发现、一种观点等，可以采用辩论会、演讲会等形式来畅谈发现的过程和体会。根据成果展示的对象、范围不同，教师应积极与学生探讨展示的形式、时间安排、注意事项等。在展示过程中及时予以发展性、指导性评价，而不是甄别性评价。

（三）"发布台"的操作运用

"发布台"评价形式的开展一般是由过程性记录、多样化展示、多元性评价三个部分组成，三个部分将过程性评价与发展性评价有机结合。下面以"经历一次疯狂创想——创意帽子秀"活动为例，具体讲述"发布台"的实施策略。

1.利用"能力档案袋"丰富过程性记录

"能力档案袋"是一种追踪式评价,涉及学生多种能力的评估。评价主体包括教师和同伴的实时点评,也包括学生自己的反思记录,还包括智能评测系统对学生活动过程的记录与评估。这样的评价方式呈现数据和图文,直观反馈学生的活动情况,为评价提供真实、客观的依据。

"创意帽子秀"活动中,学生自行组成"帽子制作团队",利用职能分组表进行分组。学生根据自己的特长和个性进行互补组合,队长通常组织能力强,有号召力,设计师点子比较多,美工师绘画、动手能力比较强,宣传员表达能力强。在制作创意帽子的过程中,教师、同伴、个人将通过"能力档案袋",就合作意识、合作精神、合作技能三个指标展开评价。通过评价表的方式,就能否积极承担项目学习中分配到的任务,能否积极听取他人的建议,能否主动帮助有需要的组员等多个方面衡量学生的合作能力。组员和教师的评价将归档到能力档案袋中,作为学生能力评价的依据。

2.召开"专属发布会"进行多样化展示

学生们制作出形式多样的帽子后,学校将举办"创意帽子秀"专属发布会,展示创意帽子成品。学生可以从帽子的设计构造、创新之处、实用效益等角度介绍制作成果。例如,有学生将帽子制作成蛋糕形状,可以吹蜡烛许愿,在生日这天戴上蛋糕帽,等待大家送上生日的祝福。学生也可以从帽子的独特价值入手,结合当下社会发展的背景,交流它的未来价值与发展方向。有学生设计出防疫宣传帽,在帽子上装上电子滚动跑马灯,可以实时显示防疫安全知识和信息,给社区和医院用以宣传。还有学生利用制作的独特帽子展开行为艺术,展示童话故事中的场景,供来往同学拍照合影。

3.评选"最具人气奖"展开多元性评价

评价不仅为了反馈,也为了促进。"创意帽子秀"在全校范围内展开多元性投票,由教师、学生和家长共同评选出相关奖项。大家在评选过程中要考虑到帽子的设计创意、用途价值、展示形式等多个方面,选出自己最喜欢的帽子并写出评选理由,最终评选出"最具人气帽子奖"。同时,学校微信公众号也会展示优秀的帽子作品。

基于"慧脑行动"的三种经历活动有一定难度,我们在设计相关评价时要以激励性评价为主，通过微信公众号、布展优秀作品等方式，将研究成果公开展示。对学生而言，评价的最终目的是记录个体的学习过程和学习获得。这样的展示型评价让学生愿意积极开动脑筋，开拓思维，轻松愉悦地参与到各项慧脑行动中来。

第八章

丰硕成果：经历伴随成长的成效思考

　　自2018年起，青蓝小学在前期"经历伴随学习"深入研究的基础上，提出了"经历伴随成长"的育人新思考。三年来，全校教师围绕"经历伴随"的核心理念，开展实践探究，不断摸索和积累，成效初显。学校基于政治启蒙、审美养性、健康生活、慧脑行动四个指向，探索以"十二种经历"为载体的城市小学育人的可行性。青蓝学子的学习成长环境不再局限于课堂、学校，而是真正走出去，感受多样的成长空间。在经历伴随成长的城市小学育人新模式中，"五育"共融是育人的核心，亲力亲为是育人的要素，为学生的未来打造宽厚底色是育人的价值追求。学校最大广度、最大限度为学生创造出一个个让经历助力成长的空间，最终每个个体都能获得全面自主的发展，教师在育人能力上有新突破，形成具有校本特色的城市小学育人新样式，为学校的品牌建设赢得了良好的社会口碑。

第一节　成效：经历伴随成长带来的喜人变化

学校坚持走内涵发展的道路，外塑形象，内强素质。经历伴随教育理念转变，推动教育品牌高阶；经历伴随教师专业成长，打造教师品牌高阶；经历伴随学生身心发展，成就学生品牌高阶。在"经历伴随"的品牌推动下，有效实现学校、教师、学生三位一体的"全人发展"，促进良性的互动循环。通过"学校品牌、教师品牌、学生品牌"三位一体的新思考、新行动，实现育人方式的新改变、新跨越。

一、铺就青蓝之路：学生笃学践行、个性飞扬

在党的十九大报告中，习近平总书记提出："青年兴则国家兴，青年强则国家强。青年一代有理想、有本领、有担当，国家就有前途，民族就有希望。"①青蓝小学积极响应号召，在"经历伴随成长"的理念践行中，学生学习能力、创新能力提升，走出了一条学生健康成长全面发展之路，使得青蓝学生具有更广博的气宇胸襟、更广深的文化内涵和更广阔的国际视野，培养了一批批有理想、有本领、有担当的青蓝学子。

学校以"让每个孩子都能得到全面而有个性的发展"为课程目标，以"经历伴随成长"为原则，以"轻负高质"为落脚点，从学生的生活与学习经历出发，开发了基于学生生活经历的厚基课程、基于实践经历的炼能课程、基于社会经历的明志课程。包含"人文、科学、社会、保健、艺术"五大课程群，由

---

① 习近平在学习贯彻党的十九大精神研讨班开班式上发表重要讲话.[2018-01-05].http://www.gov.cn/xinwen/2018-01/05/content_5253681.htm.

10余门国家基础性课程和50余门拓展性课程组成,形成了独树一帜的主干课程群,让课堂回归"玩"的本性(见图8-1)。

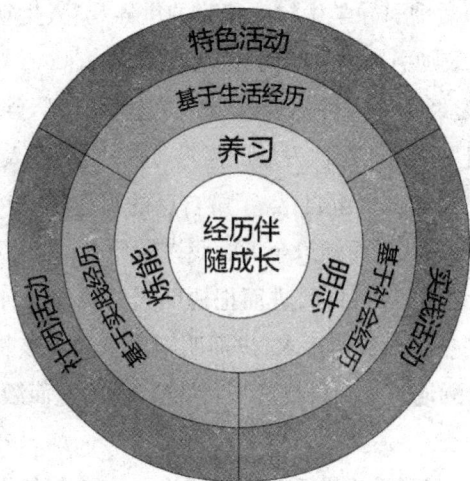

图8-1　经历伴随成长课程图

(一)经历中明志:青蓝学子树理想

苏格拉底曾说:世界上最快乐的事,莫过于为理想而奋斗。青春是船,理想是帆。只有树立远大理想,青春的航船才能在理想风帆的导引下破浪远航,到达圆梦的彼岸。要想培养有理想的新时代少年,就要让他们牢固树立共产主义远大理想和社会主义共同理想,将自身成长与发展的个人梦想主动融入实现中华民族伟大复兴的中国梦的实践中。而且,随着经济的发展、社会的进步,如今青少年已经生活在资源丰富的时代,绝大部分已远离了匮乏而困苦的环境。对于这样环境下成长起来的青少年进行理想信念教育显得尤为重要。

20世纪50年代,美国心理学家马斯洛在《动机与人格》一书中提出了需求五层次,即生理需求、安全需求、社交需求、尊重需求和自我实现需求。该理论指出,每个人都有这五种需求,各个层次的需求并非独立存在,而是彼此关联与影响。①由浅入深,逐级增加。随着社会进步,如今的教育也是以

---

① [美]马斯洛.动机与人格[M].许金声,等,译.北京:华夏出版社,1987.

尊重个体差异为前提，引导个体独特性发展的个性化教育。在"经历伴随成长"的课题研究下，学校教师充分保证对学生主体地位的承认和对学生的尊重，通过各项经历活动引导学生树立正确的世界观、人生观和价值观，激励学生的内在动机，鼓励引导学生实现自我实现的需求。

青蓝学子通过经历十二种活动体验后学会学习、学会探索、学会创造、学会合作，从而满足了五个层次发展的需求，进一步明确人生理想。在经历伴随下，学生能更真切地了解自己，了解自己的兴趣爱好、自己的优点与不足、自己的能力与水平，进而知道今天的我该做什么；在经历伴随下，学生能自主思考当下知识储备的目标，进而把握明天的我能做什么；在经历伴随下，学生能更清楚自己的价值追求，进而明晰未来的我该是什么；在经历伴随下，学生能更清醒地感受到科技进步和社会发展，进而激发学生各个方面的才能。

十二种经历拓宽了学生动手实践的平台。在六年的小学生活中，每位学生获得至少十二种经历。100%的学生经历过离开父母独立生活，能自己铺床、洗漱、包饺子、做饭；100%的学生养成了居家劳动的习惯，能够保持每天做一件或若干件家务；100%的学生经历过学校特色"红十字"救护课程的学习；100%的学生经历过运用网络平台发布视频、文章；等等。比如疫情期间，青蓝学子余沁阳自主开辟线上公众号，两个月连载十余万字的小说，引来多方媒体的关注报道。经历伴随下的教学模式充分激发了学生的成长活力。

（二）经历中炼能：青蓝学子增本领

要想培养有本领的新时代少年，除了要加强他们德、智、体、美、劳等方面的各种能力培养，同时还要大力培育新时代少年的创新精神。因为有本领的新时代少年不仅要有扎实的学识，更要有较高的实践应用能力和综合素质，他们一定是知识、能力与素质全面发展的人才。

美国哈佛大学教育研究院的心理发展学家霍华德·加德纳的多元智能理论指出：教育的艺术在于，使每个学生的潜能都充分发挥出来，使他们能充分享受到成功的乐趣。①这就要求我们改变单一的教学方式,使学生在学习的过程中呈现出多样化的学习方式,以此来实现学生群体智能的多元倾向,最终让学生在探索性、自主性、研究性学习中获得成长。因此在"经历伴随成长"的理念践行下,对于大部分学生来说,不仅锻炼了学生将知识应用到实际生活的能力,而且十二种经历提高了学生的政治道德思想意识,传承了中国传统文化,提高了学生的生活实践能力,培养了学生的科技创新能力。

经历伴随成长的各项活动,激发学生的创意与灵感,令学生逐步形成较高水平的认知及解决问题的能力,相较于2017年的调查测试,2020年学生所呈现出的学习愉悦度、研究意识、线上学习力、平台发布均大幅提升(见图8-2)。

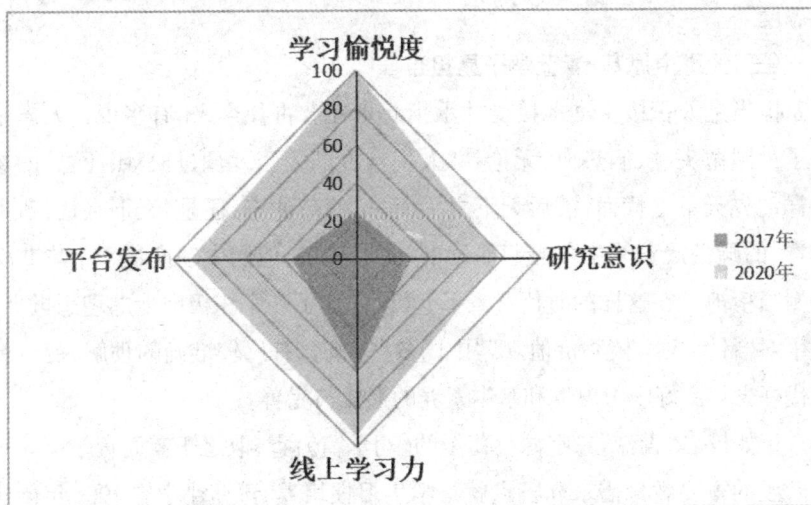

图8-2 "经历伴随成长"丰实学生学习能力

近两年,学生独立意识大幅提高,实践能力突出,学生自觉开展研究性学习的人数已达到100%。其中,近60项成果达到了较高水平,8项获得杭州市中小学研究性学习评比一、二等奖。"防溅水杯""自动无尘黑板擦""新型衣架"3项发明获得国家专利;2019年"环球自然日"世界少年自然科学知识

① [美]加德纳.智力的结构:多元智能理论[M].沈致隆,译.北京:中国人民大学出版社,1983.

挑战赛上，学生作品《当"天外来客"造访地球》获得全球总决赛一等奖。

随着国际交流与合作的日益密切，引导新时代的少年放眼看世界，不断拓展他们的国际视野，提升他们的跨文化沟通与合作能力也尤为重要。近年来，青蓝学子兼具民族精神与国际视野，频频获得世界各国的高度赞扬。作为唯一参与G20峰会接机的学生团队，"自信满满、大方得体、善于交流"是他们向多国元首展示的形象。"很可爱，很大方"是中国红十字总会党组书记、常务副会长梁惠玲赴学校调研时对学生的评价。国际奥委会委员、国际现代五项联盟主席克劳斯·舒曼博士评价他们是"拥有自由心灵，焕发贵族精神"的、与"现代五项"蕴含文化不谋而合的孩子。维也纳宫廷乐团团长哈克尔教授则说"这儿的孩子们懂得合作，有感受美的能力，有积极乐观的人生态度"。

（三）经历中厚基：青蓝学子显担当

担当是人积极主动地接受并承担起责任。古往今来，有多少仁人志士为了祖国抛头颅、洒热血，无论是"人生自古谁无死，留取丹心照汗青"的文天祥、"先天下之忧而忧，后天下之乐而乐"的范仲淹，还是"天下兴亡，匹夫有责"的顾炎武、"为中华崛起而读书"的周恩来，他们生动诠释了中华儿女的担当精神。在这样的时代背景下，学校构建了一个积极向上的理想世界，学生对"社会主义核心价值观""中国梦"等概念有比较准确的理解，促成新时代好少年良好学习习惯和基本素养的形成与完善。

正如校名"青蓝"二字源自荀子的《劝学篇》：青，取之于蓝而青于蓝。小学阶段的重要教育需求和特点就是学生习惯培养，青蓝小学自1906年创建至今，始终坚持把学生习惯培养作为工作重点。"厚基"作为青蓝小学首要育人目标，内涵主要指学生在六年的小学生活中，能够养成良好行为习惯和学习习惯。长期的教育教学实践使我们深刻感受到：良好的行为习惯是学生素养的显性表现；而良好的学习习惯则是学生素养的隐性助力。良好的学习习惯是落实轻负高质的重要载体，是实践个别化教育的重要平台，更是实现可持续发展的不竭动力。

学生社会责任意识也明显增强，涌现大批好少年。近五年，100%的学生积极参加少先队志愿者活动，其中69.7%的学生经常性地参加社区志愿服务,为社会服务已成为每位学生的自觉行为。学校每年都有一名学生获得"杭州市美德少年"称号(全市每年仅评选十名),其中两名还获得省级美德少年称号,这在全省小学中是不多见的。2020年疫情期间,六年级学生倪子菡的爸爸所在工厂专门生产病毒防疫物资,倪子菡主动提出去工厂帮忙,5000双手套、500个一次性医用口罩、消毒液、消毒凝胶……不管是四处筹集还是亲手参与生产,她都用实际行动献上了一份自己的力量。各种各样的经历促进了学生真实的学习,助力学生成长。这样的经历伴随成长,串联真实问题与社会责任,让青蓝学子有理想、有担当!

担当不仅体现在顺境中对责任的尽心履行,更体现在逆境和复杂环境中对问题的主动迎击。也正是这样多种形式的经历活动,给了学生们更为充分的展示和锻炼自己的舞台。在这样的经历活动中,学生的兴趣与潜力被激发,不断促使学生成长,学生未来发展的无限可能性被我们所看到。

二、点燃青蓝之光:教师术业精进、智慧大气

教师是学校发展的根本。随着"经历伴随学习""经历伴随成长"理论和实践的推广,教师的教学观和学生观发生了转变,学校以"改变学生学习方式"为研究点,以"推进经历建设,提升能力培养"为研究目标,研训一体,加强教师队伍建设。

(一)"各美其美",育人方式特色鲜明

教师专业发展也需要经历和体验,真正的内化必定产生在课堂实践过程中,学校积极组织开展多样教育引导活动、搭建五彩缤纷的课堂实践场。"一枝独秀不是春,百花齐放春满园",通过比赛类、展示类活动等,促使教师不断更新教育理念,积极研读新课程改革方案中的相关内容,并提高创新教学活动的重视度,运用多种形式引导学生开展课堂学习,让教师们在活动中不断历练自我,不断进步成长。在"经历伴随成长"的课题引领下,学校教师也逐渐形成了特色鲜明的育人方式。

1.高光偶像型

偶像一词在现代词语中解释为在某一方面有一技之长的人,其含义是被仰慕、被追求、被崇拜的对象。夸美纽斯说过,教师的职务是用自己的榜

样教育学生。学生具有向师性的特点，教师的言论、行为、学识等都会对学生起到耳濡目染、潜移默化的作用。在青蓝校园里，就有这样一群高光偶像，他们深受学生喜爱，是学生仰慕、崇拜的对象，他们用自己的行为感染着一群群青蓝学子。

比如，学校汉文化社团的语文教师余宁和英语教师傅琦，她们也是杭州千秋月汉学社的成员，在两位"偶像"的启蒙和带领下，汉文化研习社秉承着"着汉服，行汉礼，学传统，品文化"的社团理念，曾多次参加传统文化相关的活动，如西溪湿地花朝节祭祀，浙江图书馆汉服讲座，与杭高养正国学社、"西湖三雅"社的联合活动，受邀参加南宋御街的中国美院青年艺术家作品展开幕表演等。学生们穿着汉服，唱着汉文化的歌曲，学着汉朝人的各种举止，在活动中、在体验中、在交流中感受中国的优秀传统文化、礼仪。在这样一个成长空间中让学生继承传统、感受现在、展望未来。

2. 个性定制型

"促进人的全面发展"已成为教育界的共同呼吁，但在实际的教育中我们常发现人无完人，每个学生都有自己的长短板，对于那些暂时落后的学生，我们更应该要宽容他们身上或多或少的个性或短板，因势利导地开发挖掘他们的才能。在青蓝校园里，就有这样一群为学生定制个性化教育方式的教师，他们爱生如子，悉心陪伴着青蓝学子的成长，帮助他们健康快乐而有个性地生长。

比如，下城区先锋班主任周莉萍会随时根据班级的情况变化妙招，帮助学生攻克难关；会巧妙地变革家长会形式，用学生真挚的话语敲打家长的心房；还会利用微信播报，无时无刻不在传递着班级建设的正能量；面对特殊的学生时，周老师也会细心诱导，从不放弃，偶尔偷偷地塞一张表扬卡以表鼓励……周老师用爱心包容，用信心浇灌，细心诱导，加倍呵护着她的学生们，学生们在周老师的关爱下，不断改变，不断进步，不断成长！

3. 智慧润泽型

古希腊时期，"智者"被人们称为教师，因为只有智者才能为人师。"师者，所以传道，受业，解惑也。"在中国古代对教师的要求更加严格，有"智者"和"仁者"双重能力的人才能成为人师。在青蓝校园里，就有这样一群智慧的教师,他们足智多谋、宽容仁爱、言传身教、倾囊相授,推动着青蓝精神的传承。

比如,杭州市优秀教育工作者胡敏,胡老师从不会放弃班里的任何一个学生,对于班里特别调皮的一个学生,也总是让别的学生把他当作普通的同学一样相处,在上课时也常常点他起来回答问题,并且毫不吝啬她的赞美,并不因为他的特殊,就忽视了他的进步与努力。胡老师无声的智慧浸润着学生们的心田,也正是因为有了胡老师这个"大太阳"的照耀,她的学生们就像是阳光下的向日葵,充满朝气与活力。

4.幽默善导型

以生为本是新课标的核心理念。面向全体学生,关注每一位学生;因材施教,注重每一位学生的成长;让每位学生都能享受到学习的乐趣,发展个性,完善人格。在青蓝校园里,就有这样一群幽默善导的教师,他们富有幽默感,富有激情,利用独特的语言魅力和人格魅力,引导学生们主动地感悟体会;他们钻研不辍,倾心耕耘在轻负高质的阵地。

比如语文教研组长李学平老师,他的教学语言精练幽默,教学风度潇洒自如,在校内一度有"大师"的称号。李老师并不是那种一味将知识灌输给学生的教师,而是像苏格拉底的产婆术一般,善于运用引导和提问的方式,唤起学生的学习积极性,在教学中循循善诱,启迪学生的思维。他的课堂让学生敢于质疑,善于思考,促使学生能切实发挥自身主观能动性,热情地参与到探究过程中,让学生真正成为课堂的主人。

5.脑洞大开型

"学高为师,身正为范",教师这个特殊的角色,既是教育者,同时又是研究者、学习者,要与时俱进,终身学习。在青蓝校园里,就有这样一群善于学习、专注研究、脑洞大开的教师,他们立足终身学习,丰厚扎实学识,潜心教学,在创新实践中提升育人水平。

比如教师魏榕和教师崔晨,她们善于整合各门学科开设综合学习课程,如"一叶知秋"和"春之旅课程",打破学科边界,和学校多位任课教师一起,从学生最感兴趣的季节主题出发,以其为"圆心"开展了内容包括语文、数学、音乐、科学、美术、体育、地理、历史等学科的班本课程。她们还善于在班级进行各种尝试和实践，通过设计真实的问题情境，激发学生好奇心和探索欲，注重学生实践动手操作，开设了"环球之旅""创意戏剧"等特色班本课程，开展"开学第一课""诗词大会""儿童哲学""朗读者"等特色活动，培养学生各方面的能力，提升学生核心素养；激发学生的学习动力，以更为乐观大气的心态和格局来应对未来社会的挑战。

学校教师先进的教学理念、纯熟的教学手段、深厚的教学功底、新颖的教学策略、独特的文本解读……处处显示出教师们的个人魅力和风格，折射出学校科研师训、教学工作落实得扎实有效。每一位教师都怀揣着同一种信念、同一种情怀，追逐同一个梦想，在教育的前行路上，相互间合作、相互间辩论、相互间鼓励、相互间远望……

(二)"自我超越"，科研能力节节攀升

《教育部关于加强和改进新时代基础教育教研工作的意见》明确指出，科研工作是保障基础教育质量的重要支撑。教育大计，教师为本，在基础教育领域，科研是一项具有"原动力"作用的工作。无论是对学科教学、学校管理、教师发展、学生成长、教育生态的改善以及教育政策的制定与执行，其作用都是不言而喻的，可见提高教师的科研能力是重中之重，正如我们所说的"教而不研则浅，研而不教则空"。

1.科研意识逐步形成

三年来，学校不断完善科研制度，重视课题过程管理。教师不仅是经历课程的实施者，更是经历课程的开发者、利用者、实践者。"经历伴随成长"的课题研究，促使教师组教师从"教学"型教师向"教学—科研"型教师转变，提高了教师的课程开发力和科研能力。

教师在科研活动中，更新了教育理念、拓展了教学手段、优化了教学设计、提高了专业水平，在共同发展中促进个性发展。各学科教师教育观念一致，协调发展，注重学生思维能力的发展，充分调动学生兴趣和积极性，提高学生的自主性和探究能力。

2.科研成果收获颇丰

在课题"经历伴随成长"的研究中，教师们不辞辛苦，团结互助，锐意创新，大胆实践，结合教学内容和学生实际，潜心研究，硕果累累。有42名教师

参与区级及以上课题研究。学校有省级立项课题2项,市级立项课题12项,区级立项课题3项。共有68人次在区级及以上教科研成果、教育教学论文评审中获区二等奖或市三等奖及以上,或在省级及以上刊物发表文章,三年总人次达到60.95%以上,同比前三年有明显增量,详见表8-1、表8-2。

表8-1 "经历伴随成长"研究成果获奖一览

获奖时间	成果名称	奖项名称	等级	颁奖部门
2021年12月	变革育人方式:经历伴随学习的19年探索	浙江省教学成果奖特等奖	省级	浙江省教育厅
2020年12月	经历伴随成长:基于十二种经历的城市小学育人新探索	2020年度浙江省教育科学研究优秀成果一等奖	省级	浙江省教育科学规划领导小组办公室
2020年6月	让知识"活"起来:经历伴随学习的模式构建与实践	2020年杭州市第六届基础教育教学成果一等奖	市级	杭州市教育局
2018年1月	《让经历伴随学习:小学生学习变革新视角》	杭州市第二届教育科研重大课题结题相关专著出版	市级	杭州市教育局
2020年12月	《为交际而教:统编教材第一学段口语交际教学策略探究》	浙江省教学论文评比二等奖	省级	浙江省教研室
2020年12月	《经历伴随成长:百年青蓝的文化传承与创新》	入选浙江省百所学校文化解读	省级	浙江省师干训中心
2018年11月	《经历伴随学习理念下小学语文阅读教学新样式探索》	杭州市中小学和幼儿园教学论文评比一等奖	市级	杭州市教育局
2019年11月	《适度证明,有助于培养中高段学生高阶思维能力》	杭州市中小学和幼儿园论文评比市一等奖	市级	杭州市教育局

续表

获奖时间	成果名称	奖项名称	等级	颁奖部门
2019年11月	《为交际而教：第一学段口语交际教学策略探究》	杭州市中小学和幼儿园论文评比活动一等奖	市级	杭州市教育局
2019年11月	《基于经历伴随学习的统编教材写话教学路径设计与载体创新》	杭州市教研课题优秀成果二等奖	市级	杭州市教育局
2020年11月	以记录单提高低段学生居家阅读效益的实践研究	杭州市2020年教育科研优秀成果二等奖	市级	杭州市教育局
2020年11月	基于核心素养视角的小学高段数学作业设计和实施	杭州市教育科研优秀成果三等奖	市级	杭州市教育局
2020年11月	《让儿童的想象在童话写作中真实发生》	杭州市中小幼论文评比二等奖	市级	杭州市教育局
2020年11月	《依托统编教材搭建想象类习作的支架》	杭州市中小幼论文评比三等奖	市级	杭州市教育局
2020年11月	《统编教材科普文学习活动的设计探究》	杭州市中小幼论文评比三等奖	市级	杭州市教育局
2018年1月	《核心素养下3D评价模式在小学低段英语教学中的运用》	杭州市中小学外语教学论文评比一等奖	市级	杭州市基础教育研究室

表8-2 "经历伴随成长"公开发表文章索引

名称	成果形式	刊物\出版社	发表\出版时间
《让经历成为学生学习的有效资源》	发表	《人民教育》	2020年10月
《经历是最好的课堂》	发表	《中国教育报》	2020年8月
《再现"经历" 实现"经历"》	发表	《小学语文教师》	2017年9月
《寻找"经历伴随学习"的落脚点》	发表	《小学语文教师》	2017年9月

名称	成果形式	刊物\出版社	发表\出版时间
《猜想—验证,有助于培养学生的高阶思维》	发表	《教学月刊·小学版》	2020年3月
《猜想—验证,有助于培养学生的高阶思维》	全文转载	人大复印材料《小学数学教与学》	2020年7月
《低年级语文学业评价策略》	发表	《教学与管理》	2020年1月
《低年级语文学业评价策略》	全文转载	人大复印材料《小学语文教与学》	2020年1月
《亲历阅读 快乐体验》	发表	《教学月刊》	2018年5月
《统编教材"猜读识字"的文本解读与教学策略》	发表	《教学与管理》	2019年4月
《小班化"6H班本课程"的设计实施》	发表	《中小学教材教学》	2020年8月
《浅议如何在语文教学中丰富学生的语言经验》	发表	《课程教育研究》	2020年6月
《在美好情境中提升言语表达》	发表	《小学语文教师》	2020年1月
《有意义的学习活动,让语文学习真实发生》	发表	《小学语文教师》	2020年1月
《融入漫画元素的小学语文创意写作设计》	发表	《新课程》	2020年1月
《谈统编本教材运用之"度"》	发表	《小学语文教学》	2020年6月
《趣游西沙 妙学"意思"》发表	发表	《小学教学设计》	2020年11月
《由表及里:小学生"1+X"多元数学研读方式探究》	发表	《教学与研究》	2020年9月
《"经历卷入"数学综合实践课教学——以人教版四上"一亿有多大"教学为例》	发表	《中小学教育》	2020年9月

名称	成果形式	刊物\出版社	发表\出版时间
《用好"我爱阅读"，走稳自主阅读第一步》	发表	《语文教学通讯》	2019年5月
《项目式学习：第三学段"综合性学习"的新路径》	发表	《语文教学通讯》	2019年8月
《知识管理视域下共享阅读机制的架构与实施》	发表	《语文教学通讯》	2018年5月
《微信平台在小学语文观察习作教学中的应用》	发表	《中小学数字化教学》	2018年2月
《统编教材"快乐阅读吧"栏目解读与教学建议》	发表	《基础教育课程》	2018年6月
《小学中高段"习""学"高效对接的策略探究》	发表	《语文教学通讯》	2019年1月
《让习作生效，让言语生根》	发表	《语文教学通讯》	2018年5月
《小学语文"新概念作业"的设计与实施研究》	发表	《语文教学通讯》	2016年9月
《打开儿童读写的另一扇窗》	发表	《语文教学通讯》	2016年10月
《〈青蛙卖泥塘〉文本教学解读及教学活动设计》	发表	《小学语文教师》	2018年6月
《〈铺满金色巴掌的水泥道〉教学设计》	发表	《语文教学通讯》	2019年9月
《刍议科学拓展课的几个特征》	发表	《湖北教育》	2018年3月
《让经历伴随学习：小学生学习变革新视角》	出版	中国出版集团现代出版社	2018年5月

(三)"并肩远行"，团队合作氛围浓厚

教师发展不仅仅是专业知识和能力的发展，更重要的是人格魅力、专业心境的提升，这才是一个教师整体的发展航标。而在民主、平等、协作的教

学氛围中,教师之间的同学科、跨学科的团队合作,**既激发了教师的发展愿望**,又促进了团队精神文化的追求。

1.校内教研风生水起,目标指向多元

学校非常注重对教师团队的培养,围绕着"经历伴随"的教育理念,为进一步整合、拓展教材内容,促进学生深度学习,彰显多学科课堂魅力,语文每周一次开展学习共同体,每次活动都邀请杭州市特级教师、市区教研员等莅临指导;青蓝·独数一智团队每学期多次开展分小组、跨年段的卷入式教研,数学教师人人思考、人人参与,旨在数学校本教研中形成团队合力,提升专业技能。所有学科团队以常态化、系列化开展教研活动,以由浅入深、全面系统的协调研磨,形成了强大的向心力和凝聚力,提高了教师们的沟通能力、合作能力、反思能力和研究能力,促进全体教师对专业的追求,教师本位发展的内在驱动被充分调动时,促使教师形成全局观念和团队精神。在2017—2018年度学校还被评为浙江省教科研先进集体。

2.对外交流不拘一格,发展放眼未来

当然,在学校和校长的大力支持下,青蓝的教师也不忘秉持"走出去,迎进来"的对外交流,以达成自己制定高标准的专业要求。学校牵手重庆市走马小学、台北教育大学附设实验国民小学、泰国彭世洛府醒民学校等学校,教师们就加强校际在学校管理、教育教学以及学生社团等方面进行深度交流,在校际交流中"走出去",展示青蓝实力,彰显青蓝品牌,在一吸一呼间营造更宽广的空间,以此为经历载体,实现学校发展和教师发展的良性循环。

三、塑造青蓝之品:学校品牌凸显、辐射面广

学校秉承"互动,求索"的办学理念,提出"明志、炼能、厚基"的育人理念,开发了基于实践经历与"人文、科学、社会、保健、艺术"五大课程群,由10余门国家基础性课程和50余门拓展课程组成,形成了独树一帜的主干课程群,全力培育有理想、有本领、有担当的青蓝学子,全心打造规范严谨、博学善导、厚生乐教的教师团队,全面建设一所特色化、现代化、开放型的"没有围墙"的学校。随着学校向新优质型学校的转型,各类成绩的不断提升,优秀的学生不断涌现,社会认可度越来越高。

（一）首创"经历伴随"的教育品牌

通过多年的实践研究，我们认识到课程应和育人相结合，在梳理了中国学生核心素养和学校育人目标的基础上，整体架构了以"让每个孩子都能得到全面而有个性的发展"为课程目标，以"经历伴随"为原则，以"轻负高质"为落脚点，从学生的生活与学习经历出发，"经历伴随"的教学理念更强调学生在各种经历中学习，在各种经历中成长，重在培养学生德、智、体、美、劳方面的能力培养。目前，"经历伴随"不仅仅是一句口号，而是积淀为一种精神融入校园文化中，丰富了学校育人目标的内涵，开辟了经历育人的新路径。

1.学校美誉度显著提升，名优教师不断涌现

随着课题的深入实施，学校教师整体素质显著提升，社会美誉度也大大提高。近五年，学校共9名教师获得省正高级教师、省特级教师等省级名师称号，72名教师获得市教坛新秀等市级名师称号，5名青年教师获得杭州市教师基本功大赛一等奖。

2.学术影响力节节攀升，各级交流活动频繁

围绕"经历伴随成长"的研究成果，学校先后承办国家级学术交流活动6次，省市学术交流活动73场，场均直播在线观看人数高达164.9万。仅2020年，学校就获得了全国雏鹰红旗大队、全国巾帼文明岗、浙江省教科研先进集体等国家、省、市级荣誉217项，见表8-3。

表8-3 "经历伴随成长"最具影响力的推广辐射活动

推广时间	活动名称	活动内容	推广级别
2018年1月	"经历伴随成长"阅读教学高端论坛暨"娄屹兰乡村名师工作室"研训活动	浙江省教育厅教研室副主任滕春友先生、杭州市教育局和下城区教育局10余位领导、专家齐聚青蓝。"娄屹兰乡村名师工作室"所有成员通过课堂研讨和观点碰撞，聚焦"经历伴随成长"课堂样式，共话学生阅读能力发展	省级

推广时间	活动名称	活动内容	推广级别
2018年3月	"经历思维碰撞触发智慧生长"主题活动	台州市黄岩区教育局数学青年骨干教师班的教师们来青蓝互动交流,学校教师展示数学学科"经历伴随成长"课题研究成果。全省数学学科骨干教师代表参与此次活动	省级
2018年4月	"让经历伴随学习:小学生学习变革新视角"成果展示活动暨浙江省创新教育研究会2018学术年会(小学专场)	"让经历伴随学习:小学生学习变革新视角"成果展示活动暨浙江省创新教育研究会2018学术年会(小学专场)在青蓝举行。浙江省教育科学研究院副院长王健敏女士等省、市、区级科研专家以及来自全省各县市的教科研骨干齐聚一堂,聚焦"经历伴随",共话学生学习方式变革	省级
2018年10月	基于"经历伴随学习"的统编版新教材新理念主题研讨活动	青蓝小学教师蔡静执教以"经历伴随学习"为理念的统编教材语文课,浙江省小学语文教研员、著名特级教师余琴做培训报告,研究学生学习过程。全省各地骨干教师代表参加此次活动	省级
2018年12月	基于"经历伴随学习"的"语用实践,统编教材"课堂教学研讨	青蓝小学校长、省特级教师、浙派名师娄屹兰和青蓝小学教师李冰莹执教基于"经历伴随学习"的语文课,浙江省著名特级教师柳琏和滕春友做点评与专题讲座	省级
2019年2月	浙江省规划课题"让经历伴随成长:青蓝学子素养培育的载体设计与实施"开题论证会	青蓝小学2019年浙江省规划课题"让经历伴随成长:青蓝学子素养培育的载体设计与实施"开题论证会在学校会议室召开。省、市、区教科研专家们莅临指导	省级

第八章　丰硕成果：经历伴随成长的成效思考

271

推广时间	活动名称	活动内容	推广级别
2019年4月	"携手进校"校际教育联盟成立仪式暨"经历伴随成长"课题成果交流活动	"国培计划"第97期全国小学骨干校长来访青蓝，交流课题成果。杭州市基础教研室主任曹宝龙进行专题讲座。娄屹兰校长和学校语文学习共同体成员展示基于"经历伴随成长"的示范课。杭州师范大学吕映教授评课指导。下城区常委、副区长李都金，区教育局党委书记、局长黄伟共同参与此次活动	全国
2019年4月	"语文学习活动"研究成果阶段性展示	青蓝小学校长、特级教师娄屹兰和学校语文学习共同体成员展示基于"经历伴随学习"的示范课。杭州师范大学吕映教授莅临指导。全市骨干语文教师代表参与此次活动	市级
2019年11月	全国小班化教育研讨会	11月14日，青蓝小学教师胡艳英参加全国小班化教育研讨活动。本次研讨会以"关注每一个学生的深度学习"为主题，汇集了来自全国各地的专家和教师，还有来自国外学校的校长和团队。胡老师做了《经历伴随成长 促进全人发展》的报告，突出学生经历对学生学习的作用	全国
2019年11月	《小学语文教师》杂志"辩课进校园"	11月26日，"有意义的学习活动，让语文学习真实发生"全国小学语文共同体高端研讨活动在青蓝小学举行。《小学语文教师》杂志执行主编杨文华先生，浙江省教育厅教研室副主任、中国教育学会小学语文教学专业委员会副理事长柯孔标先生，杭州师范大学教育学院教授吕映女士，就"经历伴随学习"的课堂进行观课、辩课	全国

推广时间	活动名称	活动内容	推广级别
2020年 10月	"经历伴随学习" 教育教学成果中 西部地区推广会	杭州市教育工会、杭州市青蓝小学携新一 轮国家基础教育教学成果——"经历伴随 学习"来到贵州黎平。娄屹兰校长将青蓝 小学致力于"经历伴随学习"的18年探索 成果做了介绍,新疆、甘肃、辽宁、四川等 十三地近百所实践该成果的学校借视频 连线,分享成果在各自学校的本土化实施 情况	跨省
2020年 10月	两地携手,共谋 "美好教育"	10月27日上午,青海省德令哈市教育局党 组书记、局长付慧丽一行10人到青蓝小 学,胡艳英副校长进行了青蓝小学教学成 果分享,从"经历伴随成长"的基本理念、 发展阶段、育人成效及辐射影响力等方面 系统介绍了学校的教学特色	跨省
2020年 10月	"教育现代化"专 题研讨	娄屹兰赴湖北省恩施市巴东县参加"东西 部协作教育精准扶贫"专题会议,向全县 中小学教师推广"经历伴随成长"的育人 成果,受到一致好评	东西部地 区
2020年 12月	"行走型"思政课 在"学习强国" 播出	12月5日,娄屹兰校长在"学习强国"中推 出"行走型"思政课,力图建构以"经历伴 随成长"为核心理念、以"活动育人"为主 要方式的主要育人模式	全国

3.研究成果受到国家级媒体关注,品牌辐射深远

学校品牌影响力的进一步扩大,吸引了国家级媒体关注,《中国教育报》主动到校采访"经历伴随成长"的研究成果,并于2020年8月27日大篇幅报道;《人民教育》于2020年10月以《经历伴随学习:回归儿童学习的本质》为题做专题介绍;此外,核心刊物《教学与管理》等,教育部及相关门户网站也做了典型宣传。中国教育学会副会长张绪培先生予以高度评价:此项成果立足教育实际,真正在创新性地践行"立德树人"的目标,推进教育现代化,

具有很高的推广价值。

(二)独创"1轴4类双12"的育人模式

"经历伴随成长"的育人目标是不断按照学生的个性化需求,设计更科学的活动体系,逐步探寻适合每一个学生的教育。以"经历伴随成长"为主轴,基于政治启蒙、审美养性、健康生活、慧脑行动四个指向,设置"经历红色之旅""经历疯狂创想"等十二种经历活动,通过"沉浸式体验""项目式探究"等十二条策略,让学生在小学六年中真正获得全面而有个性的成长,详见表8-4。

表8-4　育人模式新样态

1轴	"经历伴随成长"										
4类	政治启蒙			审美养性			健康生活			慧脑行动		
12种经历	红色之旅	致敬改革	时代榜样	优雅生活	传统节日	戏剧盛宴	运动挑战	职业扮演	社会服务	疯狂创想	自然探秘	未来改造
12条策略	聆听宣讲,双向对比,产生情感冲突			感受体验,环境浸润,产生认知冲突			实践探究,反思修正,获得成功喜悦			分工合作,互补共融,触发创新思维		

该模式的特点:一是计划性,把十二种经历活动纳入教学计划,在相对固定的时间内实施;二是灵活性,稳中求变,每年的十二种经历活动的具体项目在主题设计、具体形态、实施路径、评价方式等方面,根据学生和时代的要求有所调整;三是自主性,十二种经历需要学生自主设计、自主合作、自主参与、自主评价等,鼓励学生利用自己原有认知结构中的有关经验去同化和索引当前学习到的新知识,自主解决问题。每次经历活动的开展,学生都能及时地反思总结,促进全面发展。

在这样"经历伴随"的教育理念下,校园内人与人之间相互影响,潜移默化地形成了一股无形的德育力量,全体师生健康发展,校园内充满正能量,为每一个学生的终身人格发展奠定了坚实的基础。良好的整体育人氛围也带动了学生作为主体的道德学习,从而形成良性循环,健全了每一个学生的多方面素质。

(三)精创"活动育人"的生态资源

十二种经历对活动资源提出了高要求,促使学校内外的资源共享,催生了家校育人共同体,密切了学校与社区的关系,让学生在"没有围墙"的学校中学习、成长。

1.营造了经历伴随成长的校内环境

学校在硬环境打造中注重创设真实情境,让学生在相似的情境和氛围中自主学习、真实体验。在青蓝小学,所有的设施设备都以"为学生提供经历场所"为宗旨。青蓝美术馆、生命探秘馆、数学实验室、音乐发生区、风雨球场……专业功能区设施完善。秋千长廊、大操场、游戏角……游戏情境场安全、开阔。情景小剧场、图书漂流室……特色区域随时开放。学生可以进入真实环境中体验,也可以通过道具、环境布置创设与真实情况尽量相似的场景进行经历体验,让经历真实发生。学生在这些经历场所中唤醒旧知,架起通向新知的桥梁。

学校在软环境布置时注重展示学生已有经历,体现"一切为了学生、为了学生一切"的价值观和"高度尊重学生"的伦理观。"会说话的墙"是青蓝最具人气的一堵墙。墙上展示的是一年一换的学生墙画。高年级学生依据学校主题,结合自己的经历,创作墙画进行投稿。在墙画完成后,中、低年级学生参观墙画,结合自己的经历,撰写墙画解说词。生生之间的经历相互连接,构成一张经历网,又与学校育人主题密切相连。一堵不长的围墙,把青蓝学子的已有经历展现得淋漓尽致。

像这样让学生能相互交换间接经历的活动,还有创意淘宝站、绘本漂流馆等。学生在玩耍和实践中经历过程,在体验中唤醒已有经历,激发已有的情感体验,促进各项能力的发展,能更有效地达成成长目标。

2.拓展了经历伴随成长的校外资源

青蓝所属的社区是王马社区,学校与社区保持良好互动关系,社区联动的大环境,为青蓝师生提供了难得的经历条件,也促进了学校的进一步发展。在社区的支持下,学校组织学生开展服务性学习,如杭州西湖博物馆和《杭州日报》重磅打造的"我是小馆长"活动、对西湖十景中"三潭印月"的研究等。又如"经历红色之旅"活动中,学校积极开发校内外资源,联动拓展基地和社区资源,打造"红色训练营",被评为杭州市传统革命教育基地学校；再如"小红帽扮靓小红车"活动中,学生走出校园、走向社会,在杭城反响热烈,成为社区公益服务活动的金名片。学生是社会的未来,学生是未来社会的主力军、建设者。从这点不难看出,学生是一个具有社会性的生命体。学生在实地适应社会、服务社会、提升社会责任感的同时,试着用所学到的知识去解决社会问题。而学校教育应更多地基于学生的社会角色,做好社区联动,将社会纳入教育资源,拓宽学生的经历实战场。

第二节 思考:经历伴随成长的未来构想

在积极开展经历伴随成长探索城市小学育人新道路中,我们紧跟时代发展要求,不断改革与创新。在未来时代中,我们如何通过学生在校的经历培养他们德智体美劳全面发展,如何提升学生的实践能力,如何培养学生宽厚的底色,这就要求我们的育人理念在保持与时俱进的同时产生新的思考。

一、"五育"融合,经历伴随成长的新定位

全面加强人的德智体美劳教育是建立和完善社会主义市场经济体制的客观要求。为此,中共中央和国务院相继印发了一系列文件,提出要加强培养德智体美劳全面发展的社会主义接班人。学生是国家的未来和希望,学校担负着立德树人的重要使命,要深刻理解并把握德智体美劳五育的内涵意蕴与原则要求,着力培养能担当民族复兴大任的时代新人。经历伴随成长的理论也将牢牢紧扣时代发展的主题,不断完善,培养出符合新时代所需的全面发展的人才。

(一)德育铸魂:在经历中从"唯我"走向"大爱"

古人云:"才者,德之资也;德者,才之帅也。"了解学生的不成熟性、可教育性和个体差异性,把学生当人看、当儿童看、当处在成长过程中的学习者看,既要维护学生的基本权利,又不能放弃对其义务的监督与引导,这是教师最基本的职责。随着社会生活的发展,当代学生正经历着前所未有的社会环境和教育环境,而德育教育就是解决这个问题的。

了解学生的身心发展规律及影响因素,从而参与和引导学生的生活也是教师应具备的教育知识与技能。学生的身心发展受诸多因素的影响,每

种因素都对个体的发展起到了一定的作用，教育的任务就是发挥各种因素对学生的积极影响，剔除不良影响。在整个教育过程中，尊重学生身心发展的基本规律是进行教育和引导的前提。除了了解和尊重学生身心发展的规律与特点之外，还要关注学生的生活，对学生进行价值引导，从而为学生形成积极的人生观和价值观奠定坚实的基础。学生的品德成长是学生健康成长的基础，品德教育是学校教育不容忽视的重要内容。在以往的教育中，德育常常被忽视，导致了大量有知无德的行为的发生。因此，了解学生品德发展的规律、特点及相关理论，熟悉学校德育的原则、过程、方法等，是现代教师教育的基本要求，也是考察教师素养的重要内容。

（二）智育固本：在经历中从"好学"走向"智慧"

"智"不仅指知识和学问本身，还包括智能、智慧。智能系统是认识世界、改造世界的功能系统，由智力系统、知识系统、能力系统、体能系统等子系统构成；情志系统是激情奋志、造福人类的精神动力系统，由需求系统、情感系统、意志系统、价值系统等子系统构成；思想系统是把握宇宙、升华人生的文化观念系统，由哲学系统、信念系统、美艺系统、美德系统等子系统构成；创新系统是革故鼎新、超越发展的开创进取系统，由实践系统、创造系统、谋略系统、领袖系统等子系统构成。智慧是伟大的精神力量和创新功能，是科学世界观与方法论，具有全才伟人的远见卓识、博学广才、科技智能、文艺素养，领袖的英明决策力、洞察力、组织力、指挥力，英雄的人类之神、文明之魂。2005年党的十六届五中全会第一次明确提出建设创新型国家的战略决策，2014年提出"大众创业，万众创新"的战略号召，党的十八大以来，习近平多次讲话强调青年要提高创新能力，在全国教育大会上他指出"要培养学生创新思维，着重培养创新型、复合型、应用型人才"。可见，当代学生拥有智慧和才干、具备创新能力，既是个人成才的核心要求，也是适应社会和国家发展战略，成为时代新人的现实要求。

所以，在经历伴随成长过程中，智育仍是最根本、最重要的一部分。除了要在经历中传授给学生知识、技能外，还应该教会学生学习方法，培养学生独立思考、独立学习的能力。学生能够结合自身经历和所学知识，尝试解决生活中的实际问题，成为真正有智慧的人。

(三)体育筑基:在经历中从"健体"走向"强身"

随着我国社会经济的发展,人们的物质生活水平有了很大的提高,同时现代科技的发展极大地加快了生产、生活的步伐,现代的生活方式给人们的健康带来了极大的威胁与挑战。作为社会基石的莘莘学子,要更加关注自己的身体健康状况和生活质量,对终身体育的需求越来越强烈,而终身体育又要求学校体育与健康教育、生活教育相结合。

从《关于深化体教融合　促进青少年健康发展的意见》发布,到《关于全面加强和改进新时代学校体育工作的意见》出台,再到"重视青少年身体素质和心理健康教育"写入"十四五"规划和2035年远景目标的建议,一系列政策文件明确了体育教育改革的路线图、时间表、任务书。顶层设计的系统谋划,为推进体育教育改革发展打下了坚实的基础。体育育人,如果只是让学生锻炼身体、增强体质、增进健康还是远远不够的,还蕴含着体育精神和价值观的传达。如今,有不少学生从小就在"温室环境"中长大,他们普遍缺乏集体意识和团队协作意识,抗挫折能力也有待加强。通过参加体育锻炼和体育活动,能够认识到坚持、拼搏、毅力、忍耐等体育精神以及规则、输赢、尊严等价值观的含义。"体育就是教会人们如何在规则的约束下去赢及如何体面且有尊严地输",因此,体育不仅强健人的体魄,同时也在强健人的灵魂。一个人要成长成才,健康的身体是必不可少的最基本保障,没有健康的身体一切都是泡影。由此可见,加强体育工作势在必行,事关每个人的生存发展,事关国家人才培养和现代化建设,具有重大的战略意义。经历伴随成长不仅重视培养学生强健的身体,而且关注学生从经历中获得的能力和意识。

(四)美育弘雅:在经历中从"润目"走向"养心"

美育是认识世界的一种方式,是不同于其他四育的感性教育,"美育是感性教育、情感教育,也是综合教育,具有愉悦作用、认识作用、教育作用、激发创新和全面发展作用"。

美是纯洁道德、丰富精神的重要源泉。美育是审美教育、情操教育、心灵教育,也是丰富想象力和培养创新意识的教育,能提升审美素养、陶冶情操、温润心灵、激发创新创造活力。学校要普及面向人人的美育实践活动。

面向人人,建立常态化学生全员艺术展演机制,大力推广惠及全体学生的合唱、合奏、集体舞、课本剧、艺术实践工作坊和博物馆、非遗展示传习场所体验学习等实践活动。而在经历伴随成长中,经历一次次的红色之旅,让学生重温历史,不忘初心,牢记使命,继承顽强拼搏、艰苦奋斗的革命精神;经历一次次的优雅生活,引导学生热爱生活,努力做一个心灵纯洁、情趣高雅的人;经历一次次的戏剧盛宴,让学生学会欣赏艺术、热爱文学,培养他们的艺术情操。

(五)劳育敦品:在经历中从"炼能"走向"笃志"

劳动不能是简单机械、耗时费力的"无智"操作,而应该是知识的应用、才华的呈现,能让学生在劳动中体验快乐,在付出中获得成就感。经历伴随成长中,将劳动与每一个学生的职业扮演经历、社会服务经历、生存挑战经历相结合,让学生在这个过程中掌握劳动技能,充分体验真实生活,将所学知识用于实际生活,在经历中锻炼学生的意志品质,从而真正做到让学生在经历中从"炼能"走向"笃志"。

二、亲力亲为,经历伴随成长的新要素

"纸上得来终觉浅,绝知此事要躬行。"实践是获取知识的必要途径。伟大的教育家陶行知也说过"行是知之始,知是行之成"。这句话强调了做事情需要亲身实践,做到知行合一才是最高境界。2018年12月,习近平总书记在全国教育大会的重要讲话中指出,党和国家对于新时代人才的培养应该更加注重社会实践能力发展的社会需求。所以,亲力亲为、亲身实践将成为经历伴随成长的新要素。

(一)亲临其境:真实场景为前提

从教学的角度而言,真实场景是指学生真实生活当中所发生的各种行为活动以及各种特定的现实场面,是一种综合性的学习环境。学习环境是学生成长发育的土壤,良好的学习环境能够让学生的综合能力有硬性条件的保障,各种具有针对性的教学活动就是创设良好学习环境的最好工具,将生活中的各种真实场景融入学生的经历中,帮助学生经历丰富与完整的生活体验,培养学生的创新精神和实践能力,最终达到提升学生综合素养的目

的。创设真实的生活情境,是指教师有目的地创设具有真实事件或真实问题的场景,从而调动起学生的生活经验,拉近了学生与生活的距离,增强学生的真实感受,从而提高学生实践能力。不过,在创设情境时一定要注意不能陷入为了有情境而去创设情境这一误区,创设的情境也不能只有营造课堂氛围的作用。创设的实践情境必须在教学中发挥其催化剂的作用,要有内涵,要能引起学生的质疑、引发学生的有效思考。

在经历中给学生创设真实的场景,首先可以将抽象难懂的情感和知识变得更加具象化,让学生能够更好地理解掌握这些情感和知识,激发学生的体验热情。其次,体验真实场景往往给人带来更加深刻的印象,学生的感受是真实的,在真实的情境中获得真实的情感体验,学习实用的知识,更加有助于学生理解,并且解决生活中的实际问题,也有助于培养学生的动手能力。创设真实的场景让学生的经历真实发生,焕发生机。

(二)亲身体验:主动参与为关键

新课程标准指出:要注重学生的个性发展。体验是人类的总体性活动,直接指向对人类的终极关怀,是不断升华与超越的理性活动,是主客体辩证统一的人的活动。从体验式学习的角度而言,学生的学习不是一个被动汲取知识、记忆、反复训练、强化存著的过程,而是以积极的心态,调动原有的知识和经验,尝试解决问题,同化新知识,并构建新知的过程。另外,每个学生的家庭背景、生长环境、生活习惯和社会氛围差异性很大,这就导致学生有着不同的思维方式和解决问题的策略。因此,要一改传统的灌输为基本特征的接受式学习方式,引导学生主动参与活动,合作探究。

亲身体验是经历伴随成长的重要特征之一,经历伴随成长注重学生的个性发展,充分考虑到每个学生的经历差异。教师在教学设计时,务必秉承让学生在体验中学习、在体验中成长的宗旨。体验是人类生活的基本样式,学生通过体验而获得各种知识、心理感受、创新欲望的同时,其情感、态度、修养、欲望、意志和正向智慧都会被激发、被驱动、被完善和被提升。还可以根据不同学生的能力水平、情感体验,给予不同的引导和帮助,使学生收获生活经验,助力他们个性成长。

(三)亲自推进：解决问题为核心

目前，有研究表明不少学生在实际生活中的解决问题能力比较差，主要是因为理论和实践脱节，学习的完全是理论知识，很难和实践联系到一起。在实践过程中，教师要注重情境创设，利用情境创设，学生可以更加快速地融入教学中，因此，教师利用情境创设，让学生仿佛置身于真正的场景中，从而有效提升学生解决问题的能力。

教育家第斯多惠说："不好的教师传授真理，好的教师是教学生发现真理。"在经历伴随成长中，教师运用有效策略为学生组织不同的经历，引导学生发现问题、解决问题，提高了他们的自我探究能力。小学生自身的好奇心是比较强的，但学生能力有限，在实践探索的过程中往往会遇到一些困难和问题，对于这些问题，如果不能及时解决，就会对学生的积极性造成一定的影响。为了能够使学生一直保有学习的热情和积极性，在动手实践过程中，教师要给予学生科学、正确的指导，从而帮助学生厘清解决问题的思路，进而逐步提升学生解决问题的能力。在每次动手实践之前，教师首先要让学生明确实践操作的目的，从而使实践操作更具针对性，如果说实践操作较为复杂，可以先对实践步骤进行拆解，使实践操作在学生能力范围内进行。学生解决问题的能力是在学生不断的实践操作中逐步提升的，通过实践操作可以让学生更加深入地了解知识，加深对知识的认识，进而将理论知识和日常生活联系起来，从而进一步提升学生解决问题的能力。

(四)亲历反思：自省提升为保障

反思是学习过程中的一种思维方式，是指学生为了达成学习目标，对自己经历的回顾以及学习过程中思维方式的监控和调节。随着教育理念的调整和优化，学生自评与反思能力成了小学生的必备能力，优秀的小学生能站在理性的角度来分析。对于大部分小学生而言，他们的自评与反思能力较为薄弱，难以在长期的学习和进步中取得更好的成绩。所以，要坚持对学生自评与反思能力的锻炼，给小学生带来更好的学习体验，让他们在学习成绩、学习素养上不断进步。

学生反思能力的培养、提升是循序渐进的过程，在经历伴随成长中，教师应该要注重引导的过程中，观察学生的个体差异，减少传统教学的影响。

学生反思能力的培育,在最开始的时候要加强理念的渗透,让学生对自我反思有一个正确的认知,起码要保证自身的态度端正。很多学生都存在骄傲的心理,需要在教育的过程中对小学生的不同自评方式、不同的反思思维进行对比,给学生树立正确的指导方向,促使他们在未来的学习过程中得到更好的发展。

另外,完全依靠学生自己来提高反思能力,并不能取得较好的成绩。所以,这时教师的评价就得及时。教师的及时评价不仅要从自己的角度来分析,还要学习换位思考,从教师的角度和其他学生的角度来评价,这样能更好地提升学生自评与反思能力,也能更好地丰富学生的内涵和经历。争取给学生带来更好的体验,促使他们在学习和进步的时候拥有正确的保障。

三、宽厚底色,经历伴随成长的新追求

自"经历伴随成长"的理论和实践推广以来,学校尊重学生的经历,关注学生的能力培养,让每一个学生成为最好的自己。学校各项工作取得明显进步,教育教学质量取得较大提高,得到了学生、家长以及社会的一致好评。重视学生基础,宽厚学生底色,也成了经历伴随成长的新追求。

(一)辩证的思想在经历中形成

面对良莠不齐、鱼龙混杂的知识海洋与文化信息,人类必须依靠逻辑、形象与灵感的思维功能,对浩瀚的知识进行思维加工或信息处理,以诠释本质、明晰概念、探索理念、归纳特征、总结规律、演绎趋向、解读未来、普惠群体,即以"智"来"惠"群,实现群体性的智慧目标。所以,教师在创设不同的经历时,不仅是培养学生在经历中获得实践能力和体验感,而且要重视培养学生辩证思维的形成。

(二)自觉的使命在经历中完成

随着我国改革开放不断深化,国民经济得到了持续快速发展,人们的生活水平不断提高,90%以上的家庭基本解决了温饱问题,更有部分居民有很大的储蓄,可支付能力不断增长。对当代青少年而言,他们大多为独生子女,父母也正处在收入不断攀升的年龄,因而家庭人均收入更高,物质生活条件相对更优越。富足的物质基础,也为学生的学习提供了良好的经济保

障,可以给他们提供必备的学习用具、参考资料以及电脑等一些现代化的学习设备,创造了良好的学习条件。

但是,我们也必须注意到,优越的物质生活,容易滋生盲目攀比心理和高消费行为。伴随着社会上出现的追求高消费、讲排场、求豪华、搞铺张、摆阔气等不良现象,青少年因其不成熟,抵制不了这些不良风气的诱惑,出现了高消费、互相攀比、追求享受等畸形心理。具有此种心理因素的学生,不是在学习上、工作上进行竞争,而是在生活、享受上进行攀比和出风头,如有的学生花钱大手大脚,有时花钱请客,为的是博得同学的好感,满足自己的虚荣心。青少年的这些心理特点往往会带来负面效应,不利于学生健康成长。问题的出现,有社会根源,也有学生自身和家庭、学校等方面的原因,必须对青少年加强引导,培养他们正常健康的心理,教育他们要以学习为本、珍惜劳动成果、树立勤俭节约的观念、养成艰苦朴素的习惯。同时,应试教育使学生与当今社会脱节,让学生死读书,使其成为两耳不闻窗外事的人,这势必减少了学生的社会实践性和对社会的关注度。所以,在经历中引导学生树立起社会责任感,深知自己的历史使命是必要的,也是迫切的。

学生是祖国的花朵,是祖国的未来,作为新时代接班人首先要知道,自己的使命就是好好读书,回报社会,为中国崛起和复兴而读书。树立良好的社会责任感需要先从自己身边的小事做起,如周末做一名社会小小志愿者,为班级工作等,慢慢地做一些集体活动的任务,这些都可以培养学生团队精神和责任感,成为一名自觉履行使命,对社会有用的人。

(三)宏观的格局在经历中养成

"格局"对于中国人来说像是一个人人能懂、颇有意境却又难以道明的词。我们也常常用它来表示"气度、胸怀、境界"等。在现实生活中,每个人的格局都有一个从小到大、从低到高循序渐进的发展过程,这是一个普遍规律。从个体而言,一个人成长的过程大致是从"小格局"向"大格局"变化的,学生往往更容易以自我为中心,而作为教师除了自身需求外,也会非常关注学生们的现状,努力培养学生形成宏观的大格局观。

中国传统文化是最讲究大格局的,《易经》提出"天地人"三才观,亦即天、地、人是大格局的关系,即"天人合一",人就是天(自然)的一部分,大格局思想,使中国人重整体轻局部,重集体轻个体,虽然中华民族历经劫难,但无数的仁人志士却以民族大义为重,前仆后继,不惜抛头颅、洒热血,力挽民族危亡于水深火热之中,这是中华文明连绵五千年而不断绝的根本原因。当然,大格局思想也曾经长期被封建专制君主利用,成为"人治"的工具,这是我们在继承和弘扬优秀文化传统时需要鉴别与抛弃的东西。事实上,大格局思想与建设社会主义民主、尊重人的权利并不是对立矛盾的东西,依法治国与建设和谐社会是一枚硬币的两面,不可偏废。

当然,每个人的格局成长速度不尽相同,最终格局的成长结果也各不相同,有些人至死格局依然很小,也有些人则"七十而从心所欲,不逾矩",在心理格局上逐渐与"天地境界"的"大格局"相接,顺应天地万物的自然规律。所谓"修身、齐家、治国、平天下",也体现格局从小到大的发展,其中的顺序通常是不变的。

经历伴随成长倡导学生形成宏伟的大格局观,使学生在日常生活中也能形成这样的格局意识,急人所急、想人所想,多为他人考虑。另外,如今越来越多的学生只注重眼前利益,忽视长远利益,因此,通过经历伴随成长让学生形成大格局观,让更多人懂得考虑长远利益的重要性和意义,不要做一个鼠目寸光的人。

(四)适恰的行为在经历中生成

俗话说:"题好功一半。"在活动前确立了一个合适的主题,有利于整个活动有意义地开展,只有教师在前期为学生确立和创设合适的经历主题,才能确保学生的每一次经历都有意义。著名教育学家陶行知先生说过:"教育就是培养习惯。"学生要想成才,必须养成自学预习、专心上课、认真思考、积极思考、善于质疑问难、切磋琢磨、独立作业、仔细审题和练后反思、复习归纳、整理错题集和客观评价及正确对待失误的习惯。

在学习的过程中教师仅仅起到指引方向的作用,学生才是解决问题的主要人,学生才是学习的主人。在学习中,学生通过自主阅读达到自学的目的,从而培养较强的学习能力。通过阅读大量的书籍,学生可以掌握知识体系,形成系统的知识架构。在对客观实物的认识过程中,教师要对学生稍加引导,不要过多干预,这不仅体现出教师引路人的作用,而且培养了学生的观察能力，从而可以获得更多的知识。在学习生涯中，学会观察是每个学生应达到的基本要求，每个学生都应该积极参与到观察活动中，造就较好的观察意识，从而具有较强的观察能力。

另外，教师还要鼓励学生多问问题，学习就是寻找问题、解决问题的过程。如果一个学生没有任何问题或者有问题装作已经明白了，那么只能说明这个学生没有好好学习，甚至是对自己不负责。主动学习的主要方式之一就是向他人提问，可以提出问题并向他人求教的学生一定是具有探索精神的学生。但是，要提出一点的是，学生在问问题的时候要有自己的主观能动性，而不是什么问题都问。

除此之外，教师还要教导学生培养温习的良好习惯，对所学知识的温习就是对知识的再次认识，温故而知新，温习可以达到事半功倍的效果。温习的过程就是将碎片知识系统整理的过程，在这个过程中，学生可以将知识记得更加牢固。但是，温习也是有方法和技巧的，首先就是要在人的记忆极限内去温习，如果超过这个极限点再去温习，不但达不到牢记的效果，还会花费大量的时间，所以在温习时一定要有计划并且重复性进行。在晚上最好把一天所学的知识都进行温习，再去休息，这样可以让一天所学的知识更加牢记于心，学习一周之后还要做一个总结。当一个完整的知识点学习完之后还要总结一下，加深印象，温习的时间不一定要很长，但是一定要重复多次。有的知识点之间并没有关联，所以要想形成完整的知识体系，还需要加以总结。

在学习过程中要抓重点、难点，如果每个知识点都用相同的精力去学习，那么会造成严重的精力不足，会使学习效率低下。另外，还要学会对比学习，相似的知识点进行比较学习，这样可以把分散、孤立的知识点串联起来，使学习变得轻松、高效。

同时要引导学生正确对待考试，心态上要做到"胜不骄，败不馁"，一次考试的失败不能证明什么，我们应该用更加饱满的热情和付出更大的努力迎接后面的一个个挑战，战胜它，我们就又向成功迈进了一大步。最为关键的是要学会分析失败的原因，知道今后怎么做。及时与任课教师沟通，养成及时解决问题的好习惯。这样，下一次考试必定是收获成功的胜利者。

学生适恰的行为的养成教育是一项长期的任务,是一个系统工程,并非一蹴而就,并非仅凭学校或家长某一方面就能达成,都需要教师参与成长,这也是伴随成长培养方法的一个表现。总之,经历伴随成长就是为了让教育内容充满时代感、针对性,保持与时俱进性,教师要善于选择和设计各种各样的教育方法,主动适应、选择和改造教育环境,促进受教育者顺利成才和全面发展。

参考文献

［1］辛涛,姜宇,林崇德,等.论学生发展核心素养的内涵特征及框架定位[J].中国教育学刊,2016(6):3-7.

［2］黄四林,左璜,莫雷,等.学生发展核心素养研究的国际分析[J].中国教育学刊,2016(6):8-14.

［3］林崇德.中国学生发展核心素养:深入回答"立什么德、树什么人"[J].人民教育,2016(19):14-16.

［4］周佳伟,王祖浩.基于核心素养的课程体系建构[J].比较教育研究,2018(11):91-97.

［5］裴新宁,刘新阳.为21世纪重建教育——欧盟"核心素养"框架的确立[J].全球教育展望,2013(12):89-102.

［6］孙河川,向琴群,金蕊.如何评价学生的学习效能和核心素养:以英国督导测评点为例[J].现代教育管理,2016(4):68-74.

［7］陈羽洁,张义兵,李艺.素养是什么?——基于皮亚杰发生认识论知识观的演绎[J].电化教育研究,2021(1):35-41.

［8］崔允漷.素养:一个让人欢喜让人忧的概念[J].华东师范大学学报(教育科学版),2016(1):3-5.

［9］方艳.什么是完整儿童的教育[J].郑州铁路教育学院学报,1995(5):84.

［10］劳凯声.重新界定学校的职能[J].教育研究,2000(8):3-5.

［11］[美]劳伦斯·阿瑟·克雷明.学校的变革[M].单中惠,等,译.济南:山东教育出版社,2013.

[12] 李庆丰,胡万山.以学生发展为中心:教育综合改革的新视角[J].当代教育科学,2015(22):3-6.

[13] [德]米切尔·兰德曼.哲学人类学[M].阎嘉,译.贵阳:贵州人民出版社,1988.

[14] 阎亚军.知识教学与学生发展[D].上海:华东师范大学,2006.

[15] 潘洪建.当代知识观及其对基础教育改革的启示[J].科学咨询(教育科研),2004(10):29.

[16] 邵晓枫,廖其发."以学生为本"教育理念内涵的解读[J].中国教育学刊,2006(3):3-9.

[17] 汪源.教育的本质是学生的发展[J].当代教育论坛,2010(5):32-33.

[18] 沈健.学校管理应以促进学生发展为本[J].教书育人(校长参考),2011(1):28.

[19] 孙玉花.杜威"做中学"课程思想及其对中小学课程改革的启示[D].哈尔滨:哈尔滨师范大学,2016.

[20] 王策三.认真对待"轻视知识"的教育思潮——再评由"应试教育"向素质教育转轨提法的讨论[J].教育发展研究,2004(10):78 82.

[21] 杨志成.核心素养的本质追问与实践探析[J].教育研究,2017(7):14-20.

[22] 张斌贤,王蓝慧,祝贺."完整儿童"观念在美国的早期演变[J].比较教育研究,2020(11):35-44.

[23] 张斌贤,周梦圆.儿童中心学校的兴起与美国教育变革[J].全球教育展望,2018(10):116-128.

[24] 钟启泉.概念重建与我国课程创新——与《认真对待"轻视知识"的教育思潮》[J].北京大学教育评论,2005(1):48-57.

[25] 周洪宇.核心素养的中国表述:陶行知的"三力论"和"常能论"[J].华东师范大学学报(教育科学版),2017(1):1-10.

[26] 龙丽嫦.小学信息技术终结性评价模型的构建[J].现代教育技术,2012(5):40-45.

[27] 沈怡秋.小学活力评价生态系统构成、运作及健康性提升策略——

以上海市SZ小学为例[J].教育观察,2021(39):27-31.

［28］赵丽华.落实评价载体、注重评价过程,积极打造"尚美教育"[J].上海教育,2021(Z1):21-22.

［29］吴林飞.基于互联网思维的小学班级点赞评价制度探索与实践[J].生活教育,2019(8):69-72.

［30］孙擎,刘晨晔.中小学生契约精神的培育目标及有效对策[J].现代中小学教育,2020,36(12):1-5.

［31］朱海洋.契约管理:构建有意义的班级生活[J].教书育人,2020(25):72-73.

［32］王春玲.借鉴新西兰教学评价教育构建高职教育以能力为本位的课程评价模式[J].产业与科技论坛,2020,19(5):205-206.

［33］周欣宇,李尘,潘春艳.智慧课堂系统下平板互动和诊断性评价在语文教学中的应用[J].教育观察,2019,8(30):135-137.

［34］樊枝玲.智慧课堂中学习参与的激发策略研究[D].金华:浙江师范大学,2019.

［35］超望,韩梦,杨梅.基于大数据的在线学习过程性评价设计研究[J].现代教育技术,2018,28(10):94-99.

［36］杨吕娜.诊断性评价研究的发展[J].中国考试,2018(9):22-30.

［37］陈甜.基于HiTeach平台的小学科学智慧教育模式研究[D].杭州:杭州师范大学,2018.

［38］陆士贞.新时代,我们需要什么样的榜样教育[J].人民教育,2021(7):30.

［39］本刊编辑部.新时代榜样教育:新挑战与新突破[J].人民教育,2021(7):26.

［40］杨浪浪.人民小学:红色基因赋能学校高质量发展[J].中小学管理,2021(6):5-8.

［41］张舒.红色资源在思想政治教育中的运用研究[D].大连:辽宁师范大学,2017.

［42］杜建军.青少年体育锻炼多主体协同治理研究[D].济南:山东大学.

［43］王伟杰.儿童青少年身体素质敏感期的变化特点［D］.北京：北京体育大学,2016.

［44］褚昕宇,肖焕禹.青少年体育锻炼习惯养成影响因素的模型构建与分析［J］.体育学刊,2020,27（3）：8.

［45］翟金龙,高洪齐.开展校园体育吉尼斯活动的实践与成效［J］.新校园（中旬刊）,2016（7）：1.

［46］柳毅.“快乐体育”理念在小学体育教学中的应用［J］.内蒙古教育,2016（6）：34.

［47］蒋桂芬.校园节日文化活动对学校德育的影响［D］.上海：华东师范大学,2008.

［48］罗韬.传统节日文化对弘扬和培育中华民族精神的价值［J］.学术交流,2010（1）.

［49］严敬群.中国节日传统文化读本［M］.北京：人民出版社,2009.

［50］黄琼.中小学职业体验活动要抓住关键要素——《中小学综合实践活动课程指导纲要》“职业体验”主题解读［J］.人民教育,2018（3）：4.

［51］余安勤.小学生职业启蒙教育课程建设［J］.现代教学,2019：48-52.

［52］孔永海.聚焦学生　建设优雅校园文化［J］.基础教育参考,2010（6）：44-45.

［53］张慧群.涵育雅正文化　践行优雅教育——江苏省常州市第二十四中学发展变革路径探索［J］.江苏教育,2019（82）：36-38.

［54］孟迎新.论“以文化人”的文化品性和化人方式［J］.山西青年,2017（19）：35-36.

［55］郭坤峰.多元文化背景下雅育模式的探究［J］.新课程·中旬,2015（6）：6-7.

［56］张庆伟.优秀传统文化浸润下的大学生人格修养教育研究［J］.长江丛刊,2020（3）：89.

［57］陈之遥.我国以移动终端为代表的新媒体视域下戏曲传播研究［D］.南京：南京师范大学,2016.

［58］舒陆陆."传统文化进校园"活动中的政府文化职能研究——以昆明师专附小为个案［D］.昆明:云南财经大学,2015.

［59］张华毓,钟姝.用戏剧为儿童铺下奋斗的底色［J］.中国教师,2019(11):54-56.

［60］刘冠军.《传统戏曲进校园》综合实践活动［J］.教学与管理,2008(11):21-22.

［61］于文书.用美唤醒心灵［N］.中国教育报,2019(3).

［62］习近平在学习贯彻党的十九大精神研讨班开班式上发表重要讲话.［2018-01-05］.http://www.gov.cn/xinwen/2018-01/05/content_5253681.htm.

［63］［美］马斯洛.动机与人格［M］.许金声,等,译.北京:华夏出版社,1987.

［64］［美］加德纳.智力的结构:多元智能理论［M］.沈致隆,译.北京:中国人民大学出版社,1983.

后 记

随着"双减"大幕的徐徐拉开，教育改革势在必行。学校如何让教育回归育人本位，是"双减"落地的重要标志。各地学校在积极探索中，绽放异彩。青蓝小学也是改革主力军中的一员。幸而，围绕"经历伴随"这一主题研究，我们为如何立德树人找到了德育工作的依托，找到了融合五育并举的活动载体，找到了丰富的实践策略，这让我们在研究经历伴随学习的同时，也想到了用经历伴随成长的育人方式，让青蓝小学的每个孩子获得全面而有个性的发展。每个不一样的个体，通过经历12种形式独特、意义深远、成长必须的活动，来认识自我、了解他人，走近社会，留下童年最深刻的印象。学校通过对学生展开问卷调查，结合以往的德育活动经验及不同阶段儿童的成长特点，逐步确定了如经历红色之旅，经历戏剧盛宴，经历社会服务，经历疯狂创想等12种经历活动，分别聚焦于政治启蒙、审美养性、健康生活和慧脑行动四大主题，融合了五育培养，顺应于时代发展，与国家教育方针想契合。

我们的研究从踏上"经历"这趟列车开始，就没有停下来的想法了。引发、联结和创生经历，让我们找到了变革学生学习方式的密钥。创设经历，以丰富学生的成长经历，则让我们找到了立德树人、五育并举的育人新样态。回顾学校的发展历程，我们追随"经历"，一路披荆斩棘；我们撬动"经历"，一路乘风破浪；我们喜获"经历"，一路硕果累累。2001年，适逢国家基础教育课程改革实行，学校根据现实情况，由学校项目组创新地提出了"经历伴随学习"，集思广益，实践研究，逐步架构"人文、科学、社会、保健、艺术"五个主题经历课程群。到了2016年，学校通过多年的实践探究，对经历伴随学习已形成完整的实施模式。而2016年以后，学校对经历伴随学习的研究继续不断提炼及延伸，从学生学习到学生成长，在经历陪伴的作用下，青蓝的学生明志、炼能、厚基，青出于蓝而青于蓝。截止到2022年，经历研究捧回多项大奖：《经历伴随成长》研究获得浙江省教育科学研究成果一等奖；以《让知识"活"起来：经历伴随学习的模式构建与实施》为题的研究报告获杭州市第六届基础教育教学成果一等奖；此外，学校的经历研究于2022年再获浙江省教学成果特等奖。二十二年来，经历一直伴随青蓝，研究扎根校园，《经历是最好的课堂》等文章作为学校探索的过程性收获，引起了《人民教育》《中国教育报》等国家级刊物大幅刊登，中央电视台等主流媒体竞相报道。全国范围内成立了经历联盟，成果从城市辐射到城镇、农村、边疆等1000余所学校。为了令研究成果进一步固化，我们终于在春暖花开的时节，迎来了又一本新书的出版——《经历伴随成长：基于十二种经历的城市小学育人新探索》。这本书记录了学校在育人领域持之以恒的探索足迹，是全体教师智慧的结晶。本书由娄屹兰校长编著，各章主要负责教师为：第一章，李洁；第二章，张一含；第三章，陆敏；第四章，娄屹兰；第五章，谢婷婷；第六章，蔡静；第七章，娄屹兰；第八章，胡艳英。项目组教师本着谦虚向学、谨慎思辨的态度，对书稿材料作了多次修改，大到标题构式的调整，小到语言表述的琢磨，无不字斟句酌。以下教师还为本书提供了丰富的实践样本、研究素材：谢晨辰、彭依珺、纪思芸、虞佳、李冰莹、金舒怡、施芳杰、郑晗、丁佳宁、崔晨、李慧敏、刘斯悦、戚笑影、丁雨、余昌文、葛芬芬、陈东民等。不能悉数署名，在此表示抱歉与深深的感激。

回首书稿研究的全过程，我们特别感谢浙江省教科院朱永祥院长的倾力指导，感谢原杭州市教科所施光明所长、浙江省教科院副院长王健敏、浙江大学教育科学技术研究所所长盛群力、浙江大学教育学院教授刘力、杭州市教育科学研究院院长俞晓东的关心与扶持。在此我们表示衷心的感谢与深深的敬意！

此书尚有很多不足之处，在此，也期待广大读者向我们提出宝贵的意见和建议。

作　者
2022年2月